终身学习与发展译丛 ◎肖菲 主编

U0630253

（澳）史蒂芬·比利特 著

唐林伟
欧阳忠明
李建国 译

职业教育

目的、传统与展望

Zhiye Jiaoyu
MudiChuantongYuZhanwang

江西人民出版社
Jiangxi People's Publishing House
全国百佳出版社

图书在版编目（ＣＩＰ）数据

职业教育：目的、传统与展望 /（澳）史蒂芬·比利特著；唐林伟，欧阳忠明，李建国译 . —— 南昌：江西人民出版社，2018.12

ISBN 978-7-210-11120-7

Ⅰ.①职… Ⅱ.①史… ②唐… ③欧… ④李… Ⅲ.①职业教育 – 研究 Ⅳ.① G71

中国版本图书馆 CIP 数据核字（2018）第 301716 号

著作权合同登记号：图字 14-2019-0114

Translation from the English language edition:
Vocational Education. Purposes, Traditions and Prospects
by Stephen Billett
Copyright © Springer Science+Business Media B.V. 2011
This Springer imprint is published by Springer Nature
The registered company Springer Science+Business Media B.V.
All Rights Reserved

职业教育：目的、传统与展望

（澳）史蒂芬·比利特　著

唐林伟　欧阳忠明　李建国　译

责任编辑：饶　芬

出版：江西人民出版社

发行：各地新华书店

地址：江西省南昌市三经路 47 号附 1 号

编辑部电话：0791-88629871

发行部电话：0791-86898801　　邮编：330006

网址：www.jxpph.com

E-mail：gjzx999@126.com

2018 年 12 月第 1 版　　2018 年 12 月第 1 次印刷

开本：787 毫米 ×1092 毫米　　1/16

印张：19.5　字数：261 千字

ISBN 978-7-210-11120-7

赣版权登字—01—2018—1064　　版权所有　侵权必究

定价：52.00 元

承印厂：北京虎彩文化传播有限公司

赣人版图书凡属印刷、装订错误，请随时向承印厂调换

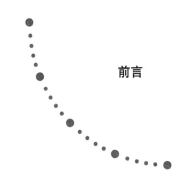

前言

　　写作本书的目的是要详细阐述和讨论职业教育这项复杂的事业。尽管它有很多种形式，并且可能是最复杂的教育部门，但职业教育在很多国家却是历史最长的制度化教育，对于社会和社区所需要的技能的开发处于中心地位，它贡献于个体发展，有着区别于其他教育类型的独特的教育目的。在许多国家，职业教育以更加现代化的形式存在，它一直以来并且会继续拥有招揽最广泛的学习者参与其中的潜力。但是，由于职业教育在不同国家间是通过特定的制度和历史发展型塑的，尝试清晰地表述其形式、目的和贡献方面的特色是相当困难的。在一些国家，职业教育是与中学和大学教育分割的独立的教育部门；在其他国家，职业教育在很大程度上是建立在高中教育或专门化的学校的内部基础之上的，并且其定位是为那些不准备升入大学的学生准备的。那么，就有人把学生未来要从事的工作或多或少地作为职业教育的中心，也有人关注中学辍学者的职业准备，还有人从更加广义的和终身教育的角度看待职业教育，包括了个体职业生涯中可雇佣能力的持续提升。而且，职业教育的供给通常是在学校和工作场所转换的，尽管小学、中学或者大学也都有较为相似的特征或情景，但这与职业教育有着很大的不同。诚然，由于其目的和形式的多样性，职业教育在不同国家内部和国家间通常是最难以辨识的教育部门。

　　写作本书的动机主要包括以下五个方面。

　　第一，就目前而言尚没有找到一本对职业教育目的、过程、体系和管理等进行系统研究的英文著作。这方面，我们注意到几乎是四十年以前 Thompson（1973）的《职业教育的基础：社会和哲学概念》[①]对上述问题进行了部分的讨论，而本书的视角将更为宽广。与 Thompson 保持一致，本书对职业教育的基础进行了系统的分析，而且更进一步的是对现在的课程进行了讨论，分析了型塑职业教育的影响因素以及导致变化的原因。同样地，本书认为，社会在变化，职业教育的目的和观念也随之发生改变。考虑到职业教育在目的、过程、体系和管理形式等方面的差异性——这些通常反映了相关国家特殊的历史、文化以及形成对职业教育需求和形式的制度体系，职业教育这方面的著作较少就不足为怪了。当然，对于特定国家职业教育体系的解释并不少见，但一个国家职业教育的系统理解在其他国家毕竟意义有限，因为不同的国家有迥异的历史、制度体系和需求。然而，不同国家的职业教育毕竟在目的、过程和制度体系上还是有些共同的地方的，这为我们理解它们的异同提供了一般性的概念框架。考虑到职业教育在过去、现在以及毫无疑问地在未来所扮演的社会和经济方面的关键角色以及所作出的重大贡献，我们觉得识别并承认其表现形式、目的、制度方面的异同是非常有必要的。

　　第二，越来越有必要纠正一些关于职业教育的错误理念、无知假设和有缺陷的设想，它们在广义的教育领域和公共话语体系中通常是非常明显的。这导致人们对职业教育特色的一些特殊认识（比如实用主义、生产主义和地位低下），这对职业教育利益的满足，并把它定位为一种重要且合法的教育类型毫无益处。的确，这些描述致使职业教育屈服于外界的压力和批评，在一些国家，这些批评一贯主张职业教育的供给和

---

① Thompson, J. F.（1973）. Foundations of vocational education: Social and philosophical concepts.Englewood Cliffs, NJ: Prentice-Hall.

产出在本质上是地位低下和价值不高的。然而，这些对职业教育的描绘忽视了它的重要角色，即职业教育通过不同形式可以并且确实在技能开放方面起着关键作用，这对于维持社区的社会与经济健康至关重要。此外，职业教育在个体和社会解放方面的潜力和功能经常没有充分发挥出来或者是被忽视了，它可以帮助解决出身和（或）早期教育经历方面个体之间的局限，可以帮助提升那些被不公平地认为地位低下的工作的地位，构建社会需要，还可以提升工人的物质方面的待遇和流动性，尤其是对于那些在出身、早期教育经历方面没有优势的工人。

第三，考虑到概念化工作的缺乏，我们认为非常有必要提供合适的框架和解释以详细论述职业教育的目的，并把它提升到一个充满了生机的重要的教育部门的位置。这种提升可以使职业教育的目的、过程和实践在政府、全球性组织、基金会以及教育内部、学术共同体、工厂、工人了解和学习职业选择的地方等变得更加容易接受。对职业教育而言，如果有那么一件对其不利的事情的话，那就是在很多国家中它的地位太低。即使是在职业教育地位相对较高的北欧国家，职业教育也被认为在本质上是低于其他形式的教育的，尤其是大学教育。而在其他国家，职业教育被看作是最适合那些不能在其他教育中获得成功者的低等教育形式。有些人认为，有关职业教育与其他教育的平等问题的讨论已经消失了很久，因此不应该再坚持这一话题。但是，这种消失的讨论经常是与其地位相关的，如果平等的问题不能解决，职业教育就失去了自己的话语，也失去了被看作有价值教育的基础。从根本上看，职业教育的地位将会影响从政府到行业、企业、家长、学校、管理人员、基金会和更广义的教育、学术团体等对它的支持。

第四，有组织的制度驱动型职业教育供给现在已经拓展到全球以满足亚洲、非洲和南美洲各国社会和经济发展的需要。通常，相关组织、机构推动职业教育供给拓展的初衷是出于对国家经济发展的关注，但是，尽管这些目标从他们的视角看是值得推荐的，但他们却忽视了个体和社区需要如何得到满足以及对于确保长期和短期发展至关重要的途径问题。尤其典型的是，政府和行业想要开发的技能种类同样也是工人们想要学习和认同的，所以，就有必要与社区和个体一起弄清楚如何实现这样的共同目标。而且，通常的情况是，在一些欧洲国家被发现是成功的职业教育模式和方法正在被推荐并应用到亚洲和非洲的一些国家，却无视这些国家制度供给的类型和发展阶段。因此，我们有必要理解的一点是，由于与其他组织（比如，工作场所）的联系，需要学习的知识（比如，工作知识）的特定模式与有效实践的特殊要求（比如，特定的工作环境）需要我们对职业教育的目的和过程给出更加细微和有根据的解释，只有这样才能满足特定国家、工作、社区、工作场所和个体的需要。的确，职业教育需要系列的模式和综合的考虑才能有效应对其目的、过程和实践的多样性，才能有效解决全球职业教育健康发展的问题。这样的考虑源自于对职业教育特定目的、可能过程和潜在结果在满足特定国家、特定历史阶段职业教育发展需求上的全面考量。

最后，还有一点是个人方面的特殊原因。我受益于大学和工作场所的有效职业教育，曾经为一份技能性职业练习过好多年，并且在职业教育领域做过教育者、管理者、政策制定者，现在则是一名职业教育的研究者。我一直都有这样的感觉，职业教育参与者对技能工作的理解及其开发是不完整的，我被要求执行的课程框架的种类和教学实践看起来总是不合适的。而且，通过能力报告对技能工作的解释不能如实地反映我曾经练习过的技能工作的本质。同样地，许多研究者关于工作和学习论述的重点是基于否认技能职业从业者重要性的视角的。因此，我们就有必要做这样的纠正，即职业不仅是一种社会实践，职业教育所强调的不仅包括社会、文化和制度因素，而且还要把个体维度包含在它的概念之中。

这里的目的是想提升职业教育的地位、改善其身份状态，职业教育不仅是为相关国家的经济、社会目标做出贡献的重要教育部门，而且也对那些参与其中的个体的发展做出了巨大贡献。

本书原稿的定位是赞同上述观点的：强调继续职业教育作为一个长期的、合法的教育部门，它有自己的特定的一套教育目的和过程，有时候还与其他教育部门有部分的重叠。但是，这里不仅仅是描述性地对职业教育进行无条件的推荐，这里的重点是强调个体工作能力和身份的发展与继续对于他们的地位、幸福以及他们可以对自己的家庭、社区、工作单位和国家的经济、社会目标的贡献是至关重要的。

在内容和观点上，全书是不断推进的，但每一章还是相对对立的，有其自己特定的重点、结构和论据。采用这种方式是为了突出这样的主张，即每章重点论述相关内容，但同时与其他章节产生联系。

书稿的早期准备工作我在 2007 年格里菲斯大学教育学院休假时就已经完成。那段时间，我受到了来自伦敦大学教育学院、雷根斯堡大学的支持，谢谢 John Donald 当时为本书收集了大量的文献资料。但是，由于有其他一些必须要先完成的事情的影响，书稿在撰写过程中被严重耽搁，这包括创建期刊《职业与学习：专业和职业教育研究》。但是这项工作也为书稿的撰写提供了多种视角和诸多议题，这强化了书中的观点和认识。

6

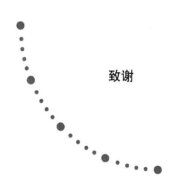

致谢

感谢格里菲斯大学文学院、教育学院和法学院在两个阶段的假期中（2007 年第二学期和 2011 年第一学期）对我写作所提供的支持，才使本书得以完成。同时，还要感谢伦敦大学教育学院在我 2007 年访学期间提供的弥足珍贵的帮助。尤其还要提及一些人的名字：John Donald 提供了典范性的帮助，他挑选、组织并获取了来自不同学科领域的各种资源，大大拓展了本书的视野；Jill Ryan 在编辑方面提供了有价值的帮助，提高了本书的写作质量；Darryl Dymock 对本书的组织架构提出了有益的建议。但是，决定这样编辑并接受这些建议是完全取决于我个人的。

Stephen Billett

布里斯班
2011 年 5 月

目 录

2

第七章 ｜ 课程与职业教育 / 213

第八章 ｜ 职业教育的供给 / 237

第一章

职业教育：教育的
重要领域与部门

职业与技术教育所关注的是属于希腊一般自由民的"实用的"、不值得认真关注的生活……（Lodge，1947，第 15 页）

我所感兴趣的职业教育不是那种让工人们适应现实的工业体制的职业教育，我讨厌这种体制。在我看来，所有的人的责任，除了那些在教育上随波逐流的，都应当努力建立这样一种职业教育：首先是改善目前的工业社会，然后彻底对它进行变革。（杜威,1916,第 42 页）

职业教育

本书的目的是想详细阐述职业教育由哪些内容构成（也就是它的目的、过程和结果）以及应该如何概念化、实施和评价这些内容。为实现这一目的，本书评价了职业教育定位的方式，评估了作为教育的一个领域的职业教育能够被最好地理解和评价的基础。然而，要考虑职业教育的价值，必须要搞清楚职业和工作的构成，因为这是它的关键目标。然后，要讨论的是目前在许多国家教育体系中占有特定地位的职业教育的起源和形式。因此，在确定了职业教育的构成之后，它现在的目的以及可能实现的目的才能详细论述。通过对课程概念的考量，我们才能评估使这些愿望得以实现的课程过程的维度、相关实践的影响因素、价值以及职业教育的地位。所以，这些基础性的前提条件在勾画、描述和评估构成职业教育相关内容时是非常必要的。

因此，本书将着手讨论职业教育领域的这些基本前提，它的构成，特别是期望通过这样的讨论能够使职业教育形式、目的以及职业教育供给等各个层面的决策更加完善。同时，也期待通过这样的一个过程，我们能够更加完整和广泛地理解职业教育的相关内容，并能促成职业教育目的更加有效地达成。通过这些考量，职业教育可能会更充分地满足参与其中的学生和教师的需求和愿望，并使它所服务的社区、企业和国民经济获得更加全面的收益。

首先，有必要及时地对职业教育的领域进行详细的阐述，因为尽管职业教育的范围可以从最高级别的大学课程（比如医学）到一般学校、职业院校和工作场所的较少受人尊重的课程，但它最经常地被简单地看作是中学后教育或第三级的教育，主要是为那些学习成绩差和不能顺利进入高等教育的人服务的。的确，尽管职业教育涉及各方利益，但它始终是地位低下的。专业职业的从业者、政府和公共话语在改善其价值和地位方面的贡献微乎其微，这些相关的言论和对职业教育的长期存在的社会心理通常是基于一致的假设的，它们不仅持续低估了职业教育的价值，而且低估了在职业教育机构教学的教师和学习的学生。但是如果了解了职业教育及其先行者在历史过程中是怎样被定位的，我们可能就不会对这样的心理感到惊奇了。因此，职业教育容易倾向于那些把他们自己的看法和期望带进来的政策制定者的需求，而这些通常是不理想和难以实现的，这种情况很可能会扩展至职业教育之外的高等教育领域。

所以本书就有这样一个野心，就是通过对职业教育的详细论述来为其地位的改变以及大众心理的改变做些贡献。但是，这一论述需要对职业的目的、经历和过程进行系统的讨论，尤其是，通过对其特性、目的和潜力进行深入探讨基础之上的对职业教育优点的考量。我们的目的是期望这些考量和探讨能够为这个领域的合理决策做出贡献。

这里，首先我们要区分广义的职业教育和狭义的作为中学后教育的职业教育的不同。前者广泛地包括了大学、中学、工作场所以及职业大学和机构等提供工作教育的众多机构；后者包括了前者的一个部分，在很多国家，但并非所有的国家，是第三级教育的重要组成部分。这部分的职业教育提供者包括比如德国的高职学院"Berufsschulen"、英国的继续教育学院（FE）以及澳大利亚的TAFE等。可以说，尽管职业教育及其相关机构是广义职业教育的核心，但它通常只被看作是其中的构成元素。广义职业教育领域还包含了大学提供的特定工作导向的课程、中学里为未来工作所做的准备以及其他组织、机构提供的同类教育。的确，职业教育在目的、机构、学生以及形式方面的不同不仅让它与其他类型的教育相区别，而且也让它成为一个一直难以界定和描述的领域。

本书第一章准备详细描述职业教育的构成，这里将讨论这一领域的范围和多样性，以重要概念的形式提供一些前提，随后将对后面每章的重点和主要内容进行分别介绍。

职业教育：教育的一个多样化的领域

在教育的所有重要领域中，职业教育很可能是最少具有同质性的。事实确实如此，职业教育在目的、实施机构、参与者以及课程方面的多样性彰显了其重要的和典型的特色，它在不同的国家以相当不同的方式满足了各种不同的利益。然而，正是这种多样性使我们很难对其进行单一的描述或简单的解释。更为重要的是，因为与职业教育目的、形式、过程以及表现等相关的因素在不同的国家以不同方式发生改变，与社会和经济要求相符合，这些因素也比诸如小学、中学和高等教育的相关因素更加有活力和更易于改变。这种多样性同时也是不确定的，因为想把一个环境中（也就是一个国家）的概念嫁接或应用到另外一个国家通常是不太可能的，这是因为他们的历史、制度体系和需求，甚至是他们的发展历程是不同的。在很多国家，与工业化和现代国家形成相关或由此导致的需要导致了职业教育的产生，这就不可避免地使职业教育作为超越学校教育的第三级教育形式而并行存在，但对于大学课程而言通常是处于次要位置的。然而，职业教育的形成方式却不尽相同，正如本书第四章论述的那样，它们与社会转型的不同水平和时间点是一致的。尽管如此，职业教育通常包含着国家高等教育体系中的关键的非大学教育的内容（也就是中学后教育）。在澳大利亚，职业教育包括 TAFE 学院；在新西兰和新加坡，它是指科技专科学校（polytechnic）；在英国，它是指继续教育学院；在芬兰，它是指高等职业教育学校（ammattikorkeakoulu）；在德国，它是指专科学校（Fachschule）。但是，即使是最表面的分析也表明，职业教育不是整齐划一的，他们有着非常不同的目的、形式、办学机构和联盟（Greinhart, 2005；Hanf, 2002；Moodie, 2002）。

然而，这里重要的一点是，在教育的诸多领域中，职业教育有着最为广泛的实施机构，他们的形成、变革和相关组织是所在国家甚至是地区社会子系统推动的结果（Greinhart, 2005）。比如德国的专科学校与两种职业学校有着特别的关系："Berufsfachschule"是全日制中等职业学校，而Berufsschulen则是双元制体系中学徒所就读的非全日制学校。在一些国家（比如澳大利亚、英国、新西兰和芬兰）尽管方式各异，但职业教育是通过独立的高等教育系统来实施完成的，而在另外一些国家或地区，职业教育的供给系统被看作是学校系统的延伸（比如德国、瑞士、奥地利和中国台湾地区）。然而，在一些国家的某些历史时期，职业教育系统是被有意地与其他教育领域分开的，原因是与其他教育领域相比，职业教育更需要与工业界需求保持一致。这就随之带来评价方面的问题，职业教育的改革、与其他教育类型的比较都需要考虑它们的起源和结构问题，特定目的、形式，与其他教育类型的关系以及与社区内其他机构之间的关系等。教育体系的这些区别是不同社会的文化、功能性的环境、规范、态度、信仰以及社会系统包括延伸至结构组织中的理念等共同型塑的结果（Greinhart, 2005），这一点将在第五章中进行讨论。所以，要考虑什么是最好的职业教育实践，对职业教育进行统一和规范一致的处理需要特别的谨慎。

因此，这里对职业教育的详细论述需要对这样一个事实非常敏感，即我们能在国家而不是全球视野下如何透彻地了解职业教育的目的和范围。但是，除了社会需求，我们还需要理解职业教育怎样满足学生的需要，然而，这与职业教育最经常评价的目的、过程和结果的有效性是相

6

悖的。职业教育自身的质量和特性需要政府和社区来进行评价，以及公众和专业性职业的从业者所讨论的内容也正是来自于这样的一系列的期待。为了详细阐述这些内容，我们先要对职业教育的多样性进行简明扼要的讨论。

多样性和职业教育

职业教育目的有很大的差异性，然而，以下四种目的是处于中心地位的，即职业教育提供者聚焦于：（1）为工作生活做准备，包括让个体了解他们的工作选择；（2）为个体工作生活做初始的准备，包括为他们选择的工作进行能力的开发；（3）为个体工作业绩持续提升提供支撑；（4）为个体主动或被动转变职业提供教育经历支撑。因此，职业教育关注的重点包括找到帮助个体鉴别适合他们自己的职业的方法，培养他们从事相关工作需要的能力，然后促进能力的更新，维持他们工作的稳定性。这里所包含的都与确保职业定向以及其他职业领域的雇佣有关，根本没有提及学习的范围，比如沟通能力、问题解决能力、计划、读写以及运算等非职业定向的相关能力，但是这些却是我们有效参与工作的重要能力（Lum，2003），更不用提工作之外的生活需要了。

这些不同的教育目的通过不同制度安排得以实施，包括上面提及的大学、学院和中学，以及其他诸如工作场所、培训中心和社区教育机构等。而且，通常情况下，这些机构间是相互关联的，这些关联促成了学习经验的组织、供给和整合，这不仅是职业教育机构的需要，也满足了学习者的要求。像上文提及的那样，不同国家间的职业教育的供给和支撑它的制度安排是迥异的，这导致了职业教育机构、目的、形式和供给类型的明显区别。国家间的差异还体现在职业教育与其他领域和其他教育类型的关系，比如，一些国家清楚地表达了职业教育课程与高等教育课程的关系，而另外一些国家，这种表述要么是不存在的，要么是难以沟通的。

因此，与小学、中学和大学教育相比，没有一种统一的、放之四海而皆准的全球模式适合职业教育。

而且，职业教育系统中的学生比普通中学或高等教育系统中的学生可能也更具多样性，这是因为他们包含了青少年、中年和老年人，这些人可能居住在城市或郊区的不同地方。学生中一些人关心的是自己的第一份工作和如何进入工作世界，其他人关注的可能是他们技能的再开发或者是从一个工作岗位转向其他新的工作岗位。还有很多，但绝不是所有的人，已经学习了很多职业教育课程，并取得了不同程度的成功。这些不同的学习者也处于职业生涯和工作生活的不同阶段（新生劳动力、新手、刚刚合格的从业者以及有经验的从业者）。比如，他们可能是刚刚照顾完孩子或老人重返工作岗位的女性，或者是试图找到满足自己需要的年少的辍学者，也可能是刚刚被裁员或者长期处于失业状态的没有工作的人。而且，这些教育需求通常是远远超越工作的概念和过程的。尽管学习诸如医学、法律和商科这样具有很高声望的专业很可能会获得高水平的教育回报，但其他许多学生在他们的需求和对他们可用的教育条件供给方面的定位是不清楚的。也就是说，由于他们参与学习的意愿、他们的兴趣、可能选择以及参与职业教育的基础等原因，他们的需求和提供给他们的条件没有很好地匹配起来。而且，职业院校的课程内容通常是由"外人"决定的，这些人的兴趣和关注的重点可能会也可能不会与学生的一致（Billett & Hayes,2000）。因为这种复杂性和特色，职业院校的学生潜在地代表了学习者在兴趣、意愿、先前学习经历和参与各种教育（小学、中学和高等教育）可能性方面的最大异质性。职业院校学生所学课程的范围比其他教育的学生也要广泛得多，这些课程的范围从具有特定目的（比如针对职业或工作场所安全、举升、焊接和机械验证技术服务等职业资格的技能开发）的职业培训到需要多年学习才能取得的高级别辅助性专业职业资格课程，这些资格课程与专业资格密切相关，它们与大学学位教育相连，是获取诸如法律、医学和理疗医师等具有高声望职业的重要通道。职业教育还为成人学习提供了系列课程，有的课程与休闲教育相关，有的职业教育是伪装了的成人或继续教育。这也包括了普通教育的内容，其目的是帮助成人能顺利地进入大学学习。由于这种生源的多样性，职业教育的课程需要对其教育成绩进行分级证明，在很多国家，这种证明反映在分级的职业资格体系中，比如英格兰和威尔士的国家职业资格框架、苏格兰的学分和职业资格框架、澳大利亚的职业资格框架以及德国马上完成的 DOR 职业资格框架等，它们的目的在于清楚地标明自身所包含的内容并对学习成绩进行分级。

然而，奇怪的是，尽管有目的、体系以及学生方面的巨大差异，组织和设计职业教育的方法却越来越单一，其目的是为了迎合外部认同的国家职业标准以及与之相关的学习结果。独立国家的政府、区域管理机构（欧盟）以及全球性组织（经济合作与发展组织，OECD）都在鼓励和提倡运用单一的方法开展职业教育。几乎可以肯定，这样的安排不能满足不同国家和地区的特殊需要和期待，这样的措施也不能解释职业教育参与者在需求、目的和学习过程方面的多样性，这样的方法注定职业教育不可能实现其全部的可能性。一些重要的国际组织鼓励发展中国家采用看起来非常不适合这些国家需要和制度的职业教育模式，比如推动非洲和亚洲一些发展中国家采用学徒制的双元制模式，但这些国家根本没有实施双元制的制度安排和基础设施。从国家和全球角度上看，这种趋势看起来是一些国家和全球性组织通过职业教育的经济目的谋取利益的产品，这种利益是通过使职业教育标准化和规范职业教育供给的官僚措施来实现的（Kincheloe，1995；Lum，2003）。

因此，在尝试寻找职业教育的典型特征的过程中，除了将通过职业选择帮助个体进入工作世界，在职业生涯过程中保持个人和组织上的有效性，我们没有尝试提供一种统一的、具有单一和没有争议的职业教育目的和实践的概念。相反，这里的主要关注点是确认、讨论和详细阐述职业教育的独特目的、范围以及多种形式和特色，评估它对于个人发展、社区和社会的特殊贡献。也就是，我们的目的是要探讨怎样有效地理解和实现职业教育不同的个人和社会目的。

尽管有各种多样性，尽管各种职业教育制度在供给、范围以及供给重点、生源情况方面有很大差异，职业教育还是有很多共同的东西和很大一致性的。在勾画出这个领域的多样性之后，下面我们需要了解一些证明和解释职业教育一致性的重要途径。

职业教育：关键概念和概念基础

为了与后面章节保持方法上的一致性和观点上的连贯性，我们有必要先在下文呈现支撑相关论述的重要前提。

职业教育：既是一个教育领域又是一个部门

本书中职业教育包含了教育中广泛的领域，这些领域包括作为中学后教育的子元素、一个特殊的组成部分，一般也被认为是根据不同国家而相异的制度和序列。尽管职业教育的这个领域非常宽泛而且包容性更强，但在公共、政府甚至是教育的话语体系中，正是这一部分定位了职业教育的特色。然而，职业教育包括了所有那些与发展能力以为特定工作或工作生活做准备的课程。比如，医学、法律、商学和理疗等方面，不管是大学课程，高中的职业准备项目，还是职业教育机构的相关专业，都是广义职业教育领域的构成部分。因此，职业教育领域的共性比公共话语和科学文献中所经常表达的更多，而公共话语和科学文献中倾向于把这些供给看作是两个有区别的、独立的部门，而不是一个共同的有特色的职业教育领域。事实上，它们有着共同的教育内容。

职业教育这种从大学、职业学院到中学的共性有时候在外部比在职

10

业教育内部更容易看清楚（Crouch，Finegold & Sako, 1999）。也就是说，如果不管制度环境的话，这种供给都是与开发和维持职业生活需要的能力有关，它们的教育目的主要与以下内容相关：识别高效完成某项工作需要的知识，组织学习以获取这些知识，然后发现运用这些知识的路径以便于学习者在工作实践中能够逐渐成为有效的参与者。事实就是这样的，不管学生学的是什么专业：医学、法律、美发、旅游、烹饪还是安全工作。而且，所有这些预期的学习结果都可以在一整套连贯的、与开发相关职业所需要的过程性、概念性和意向性实践相联系的教育目标中得到实现。因此，尽管有所有的那些多样性和职业教育体系间表面的区别，不仅仅是它们的社会地位，职业教育还有很多公共的东西，这些共性让职业教育成为一个一致的领域而存在。这种共性还包括要实现的教育目的的种类（即开发特定工作需要的知识）、与外部伙伴的合作的需要（也就是教育和实习实训机构合作提供学习经历）以及识别工作要求、课程提供者和评价过程的需要。相关的不同很可能是特定学科的相关性、学习预期种类和水平的差异，但是它们最终都仅仅在一个共同关注的领域上有所差异：工作知识的开发。当然，大学提供的职业教育已经存在很久了，并且很多都有职业目的，尽管这与它们宣称的相反。然而，随着历史的发展，经济和社会因素的变化使职业教育得到了更多的关注和强调。这些因素包括工业和后工业时代专业性职业的增加和扩张、教育供给需求的增加以满足工作和不断增长的中产阶级的欲望的需要。在欧洲，职业教育主要地形成于经济和社会革命的时代，这个时代见证了经济异常活跃的工业革命、家庭作坊式小企业的毁灭，这成为工作、劳动雇佣和职业准备的重要根源。它也见证了封建制度及其机构和实践的瓦解。所有这些都与现代国家的发展以及为政治、社会和经济目的而对大众进行教育的利益联系起来。这个时候，为提供足够数量的技术工人，教育年轻人以让他们找到全职工作（避免无所事事、犯罪和社会秩序混乱）并能参与到公民社会中，职业教育在许多国家建立起来。的确，职业教育的发展和形式发生了很大的改变，尽管它们早期都源自于欧洲统一的为职业做准备的手工作坊的学徒制和徒工制（Hanf, 2002）。然而，每个国家面对的相关社会因素不同，它们采用的方式也不同，由此导致了职业教育的不同形式。这一点我们将在第五章中进行讨论。因此，尽管在某种程度上讲职业教育看起来是多样或不同的，职业教育实施制度安排也各具特色，但它们的目的和实践却是非常的一致。因此，作为重点，本书认为职业教育在教育领域内有着广泛的供给范围，同时又把职业教育作为一个重要的教育部门，因为，在很多方面，职业教育是这个领域的重要构成要素，同时又是最有争议的教育部门，这种观念本身在很大程度上形塑着职业教育本身。

职业和工作作为概念

同样重要的是要澄清"职业"（Vocation）和"工作"（occupation）这两个核心词汇在本书上下文中是如何使用的，因为他们是职业教育的关键目标。尤其关键的是，"职业"这个词的使用方式与目的都不同，这里有必要先对其进行一下澄清。一般而言，"职业"一词被认为有两种含义：（1）一种工作或有偿雇佣；（2）个人被"召唤"并有意从事的活动或追求。在本书中，"工作"的概念被用来指上面两种含义的第一种，而"职业"的概念是第二种含义。另外，如本书第四章所阐述的，"工作"是基于社会事实的（即通过历史、文化、社会和地位逐步发展起来的社会需要）并且是在一系列持续进行和不断提高的目标和实践中证明和证实的，因为它们对于社会需要和文化实践是至关重要的，因此，它们的起源和变革发生在社会环境中。然而，尽管"职业"经常需要通过参与"工作"活动而被"形塑"，但"职业"仍然是个人需求、意向和欲望的产物。正如本书第三章论述的那样，作为个人层面的"职业"被看作是个体需要认同和从事的事情。那么也就是说，本书的立场是"职业"指个人认同，并且在本质上是更加个人的活动或追求，而"工作"是劳动形式的分类，这样的分类是社会的需要和社会性的结果（即制度层面的事实）。

对这两个核心概念界定之后，马上就非常明确的一点是，来详细论述职业教育构成内容的这些现象需要相关的和解释性的概念，因此，我们就有必要着手做一些概念性的前提性工作以为本书中职业教育的内容提供明确的解释。

建构主义：个人和社会的视角

考虑到学习、课程以及教育目的方面的内容，本书提出观点的整个理论范式应该可以称为广义的建构主义：既有个人的，又有社会的视角。建构主义认为，个体是在建构经验并从中建构知识的过程中通过他们的判断和决策进行积极的意义建构的，他们在已有的知识基础上这样做，并在这样的过程中发展知识。有些人认为，这种积极的、反思性和批判性的建构过程是一种必需的、突出的和决定性的人类品质（Taylor，1985），也就是说，意识能力，更重要的是对于所学和所经历的事情的反思过程和反思意识把我们与其他物种区分了开来。不仅仅是对我们所学和所经历的事情的反馈，而且我们在这样做的时候还有能力知道我们知道什么以及我们是如何知道的（也就是人类自反性）。因此，人类可以理解自己所经历的事情，但同时也可以选择我们如何参与所经历的一切。作为一名对经历过程感兴趣的遗传知识学家 Piaget（1968）提出了人类在认知过程中需求平衡的观点：我们一边试图积极地获取我们所经历事情的意义，一边努力解决失调状态，即那些对我们没有意义的经历。他指出，不平衡状态构成了我们必须要去解决的令人不满意的认知经历。换句话说，人类是积极的意义构建者，而不是知识接收者：我们以一种积极的，更重要的是一种选择性的方式参与到我们的外部世界（Baldwin，1898；Kelly，1955）。最近，这一过程又被像 Van Lehn（1989）

和 von Glasersfeld（1987）等激进的建构主义者描述为个体在认知过程中对可行性的寻找。这里的概念是非常一致的，那就是，人类积极参与并对自己的经历建构意义。这种对建构的积极的、批判的，有时候是反思性的解释现在已经被广为接受。比如，在女权主义者的解构主义理论中，"凝视"（gaze）这个概念被用来解释女性的特别的凝视，通过这种凝视，她们建构外部世界的意义，她们也意识到外部世界是怎样凝视她们的（Davies,2000）。这一概念强调了积极的、反思性的和协调性的人类认知过程。Piaget（1971），Kelly（1955）以及激进的建构主义者 Van Lehn（1989）和 von Glasersfeld（1987）的解释都可以被称为个人的建构主义，这一视角都倾向于努力突出个体认知在知识建构中的角色和贡献。然而，正如Davies（2000）对"凝视"的解释，超越个体的、来自社会世界的因素也在形塑着我们的经验和我们对经验的分析和建构（也就是学习）。因此，从某种程度上讲，社会世界在形塑和表明我们的经验时扮演着重要的角色，考虑社会在经验形成中是怎样发挥作用的是非常重要的。社会方面的贡献不仅包括社会为个人提供了规范、实践和目标，而且当人类通过经验学习时，社会贡献也在发挥着作用，因为大多这样的经历都源自于制度方面的因素（Berger & Luckman, 1966 ; Searle, 1995）。因此，考虑社会因素对我们思维和行动的贡献是非常重要的。作为一种结果，社会建构主义，比如社会文化理论、活动理论以及文化心理学等都做出了重要的理论贡献。这些理论看起来是比较适合解释职业教育的目的和实践的，因为对于工作业绩所需要的技能的学习起源于历史和文化，并且被社会和情境所塑造。

　　考虑到贡献和作用，还有另外一个世界需要包括进去，那就是非理性的自然世界。非理性世界在维持生计、寻求安全庇护、温暖、健康、性以及其他欲望的满足等方面塑造了人类的行为。还有就是我们的成熟过程，比如，协调我们的认知过程和能力以及确定在人生的不同阶段取得什么样的成绩是可能和合理的。个体之外的世界正是通过非理性和社会方面的因素代表了我们自身以外为人类经验和学习提供经验的重要元素，然而，尽管有个体、社会或者非理性世界方面的决定论，但意义构建的积极过程表明个体、社会和非理性世界之间的关系从某种程度上讲是被个人前提所协调的。协调过程中，居于中心地位的，一方面是非理性世界和社会世界在多大程度上能投射它们自身的影响，另一方面是个体能够在多大程度上参与他们自己的经验建构。人类实践和学习的这种范式为我们提供了对职业教育进行解释的基础。比如，个体学习是通过对经验建构意义的过程完成的，这些经验是社会世界所型塑的，相关因素包含了规范体系、价值、实践和随着时间形成，并在工作、工具、人工制品、目标、规范以及价值中得以展现的工作过程。个体为提升生存能力而进行协调的过程被他们的目标、活力和实践所塑造。正是通过这种源自于文化方面的协调和实践，诸如付费工作这样的活动才被不断地创造出来并不时地发生着改变。然而，要支撑这样一种解释需要运用多种理论视角才能详细阐述和证明教育的职业层面。

建构主义的相关文献对于解释职业教育实践和学习过程做出了重要贡献，认知心理学在这方面尤其突出。这一学科通常被看作是个体认知主义的代表，但同时也提供了对职业教育的重要解释。这些包括了某种工作高效业绩的专家技能的构成。因此，认知心理学不仅论述了技能表现的过程，而且在解释职业教育的目的和目标方面尤其有帮助。从新手－专家的区别开始研究，认知心理学领域经过四十年的研究取得了一系列的成果（Charness, 1989 ; Ericsson & Lehmann, 1996 ; Larkin, McDermott,Simon & Simon, 1980）。这些成果包括随着时间推移来自经验的知识拓展和组织，以及发展和促进广泛的特定领域知识基础的各种知识。这种基础或者知识领域包括了丰富的相关概念知识和个体从事相关活动中逐步发展和打磨出来的过程系统，以及在执行任务过程中管理业绩表现的能力。

认知主义由于把业绩的概念建立在个体获得和控制知识的能力基础

上而受到批判（Greeno, 1997），它低估了社会因素的影响和能力表现的社会环境。尽管这样，它提供了理解构成个体专家表现的各种品质以及开发这些品质的基础。更重要的一项贡献是经验的丰富性和多样性，一方面是获取经验的机会，另一方面是个体是如何选择从事相关实践的，这对于专家技能的发展是至关重要的。比如第二点，Ericsson（2006）区分了经验的种类和质量以及对于个体高水平业绩至关重要的有意练习，这些内容反映在他对人类业绩表现三十年的研究成果中。因此，除了提供经验，学习者如何参与到他们所经历的事情中去也非常重要。所以说，尽管个体有效行动的能力可大可小，正是经验的范围和新老经验的组合才发展出了丰富的概念性知识以及特定人类活动领域内打磨良好的具体战略步骤。通过这些文献，我们有必要重视解释社会世界贡献和定位的相关观点以获取存在于个体、环境、文化层次范围内的概念。

而且，认知主义也提供有关知识种类的解释，这些知识在诸如付费劳动这样的实践中得到练习和发展，而付费劳动本身可以帮助我们理解通过职业教育学习到的知识的种类。它们包括职业知识的概念性、程序性和意向性成分，这些都与表现工作任务业绩和角色需要的属性有着丰富的相关性。概念性知识包括事实、命题、概念和判断，Anderson（1993）把判断称为陈述性知识——因为它可以表述——或知道"know-what"类知识。这种形式的知识包括不同层次的系列知识，从简单的可以列举的事实性知识，到丰富的概念性理解，这种理解包括对系列复杂变量的解释，并且通常是以偶然因素范围的程度为特征的。程序性知识或称为"know-how"，是我们用来做事情（不管我们是不是在想着这些知识）或者执行身体动作的知识（Anderson, 1982）。程序性知识也有着不同的次序：一端是高度特定的程序性知识，这样的程序性知识一旦开始进入实践状态并被程序化，它们是不需要太多的有意识的思考去唤醒的（Stevenson, 1991）；另一端是策略性的程序性知识，它们包括一系列因素，需要有意识和深思熟虑的注意力，还要使用一系列的概念、命题和策略。最后，

16

意向性知识包括在概念化或实践中形塑、激发和管理能量的态度、价值观和信念。

重要的是，正如本书第六章论述的那样，这三种形式的知识是相互联系的，它们并非是完全界限清楚和相互独立的。没有参与的步骤你不可能对某样东西进行概念化，你管理自己的精力以进行概念化或部署知识的程度在你如何运用知识过程中起着决定性作用。这里，把这些知识单独呈现出来只是为了便于讨论和详述它们的特性。需要注意的是，错误概念和业绩能力也与个体兴趣和价值观有关，因此，这三种形式的知识之间是相互关联的。这些是认知心理学对理解职业实践、职业教育领域的学习目标以及学习后可能的过程等做出的一些贡献。

建构主义的社会视角很大程度上是通过社会文化理论和文化心理学呈现出来的。这两种理论为社会和文化世界是如何形塑个体需要学习以践行他们职业需要的工作知识以及这样的学习发生的途径提供了解释。社会文化理论很大程度上起源于历史相对论，主张历史、文化和情境限制的活动形塑了个体的认知，这种"形塑"包括了历史、文化和情境下的活动和人工制品所代表的社会世界产生影响的方式。这种观点对理解这样的事实是尤其有帮助的，即为对改变的文化要求做出反应，工作需要的知识是如何通过历史逐步进化的，特定工作场所的学习通常证明了这一点（Billett，2001b）。组成工作场所的规范和活动的团体实践（Gherardi，2009）可以通过这些理论来证明。这一方法也为我们对起源于社会的活动和社会视角下的人工制品的制造的学习和发展提供了理解的方式。所有这些都表明社会建构主义的过程可以被描述为心理之间的过程：在个体和社会之间，在个体心理内部产生结果的过程（Vygotsky，1978）。也就是说，在社会活动方面的人类改变或学习有一个可以追溯的遗产，然而，社会建构主义的批判者认为，这种心理之间的过程和内部心理结果被过度推崇了。比如，Engestrom（1993）的活动系统中很难识别在学习和发展过程以及社会活动的练习中人类的主体性和个体其他贡献各自的角色，然而，在文化心理学中，有更多的关于个体在从事社会活动方面角色的论述。Valsiner（2000）谈到了人类经验的独特性，并且指出个体不得不对社会世界的要求有所否定以便保持存在感或内在平衡。可能的确是这样的，社会文化理论在寻找校正早期强调个体的聪明才智的认知理论时有点弥补过度之嫌，现在变得无条件地推崇了社会世界的作用。在这样做的过程中，这些理论就有成为新的行为主义的风险。当然，这里提及 Miller 和 Goodnow（1995）的相关理论以避免个人或社会决定论的双重风险就非常重要了。

的确，大量社会学理论为个体参与和协调社会世界的经验提供了解释空间。从强调和推崇集体主义的理论视角看，个体与社会系统的沟通是允许的，而不是单纯的社会化。比如，在 Giddens（1984）的结构化概念中，个体在与社会世界沟通和促进社会世界发展中担任着重要角色。同样的，在 Berger 和 Luckman（1966）对知识的社会建构的解释中提出，社会世界并不能完全一致地传达出自己的要求，对于其效能也并非深信不疑。事实上，社会压力的投射可能是不公正的，正如个体所经历的那样。社会学的解释对于理解影响实践、概念和制度体系的社会条件和障碍提供了有益的帮助。这里，社会再生产和财富分配的方式可以建立在社会习俗和价值观基础之上。

哲学也同样地提供了对以下内容的深刻洞见：职业教育目标和评价特定创造力、目的和机构利益的概念工具（Elias, 1995; Frankena, 1976; Lum, 2003）。正是这些工具有时候才能对无用的修辞和假设进行纠正，而这些修辞和假设多是来自于社会世界的与职业教育价值种类相关的。而且，绝非偶然的是，古希腊哲学也提供了有关不同种类工作的轮廓的洞见，以及特权精英对其他人进行冷静评论的能力等，这些最终造成了对职业教育立场和地位的巨大伤害（Steinberg, 1995）。人类学的相关理论对于理解职业教育也做出了两项重要的贡献：首先，它们提供了对职业实践的解释，也提供了对特定历史时期的特定文化背景下职业实践的特定要求的相关理论；它们也说明了对于社区生存和延续至关重要的关键性的知识和技能是如何通过实践随着时间推移而获取的。这一贡献对于理解和合法化制度教育之外的职业实践的学习，比如工作场所学习，特别地有帮助。

历史解释对于理解职业教育构成的过去、发展和现状也是有益的。相关解释可以追溯到古希腊（Lodge，1947）、欧洲大教堂的建造者（Gimpel，1961）到近代工会势力的下降（Hanf，2002）和欧洲以及世界其他地方职业教育体系的形成（Gonon,2009b；Greinhart, 2005）。这些研究有助于理解作为一个独立的教育部门的职业教育的目的和基础，还有助于我们认识提供经验、证明学业和对课程学习适合性做出判断的教育机构的发展。

最后，在描述、批判和提出职业教育领域内与政策相关的问题和程序性机制时，还有政策研究经常会论及一些社会学概念。这些研究有助于将长期在课程领域实施的分析种类拓展到影响职业教育目的、实践和教学机构等更为广泛的议题上。总之，我们这样做就不足为奇了，非常有必要运用多种理论以详细论述职业教育并解释它的特定价值、合法性和作为独立教育领域的贡献。这种必要性是由于我们对职业教育所提出的观点是源自于社会公平和情感，而不是理性的考量。

章节组织与安排

本书是通过系列章节组织起来的，每一章都有一个核心概念并作为重点进行讨论，并且作者有意把每章作为与前面或后面章节独立分开的部分进行了安排。如果有跨章的论述，则说明它是一般意义上的重点。然而，作者努力想要保持每个部分内部以及各部分之间的一致性。同样，还有一些主题出现在多个章节中，被反复提及并逐步完善。然而，每章中所列的参考文献仅仅解决相关概念及问题。很可能的情况是，读者对通读全书的兴趣要低于对某些特定部分或不同部分的相关话题。因此，尽管全书在详细论述职业教育的任务上有很强的一致性，但章节的阅读是可以以个人为基础的。这一过程可能导致一些重复和明显的冗余，尽管作者已经降到最低程度了，但为了让每一章都能够便于阅读和有足够的支撑，这些重复和冗余也在所难免。

为了提前呈现本书是如何论述职业教育概念的目的、范围和重点，每章的要点现概况如下。

第二章，定位职业教育。本章从考虑职业教育作为教育的领域和部门开始，识别了作为一个领域的职业教育核心特色，包括范围和特性等。这些论述包括对职业教育的重点、目的、实践、形式和预期结果的多样性的讨论，正是上文已经论及的这些多样性以及不同制度体系对这些多样性的考量形塑了职业教育供给。本章也清楚提及了这个领域的立场的差异性，然后，提出了一系列的命题以充分定位职业教育领域和它的价值，以及它是如何被推动和讨论的。其中一个命题是，所有的教育最终都是职业教育，其目的是为了满足参与其中的个体的人的需要；而且，这样关于职业教育价值的讨论应该考虑参与者（即学生）及其他利益相关者（比如政府和雇主）。总之，本章提出，职业教育与其他教育部门一样具有合法性，因为它的目的、领域都是明确的而且不从属于任何其他部门。本章还提出，高等教育（即在大学里发生的教育）在目的和过程上方面与职业教育的差异很小。而且，有效的职业实践所需要的能力种类不仅有特定职业定向性还有其他类型的知识，也就是说，职业定向性的知识和更多通识性目的对职业教育的有效供给而言是混合在一起的。然而，由于长期以来职业教育地位较低且从属于包括基础教育和高等教育在内的其他强势教育机构，是那些有权威的"他人"而不是参与职业教育的人一直在对职业教育进行着特色的总结、评价并试图对其供给进行重塑。

20

　　第三章和第四章一起深入讨论、定位和界定职业和工作这两个作为职业教育关键目的的概念。这两章提出，对于职业和工作虽然有社会和个人两个维度，但对于职业而言个人的要求更强烈，对于工作而言社会的需要更关键。这一区分对于职业教育的目的和过程是有启发的。职业教育的目的需要考虑这两个概念所分别推崇的个人和社会因素。在探讨工作概念时，作者提出，职业实践者在工作内容的构成、工作价值和复杂性以及为这一工作提供服务的教育的种类和供给等方面的声音经常被忽视，取而代之的是来自社会上的权威他人的声音，他们宣布了职业教育所服务的不同工作的价值和地位。而且，他们的声音也影响了对相关职业从业者固有限制的主张，这些声音还不断地在塑造着社会对相关职业的关注焦点和努力方向，不仅仅是扭曲了它的目的和定位，比如，提出职业教育是狭窄和再生产的。

　　第三章，职业。本章主要论述和勾画了职业的构成。作者提出，以工作形式存在的职业有社会和个人两个维度，也就是，它的来源、形式和地位是社会因素型塑的结果，但是它们对个体是有意义和目的的，而不能仅仅通过社会或非理性因素进行解释。因此，本章提出职业在很大程度上是由个体因素并在与社会和非理性因素进行协调基础上型塑的，尤其是，职业需要个体的认同而不能被他人操控，而且，正是个人与社会之间的协调对于作为工作的职业的实施、重构和变革才是必要的，它在解决社会和个人的不利条件方面发挥着重要的作用。因此，尽管受到制度和非理性因素的协调，职业主要的，但不是全部是个人的。与此形成对比的是，工作主要是制度因素的产物。因此，第四章主要描述了工作概念的发展以及与之相关的社会和个体维度，尤其是，作者注意到精英权威的声音对工作地位的影响。的确，贵族、神权政治家以及社会改革者形塑了工作的地位，近代以来，官僚、自由主义教育者、工业界代言人和研究者们对于职业教育地位的建构也贡献很多，但经常是无益的。

　　第五章，职业教育体系的形成。本章主要讨论导致了在很多国家被称为"职业教育体系"形成的环境和动力因素。在考虑了现代性和封建主义结束所带来的主要变革、工业革命以及现代国家运动的基础上，本章探讨了欧洲国家不同的职业教育体系的发展和形成。这些论述重点强调了职业教育部门的形成方式，尤其是论及了通过学徒制和徒工制进行的以家庭为基础的技能形成体系瓦解之后，职业教育发展对于确保足够数量的技术工人所发挥的作用。本章也讨论了这些体系的形成和他们的运作方法是如何受到了那些推崇普通教育（自由教育）的人的批判的，以及这些批判是如何延续到今天的。而且，除了这些长期的和无益的批判之外，当代又出现了对职业教育供给产生重大影响的声音，这种来自于官僚机构和其他利益相关者的声音提出了对职业教育目的、目标以及实践方面的意见。与以往的经验一致，来自于教育部门之外的人员被请来决定了职业教育供给的特性、目的、过程以及预期结果。而实际的参与者，授课的教师和职业院校的学生却几乎没有机会对决策提出他们的想法。然而，那些被指定的代表职业教育发声的人却不总是有足够的信息和智慧去代表其他社会特权者的意见以对职业教育决策提供特别的视角。这样的过程看起来越来越普遍和经常，这将会对职业教育的构成、目的、实践以及结果等产生巨大的冲击。

第六章，职业教育的目的。如标题所言，本章试图描画职业教育目的的轮廓。作者提出，职业教育与开发、重塑和变革有着历史、文化和社会渊源的工作实践有关，它有着重要的社会和个人目的。因此，在承认职业教育重要的个人维度的基础上，本章所识别、阐述的职业概念也强调了源自于文化发展的以解决人类需求和促进人类发展为目的的人类活动。这些典型的职业是那些提供报酬的付费劳动，但是这里并没有把那些没有劳动报酬的重要社会角色排除在外，比如照顾老弱病残等。整体而言，本章提出了五种目的：重塑和变革源自于文化的职业实践；确保经济和社会目标；维持社会发展和推进社会转型；个人的适应性和工作准备；个人进步。本章对以上这些目的都进行了论述和举例，职业教育的目的可以是多样的，并且程度不同的。

这些目的是如何实现的呢？第七章，职业教育课程，提出了在满足这些方面需要时对职业教育课程的理解。作者确立了这样一个前提，即考虑了课程对于职业教育的，而不是中学教育的意义，论述了课程的定义，辨识了课程的特性。与前文对职业和工作，以及职业教育体系形成方面的理解保持一致，本章提出课程需要考虑主办者和利益相关者的预期（也就是预期的课程）和职业教育相关机构和诸如教师、培训师、工作场所的管理者等参与者对课程实施的影响。课程的实施还受到可利用资源、专家技能和环境等因素的限制。因此，课程的这个概念被称为实施的课程。然而，还有要考虑的是学生参与并从课程实施中所学到的实际内容，这被称为体验的课程，并被认为对职业教育而言是最重要的，因为职业教育对个体（也就是他们的职业）以及在他们工作生涯中有效地、独立地从事工作都是处于中心地位的。课程的这三种维度是我们进行决策时需要考虑的要点。重要的是，进来越来越多的努力被放在了预期课程方面，它被看作是实现主办者（比如国家、政府和工业企业的利益相关者）目标的手段。然而，当这些利益相关者的需求和利益需要表达和代表的时候，认为教育供给可以建立在系统之外的一系列意愿的基础上的观点是错误的，教育供给的落实并不了解要通过谁来学习以及要实施什么。

决策对于职业教育供给是至关重要的。第八章提出职业教育供给是以不同类型的决策以及在职业教育发展和实施过程的不同时间点上的决策为基础的。因此，在考虑职业教育供给构成的时候，有必要解释与开发预期课程相关的决策是如何形塑了它的形式和重点的。而且，职业教育供给已经成为政府、社会和经济议程上的重要内容，对职业教育控制和规范的程度正在不断增加。然而，任何程度的决策和管控都不能被推荐到特定的环境中，更不用说是决定职业教育实施过程中到底要发生什么。也就是说，即使是要满足那些建议的过程和目标，管理者、教师、培训师以及监管者等都需要确定学生的经验是如何组织和实现的。这些不可避免地存在很大差异，任何的规范或建议都不能满足判断职业教育提供者的需要。

最后，从前面的讨论、批判和命题出发，第九章，职业教育展望，集中思考了在实现潜在目的的范围内如何最好地定位、概念化、组织和实施职业教育。本章提出，只是努力改善职业教育供给是不够的，如果不提高与职业教育相关的工作的声望，丰富目的和改善过程的努力将会一直受到社会声望的阻碍，这将影响职业教育供给，并把职业教育置于边缘性地位，使其成为更加没有吸引力的教育类型。当然，为了满足来自于社区以及社会内的经济利益的要求，包括参与其中的学生或学习者的需求，需要弄清职业教育的目的，更加提升其地位，平衡并不断促进其与其他教育部门的关系走向成熟，促进教育预期与教育目的的实现方式的走向一致，提升实现这些教育预期的教育过程与教育结果的适合程度。尽管看起来这是一项重要的要求，但值得注意的是职业的地位，尤其是职业教育在不同国家是非常不同的，同时它们也处于不同的发展时期，有着不同的发展轨迹。因此，这些要求未必是合适的，它们是可以协商和改变的。总之，这里所论述的观点将帮助我们更加了解职业教育的本质以及如何组织和实施职业教育以满足那些对它有很高预期的人的需要。

第二章

定位职业教育

……职业教育就像另一种特殊教育（为无法适应生活环境的孩子所设立的科目），它招收那些不能适应生活环境的孩子。许多高中都将职业教育部门置于学校外部，如外部建筑物或地下室里——特殊教育的教室经常设立在可移动的拖车里……职业教育是孩子们可以依赖的培训，这可使他们远离麻烦与问题。但家长们很少会自豪地宣称他们的孩子在职业教育项目中接受学习。（Steinberg，1995，第 xii 页）

……职业意识来源于生活中的社会实践。此外，诸如教学、护理、育儿和服务等社会实践都有其自身的完整性。它们之间是无法相互替换的，并且这种不可互换性必须与个体的独特性和职业意识相互协调。（Hansen，1994，第 271 - 272 页）

定位职业教育

鉴于职业教育既有其共性，也有其多样性的特点，使得辨别它的范围、多样性和共性以对其进行详尽的阐述就显得尤为重要。因此，本章首先对职业教育的定位以及如何将其视为一个独特的教育领域进行讨论。这一目标是通过建立一套参数来实现的，通过这些参数，可以将职业教育视为由一系列教育部门（即学校教育、职业教育和高等教育）所服务的广泛的教育领域。实现这一目标的初步方法是概述其共性和特性，并突出其多样的形式、传统、制度和地位。虽然职业教育的总体目的可以被确认为是一致的，但职业教育机构的各种形式及其组织和实施的各种手段往往会掩盖掉它的共性。不过，正是这些多样性提醒我们，在没有充足的依据下不要对这个领域做出简单而无益的概括。事实上，职业教育领域长期受到历史上一些观点和箴言的影响，并且社会生活、专业领域中的旧有观念及惯例加强了这种影响。这些观点和箴言有时会妨碍后人对该领域进行有效的讨论和评估。

因此，阐述其特殊性和多样性可有助于提出一套轮廓纲要，这既能对职业教育准确定位，又能为如何发展职业教育的讨论提供一些基础。这些前提基础包括：所有的教育最终都是职业性的，因为它必须满足参与者的需求、利益和发展轨迹。也就是说，教育有助于个人实现自身的目标和雄心抱负，并且对个人本身及其所属机构和社区都是有价值的。这个命题引发了一场讨论，即如何根据参与者（即学生）或其他利益相关方（例如政府和雇主）的视角来考虑职业教育的价值。

职业教育的特殊性和多样性

职业教育的一些共性，使它成为一个独特的教育领域。然而，职业教育的形式、机构的丰富性及多样性，却轻易地掩盖住了这些共性。职业教育领域的大学、职业学院和学校的一系列共同点与发展和维持个人职业生涯中所需的能力广泛相关。也就是说，它们的教育目的都主要涉及：（1）确定在职业中高效率表现所需的知识；（2）组织经验知识的学习；（3）寻找传授经验的方法，使学习者能够在职业实践中变得高效；（4）在整个工作生涯中保持这种高效，包括职业转型时期。无论个人是在学习医学、法律、美容、旅游、烹饪还是安全工作，或是无偿追求的兴趣爱好，都有以上这些共同点。尽管多样的职业教育和不同类型的机构对这一领域的贡献有显著差异，但这些共同点在很大程度上反映了职业教育作为一个独特教育领域的特殊性。正是这种特殊性使职业教育有别于其他教育领域。

然而，观察家可能得出这样的结论：这种特殊性是用不同的方式进行区分的。所以，尽管校园被视为是学校教育和高等教育的发生地，但职业教育却是涉及包括这两类教育在内的各个教育领域。由于职业教育不同种类的传统和机构会掩盖这些共性，所以捕捉到这种特殊性并不总是简单或容易实现的。然而，对该领域的范围和特殊性的思考，有助于对职业教育的界定和辨别。很明显，帮助个人学习、发展能力，并促进他们持续地提升职业能力的角色并不仅仅是由许多国家被称为职业教育的部门所承担的。例如，学校部门越来越多地着眼于职前准备工作和确定学生的首选职业，然后协助他们获取工作生涯所需的能力。

因此，将职业教育视为独特的教育领域时，需要立即认识到，它包含了一系列具有各自特定标签和地位的教育机构。这种情况包括但不限于国际上与职业教育体系相关的一系列机构。例如，澳大利亚的技术和继续教育学院（TAFE），英国的继续教育学院，加拿大和美国的社区学院，芬兰的职业教育院校以及新加坡和新西兰的理工学院。在以上的例子中，虽然这些机构是职业教育的核心组成部分，但它们并不是其所在国职业教育体系的全部。这些职业教育体系在其各自国家的目的、供给和参与者方面可能有显著差异（Hanf，2002；Thompson，1973），这使得很难将职业教育作为高度同质化的教育领域。当然，这些体系中有许多主要是涉及初级职业准备工作，而且绝大多数学生刚刚完成义务教育（即为毕业生提供的教育体系）。所以，很少有成年人会参加这些机构，而且它们对继续教育的供给可能是相当有限的（例如在德国的职业学校和新加坡的理工学院）。相比之下，其他职业教育系统（如澳大利亚和英国）对继续教育和培训（即教育供给侧重于初步准备以外的持续发展）有广泛的供给。这意味着许多成年人毕业后会以不同的方式和时间参加这些课程。

然而，即使是那些侧重于初级职业准备的教育系统，在供给上的差异程度也无法轻易地进行比较。例如，一方面，有瑞士、德国或奥地利的双重学徒制，这些国家的中学毕业生中有很大一部分参加特定的职业准备课程。这些课程中，学徒们通常作为雇员，将他们的时间分配在工作场所，并且在职业院校接受短期的教育。这种双重课程需要地方雇主和行业的高度参与，并建立在三方（即政府、行业和工会）联盟的基础上，以确保达成一致的目标。这种教育安排受到法律管控，以保护年轻人的就业条件。此外，他们还得到了广泛的机构基础设施的支持，这些基础设施包括职业院校任教的资格以及工作场所中帮助学徒适应工作的资格。然而，即使在这种方法中，德国和瑞士也有所不同。此外，瑞士模式并没有提供双重学徒制的经验，而是包含了一个第三空间——一个专门的训练设施——而这并不是德国体系的典型特征（Gonon，2002）。因此，在一个看似标准的学徒模式中，仍存在着一些差异。

另一方面，在英国继续教育学院、美国社区学院和新加坡、新西兰、澳大利亚和英国的理工学院以及德国的职业教育学院中，绝大多数学生的学习经历是在教育机构中获得的。当然，这些机构中的大多数都有工作场所，在它们的课程中以不同的方式对学生进行锻炼，而且通常都有外部授权的课程和证书。然而，在职业教育机构或在工作场中所建立的课程，学生的学习方式有明显的区别。对于学习者来说，可以有一种、两种甚至三种可供使用的设施，而且他们在课程期间进入工作场所的种类、时长和范围都有很大的不同。例如，德国、瑞士、澳大利亚和新西兰等国家，许多参与者都是学徒，他们花费 80% 以上的契约时间在工作场所中作为员工。他们中的大多数不太可能自称为"学生"，而是把自己看作是见习工种的学徒（例如 Chan，2009）。这种区别很可能影响了这些学徒是如何认识自己的，比如，认为自己是新手工人，而不是学生，也影响了他们如何在教育机构中参与。相比之下，在以大学为基础的职业教育的国家，学习者可能会认为自己是学生，任何关于新手从业者的观点都可能被认为是可笑的和幼稚的（Billett，2000a）。即便如此，这些学生仍可能对工作和工作场所有特定的看法，这些观点会影响他们在大学的学习和工作中的表现。而且，正是这种工作场所参与的特质使它成了一个独特的教育领域。除了学徒制，医疗和法律教育也包含着初级职业教育的范例。所有这类教育的供给旨在通过学生学习来实现职业或行业指定的方法、标准和认证。

当然，职业教育部门课程的侧重点往往与高等教育不同。然而，这些差异很可能与各种教育机构所服务的特定职业有关。一般来说，专业和准专业的职业是由大学服务的，而被视为次专业的职业则由职业教育部门服务。这一普遍规律中产生的差异很可能源于一种职业如何在特定的国家分类，以及这种分类在不同国家之间的区别，或者是某一特定群体的地位的不同。例如，护理是一种职业，通常被归类为准职业，其培训工作在许多高等教育中进行，但并非所有国家都是这样的情况。然而，虽然表面上有差异，但从性质上和概念上讲，高等教育部门和职业教育部门所提供的职业教育在目的、过程、经验和成果方面都是非常相似的。它们的目标是通过在教育和实践（即工作场所）环境中的经历，来培养有效实践所需的概念、程序和综合能力。

类似地，中等学校和专科学校的教育，旨在为一般的工作生涯，甚至是特定的职业培育学生，通常与专业的职业教育机构有类似的目的和形式。事实上，可以称为职业教育机构的名单比这还要长。例如，美国的 Thompson（1973）建议公立学校、私立中学、行业部门和职业学校、地区职业学校、专科学校、社区学院、刑事监禁所和四年制大学，都可以提供职业教育课程。此外，在其他国家，有行业技能中心、行业专家中心，甚至还有提供认证资格的供应商培训。然而，从性质上说，这些机构提供的教育与那些在大学里的职前准备工作没有什么不同。这种范围广泛的机构安排和教育供给，都指向类似的教育目的，强化了这一特殊教育领域的范围和深度。

总而言之，职业教育作为独特的教育领域，是建立在一套核心目的基础上的，但是如何明确和响应这些目的并没有得到统一，而且为这些目的而组织的机构仍然是多样化的。因此，为了获悉职业教育的范围，下一节将通过对其侧重点或主要目的的思考，来进一步阐述这一多样性。

职业教育的重点

为了继续阐述该教育领域的特殊性，我们有必要阐明它所包含的多样性范围。职业教育除了与不同的机构相关联之外，其侧重点也各不相同。作为一个出发点，为了获悉职业教育领域的特殊之处，有必要考虑一些职业教育的定义。例如，Skilbeck、Connell、Lowe 和 Tate（1994）将其定义为：

……教育的功能和过程，旨在为个人和群体的工作提供职前培训和促进技能提升，无论是否以有偿工作的形式。（第9页）

Wall（1967/1968）认为职业教育是：

……一种教育体系，其中的内容是有意选择的，完全或主要是由学生发展所需要的一些最重要的能力组成，而这些能力是专业能力所依赖的。

Giroux（1985）称职业教育是：

……一种强调发展知识、技能和态度的实践，它涉及学生将来在国家社会经济领域中的参与。（Giroux，1985，第4页）

West 和 Steedman（2003）认为职业教育是：

……一种以行业、职业或专业使用的知识为内容的教育体系。（第1页）

这些定义中的核心点是提升学习者的工作能力为其工作生涯做准备。职业教育被视为个人或群体开始工作之前所接受的一种教育。有偿或无偿的特定工作形式，以及提升个人素养的观念强调了发展工作能力的重要性，这些能力能够使他们在有偿就业的特定活动中发挥效力。其中两种定义明确地提到特定职业中的特定工作，这表明学生们需要的不仅仅是一般的工作准备，还需要提高特定领域的知识（即它们的概念、过程和外在维度），这些知识会影响个人的职业绩效。除了有偿就业的形式以外，大多数职业教育过去和目前的工作重点是确保毕业生获得有偿就业所需的特定职业能力。事实上，许多职业教育体系都是由国家有意建立的，以解决与技术劳动力供应相关的问题（Greinhart, 2005, Hanf, 2002），失业青年问题（杜威，1916），以及与这些年轻工人相关的公民社会问题（Greinhart, 2009）。甚至在此之前，大多数大学教育都是为毕业生就业而准备的，如医药、法律和神职人员等职业（Elias, 1995）。

在这些定义中强调的个人能力的提升和准备，只涉及杜威（1916）提出的作为职业教育核心的两个要务之一。他认为，职业教育首先应协助个人确定所适合的职业，其次，发展他们所需要的能力，使自身能够成功地进入和从事该职业。因此，尽管这两项要求都强调了对职业生涯的初步准备，但杜威（1916）认为还需要帮助个人对他们的首选职业做出适当的选择。因此，Skilbeck 等人（1994）提到的为职业生涯做准备的关键要素是协助个人识别自身能力和兴趣之间的联系，以及他们感兴趣的职业和适合他们的职业。杜威（1916）很可能已经注意到，人类历史上，大多数人所从事的工作，不是基于他们的兴趣、能力或特定的才能，而是因为这工作正好是他们所能得到的。也就是说，无论是中亚、古埃及、欧洲和中国以及其他地方的阶级、性别、形势等相关的社会因素，还是所谓的制度事实（Searle, 1995），所有这些因素都影响了个人的职业选择及如何进入该职业。这种限制性的选择，杜威认为是完全不能令人满意的，对于那些不适合或不感兴趣的人来说，从事那些不适宜的职业是无益的，是对人类能力和潜力的浪费。

职业是平衡个人独特能力与其社会服务的唯一办法，没有什么比无法发现自己真正的事业或因为生活环境所迫进入一个不适宜的职业更令人悲哀的事情了。（引自杜威，1916，第308页）

杜威的担忧对现阶段仍有意义。此外，他所提到的"浪费"既包括重大的社会因素，也包括个人成本（当个人发现自己处于不适宜的工作时，就会产生个人成本）。例如，当代许多国家，无论是初级的工作培训过程（如学徒制），还是低保留率之后的一些职业培训（如美容和护理），都有很高的流失率，即使是那些备受尊敬的职业教育部门。对于这些流失的人来说，通常会花费很大的代价，就投入的时间和成本而言，这样的工作不会成为他们成就和收入的来源，当然也不会成为他们的职业。在一些国家，初级职业教育的中止率可能超过50%[①]。虽然一系列因素导致了这种情况，但这种高流失率也表明，参加这些职业教育的许多人对于他们所选择的职业是不了解的或受到误导的。对于杜威（1916）来说，似乎首先使用了"职业教育"这个术语，他认为，个人进行初级培训和提升能力来从事喜欢的职业之前，必须先进行一个教育过程，通过此过程了解本人的特质、属性和职业要求。某些情况下，杜威首先考虑的是在学校教育体系内的一种特殊教育形式：职业教育。然而，这一教育的全面实施程度和以何种有效的方式进行仍是一个悬而未决的问题。例如，提供这种教育可能不被视为学校和学校教育的责任。而且，在提供的高等教育中（即高等教育和职业教育），它也往往不具有很强的特点。

　　不过，已经制定了一些课程流程，以促进职业教育、学生能力和兴趣与学生期望的职业之间的一致性。这些课程提供关于职业的文本信息，用于帮助他们对挑选的职业做出明智的选择。职业教育中也有提供特定职业经验的过程，学生对一些职业进行抽样，以确定他们最感兴趣和最适合的职业。澳大利亚TAFE学院的职前教育课程为学生提供了一系列职业活动，尽管是在大学环境中。例如，学生们可以在建筑、电气、装配和车工工艺，以及汽车机械等职业中进行轮岗。然后，学生们可以在最符合他们兴趣和能力的职业中获得一个学徒期。还有一些课程可以帮

---

① 　这种流失的实际程度往往难以确定，因为政府往往会试图掩盖它们。一些国家（如瑞士）声称没有全国性的数据。在澳大利亚，结构性入门级培训的非完成水平目前高达50%，其他国家的报告中显示这样的比例也都高达30%以上。

助学徒，选择最适合他们兴趣和能力的职业领域。例如，澳大利亚实行的群体学徒制，可以提供一系列特定职业的经历，以及有关不同职业类别和其工作要求的信息。比如，一些我很熟悉的地方，学徒厨师在一系列的商业烹饪环境中轮岗。他们可能先在宴会厨房工作，然后是在点菜式厨房工作，进而会在同一个大酒店的酒吧或自助餐厅工作。之后，他们可能会转移到市中心的一家酒店工作，最后又去医院的厨房工作。根据轮岗的经验，以及对职业烹饪不同方法的理解，对于职业生涯中哪些领域可以获得就业和使自己更专业化等问题，他们可以做出明智的决定。同样，实习护士在医院不同的病房进行轮岗，来学习护理学课程，获得实践经验，并了解护理工作。通过轮岗的体验，他们能够对想要实践和从事的护理领域（如：意外伤害、肿瘤、产科、综合、心理健康、重症监护）做出明智的选择。这两种例子中，杜威所提到的两个目标正在得到解决，尽管它们的方式和强度不尽相同。

学习成果的特性

职业教育一些观念强调的职前准备，主要是关于职业性较低且与职业生涯相关的普通能力。事实上，杜威（1916）提出的职业教育目标超越了个人的解放和发展，并将其定位为个人参与社会转型的手段。因此，除了为特定职业做准备工作之外，他也注重毕业生是否有能力改变自身所从事工作的实践方式，使他们变得更好，从而满足社会和从业人员或教育资助者的需求。

我感兴趣的职业教育不是那种能使工人适应现有的工业体制的职业教育，我对那种体制并不是很喜欢。在我看来，所有不顺应时代的教育事业，都是抵制这一方向的每一步，而我们应努力争取一种职业教育，它将首先改变现有的工业社会，并最终改变现状。（杜威，1916年，第42页）

这一观点反映了那些偏好一般而非特定职业教育的人的批评。然而，鉴于国家在很大程度上支持职业教育，而且他们正在越来越多地期望职业教育来实现特定的经济（如技能发展）和社会（如青年人就业）目标，可以看出非职业性的教育在当代职业教育中正在变得不被广泛接受。事实上，越来越多的这种教育资助者（例如政府和强大的经济利益集团，如行业和大型企业），正影响着职业教育的侧重点，无论是在职业教育机构还是高等教育机构。此外，越来越多的学生，作为自己教育的资助者，试图通过这种教育来实现自己的职业目标和成果。他们寻求时间、资金和机会成本方面的直接回报。因此，大多数人，都渴望着职业教育能带来一些成果，从而使他们获得更喜欢的工作，或者满足他们的物质需求和个人目标（Billett，2000）。所以，这些"利益相关者"似乎越来越多地希望这种教育能确保他们的就业和事业成就。然而，国家授权和提供的教育与学生们所期望的教育之间并不总是有直接的一致性（Cho & Apple,1998）。因此，现在越来越多的人希望职业教育能够处理好政府、行业和个人三者相关的利益问题，并着重于确保特定职业角色所需要的能力。然而，令人好奇的是，杜威的问题可能在个人面对特定任务和环境时改进工作的过程中得到解决（Billett，2009a）。个人对工作活动进行重塑和改造的过程，可能会更接近杜威（1916）所希望的结果。重要的是，这种转变是建立在一定的前提之上的，并且是个体参与构建成果过程中的产物。

　　然而，并不是所有职业教育都侧重于特定的职业性或专业性。例如，美国职业教育与欧洲许多学校的职业教育有着明显的区别，它是一种试图提供更基础性且较低职业性的职业教育[②]。20世纪初，美国担忧学徒模式的效果，所以拒绝将它作为一种广泛适用年轻人的教育体制（Gonon，

[②]　这一结果也颇具讽刺意味。据称，杜威在这场辩论中输给了 David Snedden，后者希望有一种更专注于职业性的职业教育，但是建立的制度安排和课程框架，反映的是一种基于大学的职业教育体系，这与欧洲的学徒制模式截然不同。

2009）。美国各州建立了社区学院，用于提供职业教育，相比欧洲的学徒模式或特定的职业教育课程，这种职业教育更加强调通识的教育成果。

职业教育课程应具有怎样的职业性，这一问题已经长期争论不止，而且不仅仅是在美国。事实上，学习成果的特殊性是一个反复出现的话题，特别是在与年轻人职前准备有关的概念中。20 世纪 70 年代，联合国教育、科学和文化组织（教科文组织）提出的职业教育与杜威倡议的一样，建议学生不应为某种特定的职业做准备，而是应该提升个人能力为长期的职业生涯做广泛的准备。这种准备工作包括一般的和适应性的过程（如解决问题的策略），使得学生们需要为不断变化要求的职业生涯而做准备（Faure et al，1972）。有些人提出，针对某一特定职业的准备工作，将会使毕业生们的技术能力过窄，导致他们对职业生涯中所产生的不可避免的变化感到不适。所以他们认为，教育应提高认知能力，使个人能够适应工作和职业不断变化的要求，以及适应职业生涯中不同职业之间的转换。因此，学生的侧重点不应是特定的职业性准备，而是初级的职前准备，以让他们在生活中做一个有适应能力的初学者。这样，职业教育的总体目标就能与学校教育的总体目标相一致。也就是说，为年轻人准备的一般性职业教育，能够使他们适应所遇到的任何领域的知识。因此，提供的职业教育种类由其职业特性的高低程度决定，同时还需要了解这种特定性是否超出了职业的规范知识，是否涵盖了特定工作环境所需要的内容。

有些人把普遍适用性能力的发展看作是教育资源和教育供给最有价值的成果。普遍适用性能力是为指导学习一般就业能力（例如，解决问题的策略与沟通）而开发的核心能力。例如，美国的 SCAN，澳大利亚的梅尔关键能力以及欧盟的终身学习的关键能力。他们的资助者提出这些核心能力，以适应个人在职业生涯中遇到的各种工作环境。然而，几乎没有证据表明这些能力可以带来所宣称的结果。当然，一直以来，关于具有非常规思维和行为能力（即适应性）的证据表明，在活动领域中

（如职业领域），拥有丰富的特定领域知识是具有可适应能力（即能够对新环境做出反应的能力）的基础。然而，特定领域的知识很可能更适合于促进特定的战略能力（Ericsson & Smith,1991）。诸如核心能力或认知能力这样的"通用"策略，几乎不可能在特定知识领域中（如职业）产生有效解决问题的能力，更不用说在职业实践中有特定要求的情况下了（Beven，1997）。事实上，由于对知识和情境性理解的日益加深，通用性能力的价值被削弱了（Brown, Collins & Duguid，1989）。也就是说，专业性的绩效表现是有高度情境性的（Billett，2001a），即由于一些局部因素的影响，需要在特定的工作场所中确保高效率的绩效表现。但这类通用策略能力的效用仅局限于广泛适用的规则或程序（如：三思而后行；周密而全面的计划）（Evans & Butler, 1992），而不是详述确保职业目标的方法。然而，虽然缺乏这种通用能力效用的证据，但并没有妨碍各国政府和诸如经济合作与发展组织（OECD）这样的全球机构推广它们。不过实际情况似乎是，丰富的特定领域知识是其他能力（如提议的核心能力）的基础，但是它也依赖于其他能力。因此，特定领域的知识与那些不限于特定职业的能力之间存在相互依存关系。

要点

上述讨论中，强调的教育侧重点是为个人有效的工作生涯而做好职前准备和个人能力提升，正如以下四个定义所强调的那样。这种职业教育观中，教育的重点是：

1.具有工作生涯要求的目标和流程，从而协助学习者在学校教育到工作生涯的转变中做出决定。

2.告知学习者特定职业的相关信息，从而帮助他们选择适合自己兴趣、需要和能力的职业。

3.发展特定职业的观念、程序和行为，使学习者来实践自己所选择的职业。

4. 提供经验以确保和理解与工作生涯相关的教育目标，并培养工作环境中不断变化的绩效要求所需的各种能力。

因此，当职业教育被视为主要是为更普遍的工作生涯或为某种特定职业而作的初步准备时，那么就需要截然不同的方式来实现这些特殊的教育目的。Skilbeck 等人（1994）的定义也提到了无薪就业的形式似乎是合理的，因为诸如成为艺术家或音乐家，或追求爱好的活动都有类似的过程和观念上的要求，以及明显的外在因素。正如第三章中关于职业的讨论，无薪就业有时与个人的自我意识和身份认同感密切相关，从而使他们获得职业的意义。例如，有些人可能会成为音乐家或演员，但他们需要另一份职业作为物质保障，以维持他们的生活情趣和追求。

然而，除了为应对工作生涯而做的职前准备工作（通常是年轻人进入职场或特定职业的时候）所涉及的重要问题和目的之外，职业教育还需要支持个人和群体在其整个工作生涯中不断学习。鉴于对工作、人口结构和个人终身学习需求的变化，这种强调正日益成为人们关注的焦点（OECD，1996）。现在劳动力市场中的职业概况、就业机会和对工作的要求，比以前更频繁也更大程度上地发生着变化（Appelbaum & Batt，1994；Bernhardt, Morris, Handcock & Scott，1998；Howard，1995）。因此，个人的初级职业准备可能比以往任何时候都不足以胜任整个工作生涯。因为（1）劳动力市场上各种工作所需要的就业能力的转变；（2）随着工作的变化，仍然需要在工作生涯中维持就业能力；（3）保持工作性质转变所需的技能。此外，工作要求往往十分具体，因为个人的工作生涯轨迹通常包括职业转换，或至少在职业要求方面有显著变化，或者是个人兴趣和期望的改变以及能力的提升（Billett，2006），所以在一生中不仅仅需要一套技能。因此，工作的要求和工作的方式越来越受到各职业的影响。重要的是，持续学习以维持就业能力可能是对那些工作的人的普遍要求，也许未来更是如此。

此外，由于工作生涯越来越长，所以工人需要在更长的时间内保持其就业能力。大多数国家，特别是那些拥有发达工业经济体的国家，都有人口老龄化问题。这种人口结构变化的一个后果是，工作生涯将会延长，人们越来越需要在更长的工作生涯中保持其就业能力（即技能和可就业）。对于这些国家的工人来说，工作生涯将会延伸到他们的七十岁，为了工作转型的要求和机会，他们可能需要教育的支持，以维持其就业能力。然而，在满足这些需求方面，职业教育可能需要变得更具创新性。原因之一是，雇主往往更倾向于支持年轻人而不是那些继续接受职业教育的老工人（Gutman, 1987；Quintrell, 2000）。除非这些态度发生变化，否则教育供给的问题将会以满足这些工人的可用性、意愿和需求的方式出现。因此，除了上述定义中强调的侧重点外，职业教育还需要跨越个人的就业准备问题（即职前初级准备或"入门级"职业教育）。而且，人们应该不断学习，以应对现代职场生涯中工作需求的变化（Colin, 2004）。所有这些需求和变化都要求人们在工作生涯中不断提升能力，这也许会成为职业教育日益增长的关注点。

上述讨论中，职业教育有一系列不同的侧重点，其中特别强调了个人的学习。下一节中，对职业教育领域传统和机构的讨论，将继续探讨这种多样性。

职业教育的多样化传统和机构

除了多元化的侧重点之外，职业教育领域的特点还有其传统和机构的多样性。这些传统涉及职业的起源、文化习俗、推行的机构和协会以及与其有关的社会利益。例如，许多形式的工作都是高度性别化的。澳大利亚和英国等国家，有学徒制的职业大多数以男性为主，这些职业被认为是男性的专属职业。因此，女性参与的学徒制通常只局限于少数职业。还有一些传统，比如一些职业在有声望的教育机构和教育课程中得到支持，而另一些职业则只能通过实践、岗位实习和没有认证的方式来学习。这种差异往往是以职业地位和薪酬水平为前提并延续的。一些职业教育，如学徒制和医学教育，是通过安排一系列的合作机构来组织的，每个合作机构都有自己对学习者的责任。然而，其他职业的合作机会或合作传统则较少。有些职业教育是高度受管制的（如管道工、电工、教师），而有些则是很少或根本不管制的（如美容）。

这种制度安排的形式和性质在各国可能有所不同。有些国家（如德国和瑞士）的学徒制，实质上是那些不能继续接受高等教育的人的默认选择，相比于那些没有实行这种教育的国家（如美国），这些国家学徒制的职业往往要更广泛得多。此外，还有一些国家，这类教育是以年轻学徒获得就业为前提的。因此，如果没有这份工作，你就不能成为学徒或了解该职业。这样的安排，使不同的国家以不同的方式为确保学徒制提供了机会。澳大利亚等国家，也有不同的机构因素影响了学徒制的水平，如美国基于机构的课程（Bailey, Jeong & Cho, 2010）。然而，在加拿大，学徒制是建立在完全不同的传统上的，这些传统在很大程度上避免了一些问题，因为该国的学徒制很少涉及毕业生，大多数学徒都是在相对成熟的26岁时开始的。因此，加拿大的学徒制可能与许多欧洲国家的教育目的不同，欧洲国家的教育目的主要是将学徒制作为学校与工作之间的桥梁。相反，加拿大的学徒制是一种教育性的制度，是为那些选择学徒职业之前已经体验了不同工作的人而提供的教育。这种情况下，一种普通的入门级职业教育模式，由于受到各国传统和文化的影响，形成了各种不同的形态。

此外，提供职业教育的机构也多种多样，有大学、中学、职业教育机构和学院、工作场所、行业中心和专业发展中心，但不同的国家有不同的方式。因此，职业教育的模式和形式因传统和机构的不同而呈现出明显的差异。如英国、澳大利亚、美国、斯堪的纳维亚和芬兰等国，提供的职业教育属于所谓的高等教育。许多国家（即使不是大多数国家）

都有大学，甚至有不同级别和类别的大学，它们构成了高等教育体系的关键要素。此外，也有一些国家，不同的教育层次上都有明确的安排。包括职业教育部门的学生进入大学时获得重要的学分。然而，并不是所有的国家都鼓励或认可这些学分。事实上，某些情况下，个人的教育轨迹是由学校最终的评估结果所决定的（如德国）。其他因素，如声望和社会地位等问题影响着这些机构的组织。例如，德国、瑞士和挪威的教育体系都有等级制度，被分称为职业学校、技术学院和大学。这种制度安排中，职业教育机构通常在资格等级、入学要求和社会地位等方面被视为低于高等教育。在这些国家，这种层次等级通常是由国家资质体系来确定的，该体系规定了各级高等教育可提供的教育认证水平。这种制度安排以不同的方式在各国建立，并被利用和遵循。事实上，欧洲正在制定一些进程（例如博洛尼亚进程），以实现与这种教育安排更大的一致性和连贯性。

而且，一些国家都有私立（即非国家资助）的职业教育，这可以采取特殊的形式。例如，泰国职业教育体系的很大一部分都是私立的。有时私立的职业教育部门是由政府采用市场化的招标程序和公开获取培训合同来推动的（Billett，2000b）。公立和私立教育机构为公共职业教育供给而竞争相同的合同。公立机构与私营机构的竞争，催生了一个竞争性市场，这是政府试图提高公共部门组织绩效的一种方式。此外，当人们认为私立职业教育不利于国家利益发展时，也会采取一些措施来规范私立职业教育。例如，2010 年的新加坡，私立职业教育在国家资质体系下得到统一，部分原则是为了在课程和认证上提供更大的一致性。因此，职业教育体系在规章制度和安排框架内日益组织起来，以应对基于市场化的国家需求。工作场所或主流教育之外的专业教育机构形成了另一种职业教育模式。包括为特定职业建立的发展技能中心或者是发挥这种作用的企业。有些情况下，汽车制造商必须拥有自己的培训机构和认证程序，因为他们希望本厂维修车辆的工人能够获得有关车辆的专门知识。

事实上，一些安排是以供应商的供给为前提的。例如，商用的和军用的飞机架和发动机的认证工作是由飞机制造商和发动机制造商管理的。还有其他类型的职业教育与特定的设备或软件有关，它们要么在供应商那里进行，要么在其他地方进行。

因此，从上述事例中可以清楚地说明，传统和机构的多样性，构成了职业教育的多样性。这无疑是教育界与教育机构以外的机构、媒介和个人最为密切接触的领域。

多样性中的共性

然而，尽管概述了各种形式的多样性，但职业教育领域也有许多共同之处。与其他教育部门一样，职业教育往往是由指定的教育机构进行管理和组织的。所有教育部门中，都有一些官僚和行政控制的特质，尽管这种举措在设计和制定课程以满足外部利益攸关方需求的情况下是最为极端的，但最强烈的时候可能是处理一些关键问题（即政府关心的青年失业和技能短缺问题；雇主关心的技术工人技能和素质等问题）。外部利益相关方被视为影响职业教育领域内容、评估和认证的因素。课程文件或教学大纲的编制越来越集中，而制定的方式也越来越多地被指定为评估学生的手段：这种情况在所有主要教育领域都变得普遍。事实上，职业教育领域中，无论是大学还是技术学院提供这些课程，人们对行业和专业机构的参与越来越感兴趣和期待。此外，当教育被视为能够确保国家经济和社会发展的关键工具时，官僚控制的力度似乎越来越大。然而，过去在社会和经济危机期间，这种控制程度得到提高，现在看来，在满足国家经济和全球目标方面，政府已经对职业教育越来越有兴趣。这种兴趣促使外部机构对职业教育的供给进行了更大程度的监管、监测和结构调整。此外，诸如经合组织、世界银行和其他全球性机构往往希望在它们有影响力的国家推广职业教育及其制定方式。

这种外部影响力已经存在于其他教育领域，而且可能在这些领域里逐渐增长。现在，随着高等教育越来越多地参与职业教育课程（即所谓的高等职业教育），它也越来越受到更大的外部管制和监管。大学里与护士和教师教育相关的大学课程均须符合当地和国家注册机构的要求。此外，现在已经有了全球公认的框架体系，要求大学提供工商管理硕士课程，以满足它们的要求并接受审计。这导致了一个排名系统，它直接影响了大学的课程对付费学生的吸引力和收费能力。国际和国内大学排名，甚至大学内的学院排名都变得司空见惯，这些排名中所采用的标准成了教育机构直接努力的基础。此外，职业教育和其他高等教育一样，取决于中小学教育所产生的结果。鉴于出色工作业绩能力所需要的知识，无论是有偿工作还是其他形式的活动，大多数人既需要提升通识性教育所提供的能力，也需要提升从事职业所需的专业知识和技能。总之，通过对教育领域的讨论，可以看出，一系列不同的历史、文化和情境性因素，促成了职业教育领域的复杂性。其中一个永恒的文化因素是工作和职业教育的地位。

职业教育的地位

职业教育领域的一个显著特点是其地位的多样性。这一教育领域中既有最高的也有最低的地位和社会尊重。一方面，医学、理疗、法律、商业等工作的职业教育享有很高的地位，由名牌大学提供这种教育，高学历学生参加。另一方面，职业教育领域的一些机构和课程被许多人视为地位低下。例如，某国技术教育学院的缩写被轻蔑地称为"结束"，也就是"ITE"。身份和地位的差异不足为奇，这源于不同职业所需知识的特殊性和普遍性；一段长时间内特定职业的受重视程度；特定职业的报酬水平。例如，医学是一个备受尊敬的职业，并且它的薪酬水平高于大多数其他职业的水平。它在法国以外的所有国家都有就业保障，而法国比其他大多数国家都更开放，这里可以通过名牌大学接受教育，有严格的入学要求，而且还提供了更高报酬的专业职业。这类职业也常常被看作是洁净的工作（即偏脑力的工作）。相反，职业教育部门所服务的许多职业通常被认为与刚刚描述的职业正好相反。此外，由于许多职业教育部门都参与了低级别文凭的课程，这类课程并不总是能增加学习者在劳动力市场中的价值，而且受到赞助商的高度监管和控制，因此人们对它们的评价不高也就不足为奇了。正如第四章所述，文化和历史遗留问题已将许多职业处于理想就业形式的低端位置。偏体力劳动的工作似乎被认为不如偏脑力劳动的工作有价值。然而，这种概括仍然存在歧义。例如，尽管整形外科医生从事大量的体力劳动，但并不会认为它是一种体力劳动职业。而且，某些体力劳动工作可以获得很高的薪酬，比如那些涉及煤矿或石油钻井平台的工作。

然而，在更广泛的公共话语中，人们对职业地位的认识可能是相当一致的。事实上，许多国家都有职业排名，通常主要的职业都排在前列。对于不同地位职业的薪酬水平也有清楚的认识。职业地位的观念是相当深刻的，因为它影响了人们如何看待职业、对它们做出的决定以及为其接受何种教育。例如，自20世纪40年代以来，大多数西方发达经济国家，医疗培训的周期几乎没有改变。然而，同一时期，在一些国家成为一名行业工人的培训期已经从7年缩短至3年（Choy, Bowman, Billett & Wignall, 2007）。因此，虽然成为一名医生需要同样多的时间，但提高行业技能所需的时间却被缩短了。对行业工人的培训模式不太可能以医生的培养方式进行，所以行业工人的地位和待遇受到了轻视。事实上，如果大幅缩短医疗培训的周期，而且不是由医师专业协会主导，那么在社会上将有相当大的阻力。然而，这种安排在行业学徒制中可能更具可塑性，并且承受着与社会资本相关的较少压力。一位雇主代表声称，有可能将行业培训减少到18个月，不过有一个条件，即不能期望这样的工人获取全额的工人工资（Choy et al, 2007）。然而社会因素再次发挥了作用。

由于"技能工作"的重要性，像瑞士或德国等技术和技术工人受到重视的国家，这种行为的执行力可能不大。

同样重要的是，工人的尊严和工人的自我意识并不是完全受制于社会事实存在的职业等级（Noon & Blyton，1997）。如果个人不能从事受社会尊重的工作且他们的目标是确保就业，或者因为他们不是医生或宇航员而认为他们能力不足，那么经济和社会方面都会出现相当的不稳定性。此外，社会尊重的表现可能会在某些方面具有很强的效力，但并不是在任何情况下都一样。例如，在特定的群体，某些特定技能将永远高度受重视。因此，煤矿地区煤矿工人的技能（Somerville & Abrahamsson，2003），农耕区的农民技能（Allan，2005）和小城镇汽车修理工的技能，在特定情况下，这类职业远比那些被视为具有更高社会地位的职业（例如教师），有更高的地位。所以，尽管对特定职业有广泛适用的社会尊重，但这些尊重可能会因当地因素或特定时间点而被改变或重塑。例如，采矿业的工人们有着很高的薪水，住在公司补贴的住处，获得补贴的食物，而一些教师挣的工资只占矿工们的一小部分，而且住在同一地区不合标准的住所，这可能会让人质疑去上大学成为一名教师的意义。在自我意识的形成中，个人很可能更倾向于使用当地的尊重标准。例如，对年轻人成为面包师的研究中，学徒与特定烘焙工作场所的关系是他们自我意识的来源，后来被更抽象的成为面包师的概念所取代（Chan，2009）。同样，煤矿工人在矿区的地位以自身拥有的职业技能为前提，护理行业也是如此。

个人也会对工作的价值和想要认同的东西做出判断。例如，关于成为一名护士的研究中，其中一名实习护士是一位以前当律师的成熟女性。当她看到护士照顾她将死的父母时，她开始认识到护士工作的价值要比她作为律师更重要（Newton, Kelly, Kremser,Jolly & Billett, 2009）。因此，她成为一名学生，以便通过大学课程学习护理工作。所以，除了尊重和价值的社会尺度之外，个人也会对自己所从事的工作地位和工作意义做出判断。这一方面将会在下一章（第三章）中更详细地探讨，重点介绍什么是职业。这里的重点在于，除了社会事实，如职业的社会尊重在国家（即文化）和地方层面有何不同，还有重要的个人事实，即个人参与社会世界的意义（Billett，2009b）。除了社会事实之外，个人兴趣和认同的问题也是影响个人参与和学习职业教育的重要因素。

在国家层面上，当做出关于教育供给、资源、职业认证和职前课程的决定时，职业的社会地位因素可能会很突出。这种决定的影响将延伸到个人如何选择职业，包括考虑参加预科教育课程的效益和成本上。有证据表明，就职业教育中各类课程的创收能力而言，上面的观点得到了事实的支持。从本质上说，教育的认证水平和资格证书持有者的薪酬水平之间存在着密切的联系（Sianesi，2003）。正如第四章所述，这种情况是由历史因素产生的，是文化、社会、制度规范和惯例的组成部分。而且，往往与特定职业的社会地位相关联或与之相一致。例如，尽管高等教育变得越来越大众化，越来越普遍，但它仍然被认为本质上优于职业教育。当然，在一些国家，某些职业的社会地位要远远高于在其他国家。例如，许多国家的护理教育是在大学课程内进行的，而其他国家则是在职业教育体系（即大学水平之下的机构）内进行的。像德国这样的国家，即使技能、工艺和职业教育的地位比其他许多国家都高，但仍低于大学的地位。Hillmert 和 Jacob（2002）认为，德国的职业教育路线往往被采用是因为它提供了一种教育保障，以防学生无法完成大学教育。它们的职业教育是那些无法进入高等教育的年轻人的退路。

因此，一系列重要因素影响了职业教育在全球、社会（即国家）及特定群体中的定义、特点、支持和实施。其中一些因素是公认的，并为社会观念奠定了基础。然而，其他因素更多地以社会习俗和观念为前提，它们对职业教育的影响尤为严重。包括对不复杂工作的长期观念和对没有声望职业的要求，以及对从事这种工作的个人能力的假设。因此，当以职业地位相关的收入能力和文化观念作为衡量标准时，学校和学院职业教育课程的地位将难以与大学教育相媲美（Kincheloe，1995）。然而，个人和工作的高满意度并不是专业工作的特权。一直以来，有些职业的工人们表达个人的满意度和强烈的认同感以及为他们的有偿工作而自豪（Noon & Blyton,1997），有时甚至是那些社会地位相对较低的工作，如老年护理（Somerville, 2003）或服务工作（Billett, Smith & Barker, 2005）。当然，职业的满意度和认同感的衡量标准源于社会、环境和个人的考虑，这都表明了除了特定职业的社会地位以及令人羡慕的薪酬之外，还需要基于个人在工作生涯中的参与和发展来进行考虑。显然，鉴于职业相关的其他因素，个人的学识和实践将会在此发挥作用。历史上，职业教育一直受到社会特权阶级观点和偏见的影响，而这些人的影响往往是自私的，而且是不明智的。特别是，他们对工作的价值、从事不同工作的人以及他们所要求的教育的看法一直都是不公正的。

以上提及的侧重点、地位和机构的层面形成了一个观点，即职业教育具有明确的规划、清晰的目的和坚实的基础，所有这些论述都需要以知情的认识为基础，而不是基于社会的观念和文化偏见。也就是说，对不同职业的要求，满足这些要求所需的能力以及个人学到的方法，都是通过调查的方式了解得到的，包括调查实践者的观点。在概述职业教育作为一个广泛和特殊教育领域的特点、范围和多样性之后，有必要进一步对其进行阐述、评估和评论。下一节中，将通过一组前提进行上述过程。

前提

为了有连贯且清晰的焦点，这里提出六个前提并以此作为讨论的平台。内容如下：（1）所有教育都应该是有助于职业的；（2）职业教育和其他教育同样重要；（3）大多数提及和适用于职业教育的内容同样适用于高等教育，这样更受人尊敬；（4）普通教育和职业教育的目的和重点都做出了特别的贡献，而后者的价值和重要性并不少于前者；（5）社会特权阶层的观点主导了关于工作和职业教育地位的讨论；（6）职业教育与其他任何领域一样，都有其弱点和局限性。

所有的教育供给都应以职业为目的

当代、民主以及人文的社会观念中，所有的教育都应该以职业为目标。也就是说，教育应该被用于帮助个人识别和实现他们的潜力。这种观点是建立在四个关键基础上的。首先，教育本身（即学校、学院、大学、社区）应该帮助个人识别和实现对自身和群体来说重要的事情，即他们的职业。帮助个人充分发挥自身的潜力，实现个人的目标和抱负，在整个生命历程中都应该是教育领域和教育部门的共同点。例如，Rashdall（1924）认为，职业选择是个人做出的最重要的决定。因此，各种形式的教育应旨在帮助个人实现其职业（即他们的职业——他们希望到达的方向和他们希望实现的目标），尽管是以服务于他们群体（例如，当地社区、家庭、国家和雇主）的方式。因此，当职业被视为对个人及其同伴很重要的东西时（杜威，1916），上述观点得到了人们的赞同（Hansen,1994），由此可知职业是所有类型教育的核心目标，正如第三章中所提出的那样。这种说法没有区分特定领域中高级或低级的教育形式。实际上，特定领域中不同类型教育发挥的作用，并不是表明这种教育形式价值的大小，而是帮助个人有效地参与社会，实现个人目标，并了解实现目标的基础。然而，很难想象有意义和有价值的活动（例如：职业）不需要阅读和计算能力、与他人沟通的能力、自我指导的能力、解决问题和与他人合作的能力，以及进行自我反思和批判的能力。这种情况下，职业教育与其他教育形式或教育领域没有什么不同。

其次，职业活动与个人在社会中的参与密切相关，从而产生社会福祉。然而，正如 Rehm（1990 年）指出的那样：

有职业的人被认为是积极的，获得职业的人被认为是很幸运的。然而，参加职业课程或职业班级的人比参加学术课程的人却获得更少的尊重。（115 页）

也就是说，除了帮助个人实现他们的个人潜力之外，还有一个内在的民主原则，即个人有权利完全参与社会，以便能够充分地进行他们的职业（Halliday，2004）。因此，通过发展特定领域和非特定领域的能力，帮助个人提升更全面地参与社会的能力，是教育固有的职业性。

也许最有争议和最激烈的讨论是围绕教育具有与工作生涯或特定职业相关的程度（Pring，1995; Wall，1967/1968）。有些评论家承认，尽管为了特定的职业个人需要特定的职业培训课程，但仍然认为这是一种可耻的和贬值的教育，并且限制了那些学习者的发展（Aronowitz & Giroux，1985; Bowles & Gintis，1976; Lewis，1994; Lomas，1997）。学校职业教育部门和职业主义的特点是以再生产和工作为重心，然而，相对于此特点的批评，却很少有人抱怨教育供应和目的的特殊性，这些特殊性使毕业生成了医生、牙医、律师甚至社会学家、心理学家或哲学家，也许是因为相信他们已经拥有这样的能力。事实上，由于医学、法律、工程、护理、教学等课程的特殊性质，当它们被认为并没有完全准备好让学生顺利地过渡到职业实践的具体事例时，似乎引来了很多的批评。Wall（1968/1968）对职业教育过于职业化进行了批评，但他也承认，致力于研究该学科而追求荣誉学位的人正在参与职业教育。事实上，对于通识教育来说，大多数倡导者认为的教育重点与职业教育不同，通识教育是以学习和知识相关的内在价值和能力来提升学习者的思想和素养。也就是说，这样的强化和发展只能在适合通识教育的内容中来实现。事实上，Oakeshott（1962）提出了非常有价值的事实，即普通教育与解释性语言的使用和管理有关，而职业教育则与规范性语言有关。这一主张假定那些从事职业追求的人永远不需要挑战、改造或改变他们的职业知识。然而，这却是各级工人都在不断做的事情（Billett，1994）。表明了这种强化只限于这类学习中，而不是一种自我意识和成就感，这种意识和成就感被认为是在特定职业中胜任产生的结果。Wall 的观点认为，这种强化只能在特定的知识形式中进行，而这些知识是预先规定的，是适合于通识教育的。这表明，唯有可知且有价值的人类追求才能在这些学者所推荐的知识领域中找到。简而言之，这里的矛盾在于，通识教育的前提并不是通识的。

因此，预先规范的知识与自由主义的理想相矛盾，这种偏见也质疑其对人类发展的开放性。相反，有些观点与实业家或政府的要求没有什么不同，他们坚持认为某些形式的知识是有特权的，是需要被学习的。通识主义的观点在何种程度上与学习者接触，以了解他们的知识被如何影响和延伸，这一点还不清楚。不过，还有一些略有矛盾的是，有保障且高薪职位的人和拥有社会特权声音的人（即终身学者）认为，教育不应该帮助个人直接获得就业机会以及在社会中发展更优越的地位（如他们所享有的）。

再次，实现一个人的职业需要结合特定领域的学习，以及那些不受限于其特定职业或专业的应用能力。虽然有些评论家对通识教育和职业教育的区别以及它们所涉及的目的做出了很大的区分，但大多数人在整个生命中都依靠这两种教育成果来实现其个人、社会和职业目标。因此，跨领域的教育成果对于个人的职业活动是有益的和必要的，就像那些特定领域的活动（如历史、哲学、有偿就业、音乐）所需发展的能力一样。而且，缺少两者中的任何一个都可能是无益的。

最后，无论是哪一类教育机构，无论特定职业的声誉如何，大多数教育都是为个人在某些特定领域的活动做准备，并且具有类似的目的、结构和侧重点。也就是说，无论是音乐、哲学、历史还是特定的职业，都是教育供给的重点，需要发展这些活动相关的概念性、意向性和程序性能力，以有效地在目标活动领域发挥作用。例如，以任务为导向，把程序放在病人的忧虑和不适之前，被视为不良护理实践的象征（White，

2002）。这些知识共同构成了这个职业所需要的知识领域及其具体应用。不管某种领域是否特定于某种职业，教育目的应该是相同的。也就是说，帮助个人发挥自身的能力，引导和指导他们去做最适合的活动，并帮助他们获得职业。因此，特定领域的概念、程序和相关意向的发展可能是所有教育领域的共同之处，而这种发展的目的是确保个人的雇用和利益。

因此，职业教育像其他教育领域一样，主要指向同一个目标：个人的职业。

职业教育是一个重要的教育领域

第二个前提是，职业教育领域是一个重要的、有价值的、必要的教育领域，不应被视为不如其他教育领域（如小学、中学、大学）。职业教育的大部分重点对于人类生存、发展和当代文明生活是绝对重要的。无论社区健康、住所、生计、外观还是后勤和信息需求的能力，都是重要的工具，它们既能促进和维持当代社会稳定，又能保障个体成员的福祉。因此，一项侧重于发展和维持职业能力的教育，既是社会目的的核心，也值得适当的认可、地位和支持。然而，许多以通识或学术角度对职业教育的讨论认为，后一种形式的教育本质上是更有价值的平台，并据此探讨职业教育的价值和优点。职业教育往往是普通教育的对立面，而不仅仅是一种不同的教育形式。Elias（1995）认为，许多形式的通识教育都具有功利主义的职业目标，大学为文科研究增加了实习岗位和实习课，以提高研究的职业价值。他认为，我们所需要的是一种不侧重于特定学科（如人文学科）的通识教育概念，而不是毫无意义地将它们一分为二。相反，通识教育理念中的教育重点是自由和解放，让个人成为自由的、理智的、灵敏的和技能娴熟的人。Elias（1995）还提出，人文学科可以有意识地教授和侧重于语言、历史和文学的细微之处，而职业科目可以通过自由的方式教导，从而学

52

习一般原则和工作文化环境。

这一观点似乎很突出，因为许多国家在特定时期，职业教育（即作为一种教育形式，为人们选定的职业提供准备和支持）的地位低下。例如，虽然美国长期以来广泛地提供职业教育（如，Lee，1938），但该教育从来没有享受过北欧职业教育的那种地位（Kincheloe，1995）。然而，这种偏见大多是基于社会对特定工作的看法，以及对良好工作条件和高薪职业的认识。例如，Cho 和 Apple（1998）描述过，韩国父母和老师如何劝阻学生不在繁荣制造业中就业的现象。这与政府计划的意图是不一样的，政府的计划旨在提高该行业在韩国年轻人心中的形象，以增加对这种工作感兴趣的工人数量。尽管制造业是韩国国家和个人财富的重要来源，但对这类工作偏见的看法仍然存在。当然，也有一些例外。例如，德国、奥地利和瑞士等北欧国家，有广泛而且很受好评的职业教育部门，不仅得到政府、公共和私营部门的支持，而且也有社会观念（即行业工人和技术人员的技术性工作值得追求）的支持。而且，还有很大一部分毕业生参加了这些机构的职业培训。

然而，需要指出的是，即使是德国的职业教育毕业生与大学毕业生的地位也有明显差距（Hillmert & Jacob，2002）。所以，虽然地位会根据时间和地点有所不同，但不同类型的工作及其价值和地位仍会有持久的差异（Kincheloe，1995）。尽管如此，一些国家职业教育领域的学生在各个年龄段都有很高的注册率。例如，据估计，每 12 个澳大利亚人中就有 1 人参加职业教育（国家职业教育研究中心，2010）。然而，参与这种教育形式的益处，特别是较低的学历和学徒制等形式，被认为比参与学术和更高学历收获的益处要少（Sianesi，2003）。但是，数千年的时间里，各种制度化的职业教育，在持续发展和深度开发社会需要的技能和能力方面发挥了作用。此外，还有很重要的一点应记住，许多受尊敬的高等教育课程都是有明确的职业性的。不过，也有人声称，大多数情况下，当职业教育同时具有普通教育和特定职业的目的时，它不太可能成功（West & Steedman，2003）。而且，当职业教育被看作是在普通教育课程中挣扎的人的替代选择时，它被认为是不受尊重的，而且是一个很差的选择。这些人还认为，英国试图确保职业教育和普通教育拥有平等地位的努力是徒劳的，因为显然普通教育的地位不可撼动（Wolf，2002）。

然而，也有重要的教育进程表明，职业教育应被视为与其他任何教育一样有价值。首先，它的特殊目的与其他教育领域不同。那些已经讨论过的，包括辨别能力、发展能力和维持能力，都是个人进行社会所需活动的能力，并为认可它们的人产生收入、地位和尊重。因此，在满足社会和个人需求方面，这一教育领域具有很大的社会、经济和个人贡献。其次，近几十年来的认知研究中，一些固有的适应性和可传递性学习形式的假设受到了质疑（Alexander & Judy，1988；Gelman & Greeno，1989）。也就是说，适应性知识很可能来自于特定领域和情景实例，然后被展现在其他活动领域和实例中。因此，在活动领域内无论是否具有阅读能力、计算能力或执行其他活动的能力，都需要在活动领域内发展和运用，而不是作为固有的适用能力（Alexander & Judy，1988）。因此，通用能力在缺乏特定领域知识的情况下是没有价值的，这样的评价（Beven，1997），也同样适用于更通用的知识。事实上，与其说战略性适应性的知识源于普通的工作准备，倒不如说，最适应性的知识更可能产生于高度具体的程序中。例如，使用键盘和计算的能力是非常具体的能力，这与普通教育主张产生战略性适应性的知识完全相反。然而，它们都属于适应能力的种类。关于专业知识的文献清楚地表明，专业能力是以特定领域的知识为前提的，而不是解决问题的通用策略或探索方法，因为这些策略或探索方法的发展潜力是极其有限的。（Charness，1989；Chi，Glaser & Farr，1982；Ericsson & Smith，1991）。因此，不是要弱化领域特殊性的地位，而是要使专家行为获得更广泛的支持，不仅仅局限在一些臆想的或被赋予的特权活动中。相反，通过应用于知识领域，找到通识课程中所教授的内容语境和赋予意义的方法对学校、学院和大学来说已变得非常重要（Voss，1987）。也许只有通过这种方法，这些机构才能实现期望和承诺，即机构中学到的知识具有更广泛的适应性和适用性。也就是说，为了确保"普遍适用知识"的适应性，现在花费大量精力从事与特定领域相关的活动，而这些活动被视为与有效的普通教育背道而驰。因此，与更具体的适用领域（如职业和工作生涯）相结合，可能会有助于实现普通教育的目标，特别是在获取知识的情况下寻找应用程序。所以，许多大学都在宣扬自身的教学和课程具有应用性。也就是说，让学生获取特定领域的知识，以确保知识在学习环境之外也适用。

因此，职业教育的价值并不逊于那种宣称本身具有适应力的学习价值。更确切地说，领域专指性在文学、数学、医学、物理治疗、社会学和哲学的学习中是重要的，应该被更广泛的或整个人类的活动范围所重视。所以，职业教育与其他教育同样重要和有价值。

高等教育和职业教育的细微区别

关于职业教育的讨论也可以应用到高等教育中。总而言之，被描述为专业性的工作和职业教育侧重的工作之间几乎没有实质的定性划分。这就是职业教育被认为是广泛教育领域一部分的原因。也就是说，如上所述，无论哪种教育机构为职业做准备，都需要学习特定的概念、程序和安排。当然，各个职业范围内，知识基础的范围或多或少都是有差异的，但高等教育和职业教育的目标和进程，几乎没有什么定性区别。当然，享有盛誉的职业的知识领域往往具有大量性和复杂性的特点，使得它们变得十分特别（Winch，2004a）。然而，即使是这些特征也不是固定不变的；相反，它们的变化会反映出社会的优先事项、观念、需求。例如，Darrah（1996）认为计算机工厂对生产工人的要求可能是严格而复杂的，正如公司计算机系统对设计师所要求的那样。而且，工作形式的变化会使要求变得更加复杂和苛刻，比如，技术驱动的工作流程的出现，需要高度的象征性知识（Martin & Scribner，1991）。大量工作已经表明对复杂工作任务都有类似要求（Billett，1994）。尽管如此，关于两个教育部门的目的和进程相似的说法仍可能会被抵制，甚至嘲笑。

一种质疑职业教育比高等教育带来更低失业率的途径是辨别教育和培训的差异。人们常说，职业教育是关于培训的，而学校和大学是关于教育的。根据 Skilbeck 等人（1994）的说法，教育和培训之间的区别如下：

教育是一个综合性的术语，用于有目的、结构化的人类和社会形态，它受知识和伦理原则的支配，以知识、理解及其应用为导向，并以批判性探究的精神为启示。（第3页）

培训是特定任务，但在我们的使用中，它作为教育的一部分，遵循于教育进程的价值观、标准和原则，即使经常使用，但它所涉及的是既定的和无须反思的知识。（第3页）

学校、职业教育和高等教育领域里的许多方面，都可以用这两种定义来描述。所以，无论是学校的学生学习计算或语法规则，还是医学生学习身体中的骨骼名称或者是学生在电气课程中学习定义和术语，都可以通过培训的定义来理解。同样地，提供的每种教育中，也有很多定义为教育的内容。行业工人在执行任务时需要监督和评估自身的表现（Stevenson，1994），并且运用教育定义中所掌握的素质。实际上，与其使用两个进程（即教育和培训）来划分教育部门，不如将它们视为在所有教育形式中都存在，尽管这里培训的定义是教育中使用的一个进程。

然而，在关于职业教育的公共话语中接受这样的观点是很困难的。而且，用于评估价值的举措有利于那些高度受尊重的职业所反映出来的因素（例如，收入潜力、社会尊重），而不是个人从事职业的意义。也许，根据特定职业的品质以及个人兴趣和能力与特定职业匹配程度进行的价值评估更有效。例如，研究表明，不同职业领域的从业人员所需高层次的思考和行动以解决非常规问题的频率，在许多职业类别（包括专业领域）中都是相似的（Billett，1994）。同样地，大学提供的职业教育和职业教育机构中的教育也很少有质的区别。事实上，职业教育内容正日益成为大学课程的核心要素，包括为专业性工作提供专门准备。

值得注意的是，一些职业（如护理）的地位和工作准备跨越了这两个教育领域，并且不同的国家有不同的方式。然而，尽管职业教育和高等教育中都有工作准备的教育，但德国、英国和美国等国家要求护士需展示相同的规范知识。也就是说，无论何种机构提供工作准备，都有规范的概念、程序和观点，它们都是重要的学习内容。这种规范性知识是专业教育和职业教育中职业准备和持续发展的重点。此外，无论是大学还是职业教育机构的教育，教学内容和学生成绩水平都需要符合监管机构的要求或规范标准。因此，高等教育提供的职业准备受外部机构的影响和制约，这与职业教育部门的情况相同。从定量上说，不同职业所需职业知识的范围和深度之间可能存在差异。然而，高等教育和职业教育的教育目的和进程并没有很大本质区别。绝大多数适用于职业教育部门的学习，高等教育也同样适用。因此，越来越多的高等教育被称为高等职业教育，不过通常有轻蔑之意。

然而，并非所有个人的兴趣和能力都是通过现有高等教育的职业准备而得到最佳的锻炼和进一步发展的。

普通教育和职业教育同样重要

第四个前提，即无论是特定领域的能力还是非特定领域的活动能力，对于成人生活的不同目的都是必须的和必要的。因此，两种形式的知识都应该在职业教育中被考虑。所以，认为任何一个或另一个更重要的观点似乎是错误的，因为两者都是必不可少的，而且在某些方面是相互依存的。特定领域的知识，例如构成职业能力的规范和情境层面的知识，要求具备与他人沟通、相处的能力，以及理解和感知文化因素的能力。同样地，沟通、计算和阅读能力以及与他人交往的能力，都以某种方式被其应用的活动领域所塑造。相比于通用能力的获取，也许这是更常见的情况。特定职业知识的发展及其持续发展，对于人类依赖的许多服务和商品来说是必不可少的。通识教育是促进个人独立的最佳方式，但 Halliday（2004）认为此观点是相当有缺陷的。他质疑这种独立性是否可以通过脱离其应用的内容来发展。他认为个人需要在相关的情景和环境中，练习和锻炼自己的独立性。大多数工作的工作人员需要越来越多的计算和阅读能力，从而能够与同事和服务对象进行有效沟通。而且，对重要的社会意识以及如何在工作中发挥作用的需求，已经成为工人们自我意识的一部分。此外，通过具备这些能力，他们也能体验到个人赋权和自治。因此，不仅仅技术或技术知识，特定的知识对个人和工人的发展也是非常重要的。所以，工人有必要做两种准备：即特定职业领域的知识和有效实践要求的其他能力。将通识教育的观念适应于特定职业能力的发展是很有可能的，如职业教育（Halliday, 2004），两者并不是截然不同。而且，即使没有大量的普通职业准备也足以进行高度专业化的职业实践。

当然，几乎所有形式的教育都可以通过侧重点或学习轨迹变得更加专业。人类努力的各个领域（包括教育领域），无论是以细化还是聚焦的方式，都接受了专业化。大多数普通教育领域的发展或更高学位的学习不可避免地会涉及特定知识领域中更具体的学习要点。虽然活动领域更高或更低的社会观念或多或少与有偿就业相关，但是通过上述发展个人对职业（即他们以此来进行身份识别和花费个人精力努力去做的事情）有所认识和准备。所以，这种发展不仅是由特定领域能力和不限于特定活动领域的能力所支撑的，而且需要彼此相互依赖。

社会特权阶级影响着职业和职业教育的地位

整个职业和职业教育概念发展中，绝大多数是享有很高社会地位阶级（即社会精英、宗教领袖、行业代表、官僚、政府机构）的观点，它们影响了特定职业和职业教育不同地位和特点的社会观念（Kincheloe，1995）。此外，从一开始，社会特权的声音就对个人工作能力提出了看法。从柏拉图开始（可能之前），人们相信人的能力是有限的和固定不变的（Lodge，1947）。柏拉图认为，工作得益于自然的贡献，而不是那些实践它们的工人，创新和适应能力不属于那些仅仅等待神干预的工作者。这种观点一直持续到现代，并且仍会持续一段时间。例如十九世纪中叶的Stow（1847），从"现在的无知状态"出发，提出国家有责任提高穷人和工人阶级地位的观点。他为国家应提供基金支持此目的而解释道：

我们一直主张政府给予年轻人道德和智力方面的培训，因为他们知道，如果不这样做，人们就永远不会自我教育，而富人的私人捐款将无法为这一目的提供必要的资金。（Stow,1847, 第 2 页）

当然，这里的问题是一些人把自身定位为长辈的角色，为他们声称所代表人代言。尽管有时被用作建议的来源，但是职业教育所服务的职业中，却很少有人被邀请参与讨论学习的内容、目的及意义。相反，通常是没有参与且无实践职业技能的人被提名为职业的代言人。具有讽刺意味的是，当代职业教育在保障国家经济目标方面的作用却越来越大，而具有实践职业技能的人却越来越被视为无资格评论这种教育制度的实施。也就是说，社会观念认为教育决策十分重要，不能留给实践技能的人，而应该留给特权阶级，他们的理解比实践技能的人更深刻、更有价值。然而，从事职业的工人们对自身工作有着更深厚的技能、更深刻的理解和更多的认识。此外，由于工人经常处理新的和非常规的活动，很显然他们有一系列的能力，包括深度解决问题的能力，而这些能力都是以更高的思维和行动为前提的。因此，倡导工人实践的丰富性，并让他们参与到关于其发展的讨论中去是很重要的，而不应以上述方式定位从业者。实际上，在工作和职业教育方面享有较高地位且关心如何提高职业地位和价值的组织是不足为奇的，如现今强大的职业协会。因此，很有必要批评指正那些没有实践过职业却声称对这些职业持权威观点的人。

社会特权的观点影响思考职业教育的一个重要途径是认为享有特权的通识教育优越于职业教育。正如本文中所阐述的那样，这种特权起源于古希腊，从那时起就被一系列社会特权观点所推动，它们往往更关注于保持通识教育的地位，却不通过合理的、明智的和有根据的方式。Sanderson（1993）列出了社会上通识教育地位高于职业教育的五个原因。第一，三大重要学习领域（即经典、数学和哲学）早期就被确立为培养思想所需的知识领域，而大学提供了这些学科。尽管有人声称它们不务实且主要关注的是改善人类的发展，但是训练思维的学习能力本身就是非常实用的。第二，倡导者认为这种教育提供了策略能力，从而使拥有这些能力的人与众不同。它是一项相当廉价的教育，不需要大量的资源。不过，Sanderson（1993，第190页）还认为：

捍卫廉价和无效的通识教育与大学学者的最佳利益息息相关，这样做可以捍卫他们的财政和自主权力地位。

第三，这种教育形式传递了使人与众不同的神秘尊严。当然，需要认识到直到近代（即19世纪），大部分人口的读写能力依然有限，即使他们能够阅读，也限制了他们利用印刷文本的能力。第四，根据以往的观点，通识教育享有重要的制度支持。例如，许多牛津和剑桥的毕业生从事的职业（例如，神职人员、公务员），使得他们能够维持良好的教育形式。第五，英国北部的高等院校往往提供技术课程，而南部的普通大学则对此嗤之以鼻。然而，其他地方的这类机构，如法国（高等专科学院、理工学院、中央学院）、德国［柏林大学、技术专科学校（现在的工业大学）］、美国麻省理工学院和瑞士技术教育学院，都享有很高的地位。这些机构的许多价值来源于它们对经济工业化和技术重要性增长的贡献。与英国不同，法国和德国因遭受军事失败而产生的社会危机，在很大程度上催生了技术和技能发展的必要性（Sanderson，1993）。同样，美国由于缺乏技术劳动力，导致了对技能发展的关注，这也与英国的发展经验不同。因此，国家的需求很大程度上提高了技术和技能发展的价值和重要性，并且将职业能力的发展视为一种不仅仅是个人利益的事情（Roodhouse，2007），而是作为国家战略发展的重点。

这里的观点是，历史上社会特权的声音已经做了很多工作来控制职业地位的话语权，对从事职业的个人提出了一些看法，降低了这些职业发展的进程和机会。然而，这些声音中有许多是自私自利的，他们对技术工作的性质以及如何最有效地学习缺乏了解。此外，他们所应用的规范准则是十分可疑的，而且已被证明是无效果的，并且他们很少与那些他们声称要帮助的人和促进利益的人相接触、交流（Billett，2004）。

然而，除了对通识教育方式进行批判性看待，对职业教育同样也应批评性看待。它固有的和系统的特质（如它的目的和如何最好地实现这些目的）应受到理性和明智的批评和争论。

职业教育部门存在的问题和局限性

虽然有些外在因素试图约束这一领域的有效性和地位，不过，这一领域自身也确实存在一些问题和局限性。

首先，有人担忧该教育领域只是强化或加剧了人的劣势。也就是说，那些参加该教育的人将受到狭隘教育经验的限制。例如，美国 20 世纪初期，Dubois（1902）[引自 Elias（1995）]认为，该教育方式不利于美国黑人的前景，因为它束缚了教育成果和就业方式，限制了他们的发展机会。尤其是实践技能的强调与狭隘的功利主义相关，限制了教育的成果（Dubois - Elias，1995）。与古希腊的观点相呼应，有影响力的观点表明，特定的职业教育加速了社会阶层分化（Hyslop-Magnison，2001）。马萨诸塞州教育专员 David Snedden 认为，80% 的学生在学术课程中很少或没有获得收益。这与柏拉图的逻辑相一致，他认为来自较低阶层的学生天生就无法理解抽象的内容 [Drost，1967 引自（Bellack，1969）]。因此，根据此信念他提出，为这类学生提供综合性的高中课程，包括职业和工作生涯的准备以及普通教育都是没有意义的，因为提供后者是一种浪费。取而代之，这类学生应获得特定的职业能力，不过这也限制了他们选择更有声望的职业领域，例如仅成为一名行业工人。这正是杜威（1916）所反对的议题。他不仅认为恰恰相反，而且还认为否认发展和进步的机会是不民主和不公平的。因此，特别是国家提供的教育，应该以促进社会和经济发展作为其组织和制定原则，并且应以整体利益作为主导地位（Kincheloe，1995）。

所以，不要过分怀疑和愤世嫉俗，而是有必要确保对职业教育的评定不以这些观点为前提。例如，甚至有人认为，广泛实行的职业教育只不过是控制和限制个人进步的手段（Halliday，2004）。有人担忧，那些参与职业教育的人会被赋予特定的属性，而该教育正是由对这些属性的认知所塑造的。也就是说，有些人天生就缺乏能力和潜力。当然，也有证据表明，参与该教育部门带来的益处并不总是与其他教育形式一样大。

因此，第二种担忧是参加职业教育的长期效益不如其他教育。例如，近来有证据表明，英国通过低级职业资格和学徒制的个人效益回报非常低，甚至几乎没有（Sianesi，2003）。毫无疑问，与学校教育以及获得专业认可和大学学位所产生的益处相比，参与职业教育的益处可能相当有限。然而，对于没有接受过义务教育或者没有很好接受义务教育的人，职业教育可以帮助他们提升教育和经济方面的能力和资质。有证据表明，从职业教育升入到高等教育的学生，虽然不是通过正常的升学路线，但至少和学校同学可以获得同样学历（Moodie，

2008）。事实上，Sianesi（2003）提供了一些证据表明，学习成绩不佳的学生获得职业资格有助于提高他们的收入水平。而且，某些情况下，职业教育对其毕业生的贡献是强而有力的（国家职业教育研究中心，1997）。然而，需要知道的是，职业教育部门的大多数毕业生所获得的薪酬和职业地位远远低于大学毕业生。也就是说，经济和社会基准都不利于该教育部门的毕业生。

第三，正如历史上所指出的那样，职业教育受到社会特权阶级的看法和偏见，而这些人的做法往往是自私和不明智的。尤其是他们对工作价值、从事不同工作的人及其所需教育的观点都是不公正的。此外，由于该教育部门被认为是对国家社会和经济目标的回应和手段，所以它受到不断的干预和管控，使其易受到经济学家、政治家和教育家的批评，而且会因为一些不属于它能控制和影响的问题受到指责。例如，Elias（1995）指出，在失业率居高不下的情况下，该部门会受到批评，因为没有培训员工获得劳动力所需的技能，而在就业率高的情况下，该部门也会受到批评，因为没有准备足够的技术人才。在一些国家该教育受到反复干预，并且教育决策也越来越脱离教育专家的意见，尤其是职业教育专家的意见。相反，教育决策被那些行业之外的人所控制。当该教育领域被看作是负责或响应强大利益集团的核心问题时，这些决策被认为是非常重要的事情，而不留给教师和教育专家去参与。反而，来自外部的利益和观点被赋予更大的合法性和决策能力。职业教育中最著名的辩论，Snedden 和杜威争论的不仅仅是概念和意识形态，也涉及巨大的经济利益（Gordon，1999）。然而，一些决策者往往对教育和教育进程缺乏了解，更不用说工作所需的知识以及如何发展它们了（Billett，2004）。但是，当这些决策者提出的倡议和改革未能获得他们所期望的成果时，责备的声音很少是针对决策者的（即行业声音），而是针对那些由这些决策者授权去组织和执行的人（如教师）。因此，这种安排很容易造成监管和控制周期的增强（Kincheloe，1995）。许多人试图将该教育部门的目的和进程定位为功利主义，坦率地说，对于有其他选择的人来说这并不具有吸引力。

许多国家的政府都有制定与高等教育相关的经费或债务政策，这不足为奇，但很少有人将这种举措扩展到职业教育领域。当然，正如任何其他机构一样，企业和商业在职业教育中的参与自然会扭曲其目的和进程。当企业和商业被赋予教育体系的领导作用时，可能还不如上文所述的对教育进程知之甚少的情况。然而，这种评论还需要更多地集中于政府干预、管制和控制上，而不是集中于职业教育上。虽然毫无疑问，早在古希腊时代的国家就对职业教育有兴趣，但制定和实施职业教育课程时，国家也有责任确保对其观点和看法的平衡。

第四，对职业教育的聚焦有可能产生教育上的反感。例如，Adler's［1988，引自 Elias（1995）］指出，职业教育是为了赚钱而进行的教育，但教育目的应该是学习而不是赚钱。这些批评中，常常会有一些奇怪的、矛盾的和无反思的因素。例如，为什么在教育机构中学习，成为一名学者是合理的，而成为其他职业中的一员却被认为不值得？现在还不清楚这些批评或者声称通识教育具有内在价值的评论一直持续的原因，不过其他职业的人也具有学科基础知识，并且在有报酬的工作环境中实践知识。而且，一些批评可能是社会特权阶级的观点，来表明哪些方面对他人及其孩子有好处。重要的是，这种反感通常与通识教育相反，被认为是衡量所有教育的标准。这一标准有着悠久而丰富的历史，是职业教育被视为价值有限、合法性有限甚至不属于教育的基础。然而，正如 Elias（1995）得出的结论：

……职业教育远不是剥削性的，它满足了个人以其所拥有的才能和能力在社会上谋生的需要。（第 185 页）

他还指出，许多形式的通识教育都有功利目的，例如，使用实习课程和技艺知识。然而，正如本章所述，即使是欧洲普通高等教育的重点也是针对特定职业的目标（Roodhouse，2007）：特别是神职人员、教师和公务员。人文学科被视为特定领域的知识体系，就像其他领域一样。但是，由于特权阶级的社会观点，这类知识被认为是有价值的研究，而那些使个人通过有偿就业来实现个人和社会目标的知识却不是。

第五，提供和制定职业教育课程的人和他人的期望之间存在着必然和持续的争论。特别是考虑到职业教育课程的职业特性及其为个人胜任职业角色而做的准备，那么就业人员和参加它们的人中，很可能会有强烈的，有时是不合理的期望，即希望他们的学习成果完全符合特定职业的需要，甚至是符合被雇佣的特定工作场所的要求。这似乎是职业教育长期存在的问题，且不是一个受国界限制的问题。很久以前，Dietz（1938）用两个雇主的观点来说明这一问题，他们的观点与当代人的观点一致：

雇主 A 说"……当然，我对这些年轻人在学校里所做的事情很感兴趣，但不管怎样，当他们开始工作时，我必须把他们的工作都教给他们。"

雇主 B 说"……非常担心整个教育事业。学校效率低下，年轻人一般不符合特定工作需求。我希望为我工作的初学者从一开始就有能力进行有效的工作，"他继续说道，"我是这个城镇的大纳税人，一大块税收被用于学校事业，所以学校应该教一些有用的东西。"（Dietz, 1938，第 307 页）

这些期望在其需求和强度上会有波动。例如 White（1985）称，在高就业率和高经济活动时期，雇主对从职业教育体系中雇佣的任何毕业生都非常满意。此外，他们对如何改进这些课程提供建议感到毫无兴趣。然而，在缺乏充分就业的情况下，技术工人短缺时，行业对职业教育毕业生的质量和数量都表示了严重的不满（Billett, 2004）而且，他们的呼声会对政府产生很大的压力，他们寻求改革，要求改善职业教育供给以更加贴近职业，尤其去特定工作场所的需要。

职业教育的定位

以上所述的前提，为职业教育提供了初步的定位，包括其不同的地位基础。尽管从性质上来说，与大学享有声望职业的准备课程类似，但学校和大学的职业教育课程通常被认为是低级的、狭隘的功利主义。这似乎也延伸到了对那些学习它们的人的看法：他们没有足够的适应力来促成关于他们职业的讨论和如何为职业组织教育的讨论。因此，那些不了解职业教育的人却代表着这些学习者发言。职业教育遭受的社会偏见和价值观的约束，都限制了职业教育做出充分的贡献。此外，这些偏见和观点的影响也延伸到了教育进程和措施方面（例如：狭隘的行为目标、模块化的课程、狭隘的标准、绩效和问责制）。即使，教育是经济持续增长的基础是大家普遍接受的观点，但关于职业教育缺乏价值的观点却难以令人信服。事实上，随着该教育作用越来越重要，往往导致职业教育的领导权被赋予那些对教育过程认识可能非常有限的群体。那些声称教育者不了解企业的说法（如，Ghost，2002），本身就是一个有缺陷的观点，因为职业教育中，许多教育者都有自己的商务事业，反而教育者可能会得出另一个结论：企业不了解教育事业（Billett，2004）。

最后，除了技术工人群体和社会目标以及其他人对职业教育的期望之外，该教育部门在满足个人需求方面也具有重要的目的和作用。包括克服早期教育经历或出生环境方面的短板问题。职业教育提供了有益于个人发展、进步和转型的教育。这种教育显然是重要的发展形势，因为一些工作会变得更苛刻，可能需要高水平的技能和认识，而不是相反的情况。当然，评论家们会用什么方式和依据来评论呢？无疑，如果你只采取社会规定的标准，那么这些依据可能是不清楚的。然而，对工作中个人日常任务的研究常得出结论：完成工作需要一系列与职业任务相关的知识，也需要了解特定实践的要求，而且还需要有评估绩效、计划和预测过程的能力。此外，那些经历过职业教育并在自身发展方面从中受益的人的观点（即毕业生对它的评价及它对个人的影响），与行业界的观点形成鲜明的对比。例如，澳大利亚职业教育的毕业生，一贯地认可这种教育的价值，认为它促进了他们进入工作队伍及其工作中的发展（国家职业教育研究中心，1997）。通过对职业教育毕业生进行的调查，学生对自身所获得的这种教育有很高的评价，但对那些教他们的人却保留了最高的赞扬。

然而，所有这一切的目的并不是提供一个不加鉴别的职业教育来反对它的批评者和其他部门的意见。相反，我们的目标是辨别出职业教育的特殊贡献之处，以便更好地理解和评价职业教育。

第三章

职　业

所有时代人类职业最重要的意义是生活——智力的和道德的成长。（Dewey，1916，第 310 页）

……职业并不意味着个人对相关工作实践的隶属关系，职业所描述的是实现个人抱负和人生意义的劳动，它帮助提供一种自我感知和个人认同。（Hansen，1994，第 263 页）

界定职业

本章讨论职业的构成问题——这是一个逻辑起点，如果职业是职业教育的明确目标的话。本章认为，职业是以个人的兴趣和需求为前提和基础的，这种兴趣和需求产生于个体的发展与成长中，尽管它们受到社会和外部因素的影响。然而，职业的来源、形式和声望是由社会和制度方面的事实所决定的，这些事实构成了特定活动（也就是工作）的存在、地位、从业途径以及边界。同时，明显的事实是成熟度（如长处以及反应时间）可以促进或者限制从事某些活动所需要的个体的能力。然而，从根本上讲，职业具备个体必须赞成的个人意义和目的，正是这样的意义和目的决定了职业的构成。尽管社会措施(比如,从事特定工作的机会)决定了个体所认同的价值观，但职业是个人经验和兴趣的产物，而在经验、兴趣部分上是依个人情况而异的。因此，职业是在个人成长和发展过程中产生的，这一成长过程正是通过个体兴趣、能力、意向以及社会、外部世界提供给他们的一切等诸要素的协同而完成的，这样的成长使职业成为他们的工作，成为个体再造与转型的过程。本章关于职业的论述可以看作是下一章有关工作论述的前奏，工作的起源和形式根植于文化和历史中，这里，本章主要聚焦个体的职业。

职业构成与界定

对于职业教育的解释需要考虑目的、传统、实践以及制度等因素，这些因素形塑着"职业"——也就是这一教育类型所表明的目标。职业教育的直接目的、构成这些目的和过程的传统、实际开展的实践活动以及提供职业教育的形式和机构组织等都应当针对这样的目标，尽管需要学生、学徒以及工人等学习相关知识以满足这样的目的。所有的这些考虑对于甄别职业教育的概念、目的以及边界等都是至关重要的。因此，在讨论这一领域教育的关键因素以前，我们有必要描述、界定和详细阐述它的目标，即职业。这包括弄清楚职业与工作是如何产生联系的，以及职业是如何在个体的工作生活中支撑他们的理想、发展和就业能力的提升的。所有这一切都需要认真描述和详细阐述。

要形成对职业本身的观点，廓清其与工作的关系以及弄清楚这些是如何影响职业教育的，需要做两方面的工作：首先，本章主要讨论和阐述职业的构成，然后，下章讨论作为职业的工作。职业和工作都有个人、社会以及非理性三个维度，然而，我们认为职业起源于个人发展，又在个人成长中得到改变，而工作起源于历史和社会形式。与上下文保持一致，本章强调职业的个人特征，它同时也承认职业根植于社会、文化、历史形式、环境以及自然要素等，并被这些因素所限定。同样地，在下一章中，尽管工作被视为历史的、文化的和社会的产物，但作为职业的工作的个人维度得到了强调，因为工作的连续性、重构以及转型被个体参与和实践的方式所决定。

那么，职业由什么构成呢？

职业：起源与形式

职业"vocation"这个词来自于拉丁语"vocare"，它的意思是对特定生活方式的一种召唤、号召或邀请（Hansen，1994）。今天，这一基本内涵是这一术语两种含义中的其中一种：他们是指（1）一种工作；或者是（2）描述个体的主要兴趣或"召唤"。从第二重含义上讲，职业是指个体被引领（Estola, Erkkilä & Syrjälä, 2003）或被召唤的活动（Dror, 1993），并且能够产生终生的成就（Hansen，1994）。尽管它们的界限是明确的，但区分这两种用法对职业教育而言却是基础性的工作，因为他们对于职业教育的目的和实践而言至关重要。比如，那些强调职业作为工作的观点可能强调职业教育作为社会强制性角色、实践以及历史派生的技术（比如特定形式付酬劳动所需的技术）的忠实再生产和实践的角色。而强调职业作为个人被召唤（比如宗教命令和教义）的含义同样对社会世界有很强的关注。在现代词汇中，作为工作的职业通常被用来表明职业教育需要对工业界的期望、标准以及雇主的需要（通常被政府在经济需要方面的利益所支持）保持高度的敏感。当国家技能短缺，或者相反地，存在高水平的失业率尤其是青年失业率居高不下时，尤其这样（Aldrich，1994；Anderson,1997, 1998；Butler, 2000；Kantor,1986）。这些时候，职业教育首先被看作是为学生提供进入特定社区需要的工作实践的有效准备和顺利过渡。因此，职业教育在这里主要涉及开发特定任务（即工作）所需要的技能，这种工作是为了满足社会的需要，即对技能型劳动的需要。因此，正如Searle（1995）所谓的制度性因素，职业的目的、形成以及主要特色都在社会中可以找到，都是社会的产品。

另一方面，职业可以被看作是一个人的旅行、需求或轨迹（Dewey,1916），从本质上讲，是一种为个人发展提供能量，引导个人兴趣、活动以及互动的东西（Estola et al,2003），尽管它被外界因素所行塑，诸如特定工作的召唤。这一观点也可以解释为学习的过程，一个因人而异的过程。从这个角度看，职业教育可以被看作是一种集中确保个人目标和发展路径以实现个人潜能和愿望的需要。这里，职业教育意指对于个人兴趣和能力的理解，它包含一种这样的教育，即帮助个人识别他们的需要或天赋，然后帮助他们实现自己的职业目标。然后，这一理解同时也涉及了个人与社会之间的关系。个人可以通过一个社会建构的和文化派生的角色——一份工作，付酬的或者是免费的，来发现意义的事实表明了与社会世界的联系。因此，当职业的概念在强调个人建构的时候，它肯定与社会产生了千丝万缕的联系，它并非是非社会的。从这个角度讲，以开发个人职业为目的的教育很可能需要超越仅仅对个体的考虑。Dewey（1916）和 Hansen（1994）等所经常要求的职业资格是具有社会和个人价值的职业。

随着时代的变迁，上文所讨论的对于职业两种含义进行理解所秉持的非此即彼观点逐渐发生了变化。正如下一章中对工作的论述，岁月如歌，由于社会价值和要求的改变，特定工作的状况已经发生了改变。对职业概念进行考虑的其中重要的一点是个人和社会的关系：不管它们的价值在于社会所要求的活动，还是个人寻找兴趣和意义的活动。当然，历史的发展，由于机会越来越开放，个人寻找意义的能力在不断改变，这是由于在选择工作以前，他们被诸如阶级、性别、种族等进行区分，这种方式对他们的限制要比今天严重得多，尽管在某些场合这种限制是永久性的。然而，除了这些改变，还有对于个人和社会地位的观点的变化。

现代社会和前现代社会的重要区别是个人与社会是如何被概念化的（Quicker，1999）。Meade（1913）和 Dewey（1938）都指出，传统社会中道德强制力并非来自个体，而是由于外界力量强加给个体的，因为人们要严格遵守传统习惯。但是，现代社会中尽管个体更清楚他们自己的力量，但这并不能排除他们融入社会所造成的影响。就强调个体与社会的相互关系而言，Quicke（1999）表示，现代社会中，个体变得更加社会化，因为需要个体懂得他人及社会的角色，因此，个体有必要变得越来越灵活。这一观点表明，前现代社会的人们则没有这样灵活，它同样意味着今天职业道德的概念、职业兴趣以及对个体职业作为个人建构的不断强调不仅仅与资本主义的兴起有关，而且在早期的宗教信仰和价值中有着它们的基因。早期概念中，个体的工作和价值是依据作为圣洁工作的道德重要性进行判断的（Quicke, 1999）。

Garrison（1990）也认为，进步主义的实证论偏向于认为现实独立存在于意识之外。这一主张会导致知者与被知者、身体与意识、理论与现实、价值与事实以及主体与客体的严重分离。这种区分不可避免地把人与社会分离了，而且把人与社会置于一种不同的关系中，这种关系不同于社会强加给个体负担时候的状态。早期的观点认为，只有借助适当的归纳方法，当意识与外部现实一致的时候，理解才能发生。人类的进步需要遵守这些客观原则。Dewey 的观点与此有明显不同，他有关科学哲学的观点与个人通过探究式学习有更多的联系。Garrison（1990）更是提出，所有的学习都是持续不断的探究过程。Dewey 认为个体通过某项工作而学会一种职业，要解决个人在其人生中遇到的各种问题，持续的探究是必需的。智力，通过让我们接触目的然后寻找途径以实现目的的方法，为我们提供协调显而易见且经常被忽略的事情的能力。对 Dewey 而言，所有的推理，所有的探究都是方法——目的式的探究。Dewey 的探究理论处于他的实用主义哲学的核心地位。对于像 Dewey 这样作为实证主义者的对立面的实用主义者，科学是至高无上的，不仅仅是因为它产生某种"真理"，更重要的是它造就了从系统上可以校正的，可以改进的推断。Dewey 是一个激进的经验主义者，他相信所有的经验判断都是假设的、不确定的和不具体的，因此它们对于作为进一步探究结果的修订而言都是开放性的。最终，基于这种观点，客观性就是主体间性，除了民主之外没有什么东西可以发展出主体间的理解与认同（Garrison, 1990）。这里能够看清楚的是，指导和激发个体思考和行动的因素在以下方面是处于中心位置的：他们如何做出工作及工作生活的决定，以及他们如何参与工作及工作生活。

　　当然，作为工作的职业或是作为个体生涯的职业的概念有一系列的细微差别，并且由此产生了对职业教育理解的差异。但是，通过把职业看作是工作，这些概念的差异是可以调和的。我们认为，对职业进行概念化的努力应该重点聚焦于这些含义中的第二种，并且要把他们与工作区分开，而同时又要与工作发生联系。也就是说，职业强调个体兴趣、生涯、抱负，它可能是人们的工作，又不局限于他们的工作。而且，这一概念包含着这样的一层意思，即工作是起源于社会，受社会限制，并且可能受到社会形式和实践（比如入职要求）制约的一种实践，但它同时承认个人兴趣、意愿以及生涯（也就是职业）与工作的相互依存关系。比如，这里所采用的职业的概念认为个体的兴趣、行动能力、才干对于他们实践中（比如付费劳动）对学习、重构以及带来改变的认同至关重要。Green（1968）对"job"和"work"进行了区分，他认为"job"是个体谋生的手段，但"work"是个体进行身份认同，找寻意义、价值及成就感的重要载体。这里，Green所谓的"job"就是我们所说的工作，"work"就是我们所指的职业。

　　这种观点承认并且调和了这一理念：对个人和他们的共同体有意义的任务通常来自于外部的社会世界。但是个体的职业也被自然世界所行塑。制度因素（Searle, 1995）来自于人类需求和组织机构，并且随着历史的演进，这些因素被社会的和文化的偏好所重视和塑造。非理性因素是那些来自于自然的，可能构成职业，同时个人参与其中的因素（Searle,1995）。尽管大多数的观点强调职业产生于组织因素，但正如下面我们要讨论的那样，他们也产生于非理性因素，并被非理性因素所塑造。

　　通过我们在这里提出的观点，我们认为，职业教育需要提供信息、指导和支持个体对他们的职业进行选择，以便于满足他们的需要、提升他们的能力和实现个人意愿，即他们的职业。诚如 Gascoigne（1820）早

74

前所言：

……[I] 慢慢地追求我的职业，通过爱好和早年的习惯，我的心被它强烈地吸引了。（第 3 页）

这种职业的观点同样把学习者定位于积极的意义制造者和社会实践重构和转型代理人的角色（也就是说，来自历史和文化的需要）。这是因为这样的实践是受兴趣、意向驱动的，这样兴趣和意向对个体而言是目的明确和不断强化的，并且通过实践的完成而得到重构和进一步的转变（Billett et al，2005）。而且，现代社会中新的挑战不断地出现，比如不断变化的工作要求，学习者为了实现和维持自己的职业目标，就需要不断提升自己的能力以适应变化，有效地处理工作变更及工作场所的过渡。这种对于职业的更多地以个人为前提的理解并没有否认从历史中发展出来的知识和实践（即工作实践）的重要性和地位，而且对于那些在特定时刻、特定环境，参与这些实践的人的重要地位是明确予以承认的。更为重要的是，只有个体，而不是其他人，才能达成职业所要求的一切。

在强调了个人方面的重点之后，需要讨论一下资格问题：个体所赞成的活动受到他们所参与的自己偏好的实践的限制。有些活动比其他活动更受人尊重，而个体所赞同的也正是这些活动，它们通常是以社会事实为前提的，至少受到社会因素的影响。通过积极参与，职业的实践者会不断继续（也就是重构）和改变这些实践，从而拓展或者改变这些实践的形式，这些对个体和产生及维系实践的社会都是有益的。因此，实践者的参与不仅仅是完成了实践，更重要的是，参与活动和对特定目标反馈的过程是一个主动的重构和改变实践的过程（Billett et al，2005）。尽管这样的实践满足了个体的需要，但个体参与实践活动也具有明确的目的和意向性，这也保证了实践的持续与重构。因此，个体的职业和从社会角度进行陈述的工作的概念及其实践之间有着相互依赖的关系。

这种相互依赖关系是个人职责、社会形式和非理性因素在特定环境和特定历史时刻协调的结果。通过这种协调，个体以特定的，也许是独特的方式解释和构建着他们在社会世界中经历的一切（Archer, 2000；Valsiner, 2000）。这种学习包含了意向性的方面，包括身份认同和自我认同，也就是，个体怎样"称呼他们自己"。重要的是，同早期观念相比，个体不是被简单地归入到社会世界中，当然，社会世界不能被否认掉。但是，也正是个体和他们特别的贡献建构了他们所经历的和实际发生的产生于社会的实践活动。为了强调个体的边界和作用，以及为什么把它视为个体职业的中心，Higgins（2005）提到了 Dewey 所讲的只有一个望远镜在里面的小房间的例子。对于一个未开化的现实主义者而言，房间看起来是相对简陋和受限制的，但是对于住在那里的天文学家来说，房间对整个宇宙都是敞开的。这里所要讲的关键是，个体特别的能力和才干不仅解释和建构着社会和非理性世界，而且以个体的兴趣和能力塑造的方式增加和拓展了这些贡献。个体不是完全被制度因素限定的，他们也能够与非理性方面的事实进行协调（Church, Bascia & Shragge, 2008）。

因此，可以这样对职业进行理解：

……并不意味着个体对于实践单向度的隶属关系。职业描述的是对个体而言能实现抱负和有意义的工作，它帮助建立自我意识和身份认同。（Hansen, 1994，第 263 页）

这一观点强调了个体在职业中的重要作用。因为职业对个体的目的和自我意识是居于中心地位的，所有个体很可能以一种能动的状态从事相关工作，这种状态要比他们从事不认同的职业积极得多。因此，这里不是以一种非个体决定论，而是以更加全面的观点强调自我和主体性，正如 Hofstadter（1967）引用 Heidegger（1975，第 174 页）指出的那样：

主观性，首先，是冲动、对于存在的盲目相信；其次，它会通过以控制自己为目的而发展起来的理解力来控制和限制自己。

在探讨个体作用时，他表示"精神是寻求自身存在真理的主体"（第174 页），通过积极参与所实现的个体意义在职业中占有很大的分量，并对职业教育有着直接的意义。个体对他们所经历的事情的参与与互动程度和可能与他们通过实践所学到的东西是相当的，特别是考虑到他们所做事情的重要意义的时候。因此，因为提供教育就是为了改变，个体在多大程度上能够响应来自职业教育的"邀请"对职业教育的收益以及个体通过职业教育能学到什么至关重要。Dewey（1916）在界定职业时对个体的作用和有目的的参与给予了足够的重视，他在论述"职业"（career）时这样讲：

职业的反义词不是休闲或文化，而是个人方面的无目的性、变化无常、无视经验积累、无所事事，以及对他人和社会的寄生。（Dewey，1916，第 452 页）

同样地，Rousseau 在他的小说《爱弥儿》中提出了勤奋劳作的重要性（Boyd，1956）。他指出，"社会中的人必须工作，不管是富有还是贫穷，虚弱还是强壮；每个无所事事的人都是贼"（第 8 页）。Frankena（1976）指出，职业既有功利的价值又有道德的善：前者是通过提升社会福祉来实现个体价值的（也就是做事情以服务大众）；后者不仅包括对他人的依赖，更重要的是为社会贡献自己的一分力量。

因此，正如本章开篇以及上文引用的文字所表明的，社会和个人在与职业相关的事实中以特别的和相互依赖的方式呈现出来。基于此，为了为后文讨论提供一个基础和出发点，这里把职业界定为：

由个人定向和同意，但经常是由社会所衍生的实践，它反映个体持久的志向和兴趣，通常在文化和历史活动中得以显示，这种活动包含了个体和他们生活社会的双重价值。

为了详细阐释职业的定义，这里既论述了它的个人层面，又论述了它的社会层面。这一出发点是为了搭建这样一个框架，即在职业内部个人和社会是相互依存的。以此为前提，下一部分我们要讨论的是，在构成职业的两个方面的任何一个方面，不管是强调个人的，还是社会的，在否认他们之间的关系上都要付出代价。

职业：个人和社会维度

如上所述，职业包括构成要素、目的以及个体和社会的职责。正如 Dror（1993）、Hansen（1994）指出的那样："职业描述的是有着社会价值和提供持续的个人意义的工作"。在这方面，Hansen 更加强调个人和社会因素的关系。这里，她也提出，作为一个广泛适用的概念，职业大大超越了家庭、社区和社会中有偿雇佣的范围。担任或作为父母、园艺师、集邮者、历史学家、教会成员、厨师等等都是社会衍生的、对社区重要的活动。它们有时也会对相关从业者是重要的，有些工作让从业者保持持续的兴趣。这些活动可能包含了那些不是直接获得报酬的职业的例子。然而，这些活动经常包含了个体的主要职业（Dewey，1916）。

这样的职业，比如工作，是作为文化需要的表达而产生，并随着这种需求的改变而不断变化形式。它们在特定的情况下，包括在特定的历史时刻显示出来。比如，今天做一名青春期孩子的父亲或者母亲很可能与很早以前的时候有很大的不同（比如，管理孩子的上网问题）。因此，职业的这种理解尤其强调由于社会或制度事实而存在的系列个体活动。的确，早期对于职业的界定经常与"召唤"（calling）相联系，职业的特性被视为服务他人，以特定的方式生活，有时候还包含对金钱回报的排斥（Dror, 1993；Hansen，1994），比如，那些成为修女或修道士的人都誓言清贫。然而，有些"召唤"经常是难以避免或难以抵制的，个体受社会制度胁迫被迫参与其中。来自社会－个人压力的两种明显且矛盾的"后遗症"是，一方面，当处理困难任务时这种职业感可以很好地帮助或支持工人（Estola et al,2003），而另一方面，它可能阻止工人去抗议这些困难的条件。比如，医疗保健的工作人员可能被他们正在工作中帮助别人这样的信念所支撑，尤其是存在困难或情况不让人那么愉快时，但是，他们也可能不愿意采取劳工行为，因为他们不想让他们的病人处于无人照管，或者让人感觉到自己心不在焉的状态。不管是基于宗教命令的兵役，或者那种委托给个人的工作——通过出身（也就是家族的工作）或性别（比如特定活动的准入），也或者是对个体而言非常简单的可能的选择，社会所确定的边界让许多"召唤"都难以抵制（比如，工作的性别化）。的确，从人类历史上看，大多数个体在他们可以选择的范围内都仅有很少的选择余地。但是，在限定他们选择的同时，只有当个体发现或者发展出了对这些职业的持久兴趣时，这些强制性的"召唤"才可能成为个体的职业。

相反地，"召唤"的概念也包含了个体被吸引的那些活动（也就是"对……有欲望"），这些活动目的上可能是宗教的、公共性的或社会的，或者包含了个体的偏好及对特定付费劳动的选择（Estola et al, 2003）。即使被当作神圣的天赋，也只有当"召唤"是为共同利益服务时，它才是有价值的（Rehm, 1990）。这种兴趣可能被制度所形塑，但是，一方面职业可以被他人所制裁（比如社会或神明），而另一方面资格是个体从事职业的方式。社会世界的"召唤"不一定总是能传递给个人的职业。最近关于护理专业的研究表明，很多学生在成为护士的职业理想方面都有着由来已久的兴趣，但是她们并不能讲清楚为什么是这样以及她们的兴趣来自于哪里（Newton et al, 2009）。也许，是那种把女性与照料和看护的角色（也就是看护别人的人从事的具有社会价值的工作）联系在了一起的微妙的社会情感导致了这样的一种暗示：当这份工作主要是社会衍生的时候，把特定的工作作为个体表面上看起来的偏好，比如护士。然而，这样的暗示通常不能传递给这些护理专业的学生，这是被护理从业者的高消耗程度所证明的，美容美发行业从业者的性别化也说明了这一点。这就是这些工作形式的现实而不是它们投射的理想导致的不满足。而且，如上所述，必须要有个体认定的作为自己职业的活动的认同。诚如 Dewey（1916）使用船上厨房里的奴隶的例子所要表述的观点，陷入于自己志趣不相投的"召唤"的个体是人力的极大浪费。Rashdall（1924）

也认为：

论及个体对社会利益贡献的特定方式和程度，在选择方面应该有大的自由度，不管是在道德层面还是社会层面都是合适的；尽管选择的自由受到内部和外部工作职责的限制，并且个体认为他自己是被"召唤"的。（第 136 页）

最后，个人维度在职业构成要素中是处于最核心的位置的，尽管这一维度受到社会因素的制约。可能有人会讲，可以促进甚至是强迫个体参与某种工作活动，但只有当他们同意这样做的时候，这些工作才能成为他们的职业。正如 Foucault（1986）所指出的，没有任何的监视或控制可以镇压个体的愿望。而且，Wertsch（1998）提到了这一控制的过程，在这个过程中个人采取行动以达到满足那些控制和监视他们的人所提出的标准。然而，仍然有很多个体对这些活动是持怀疑态度或者是态度是不坚定的。他比较了控制过程与"占有"过程的区别，就后者而言，个体在这一过程中积极且充满热情地学习他们经历的一切。这种态度上的赞同和行动上的参与呈现了个人不得不从事的付费工作与那些被认为是构成他们职业的工作的区别。总之，个体的看法、兴趣和参与构成了职业的核心要素，包括他们所关注的一切（他们的"召唤"），以及他们参与学习有关职业的内容和为了职业而学习的方式。这正如 Dewey 所强调的那样：

人类占统治地位的职业一直都是生活——智力的和道德的发展。（Dewey, 1916, 第 310 页）

从这个角度来看，职业不可能是社会强加给个人的，只是社会所型塑的。尽管作为个人实践的职业曾经被认为是"召唤"，但近来出现了对其进行理论化的强势趋势（Dror, 1993; Hansen, 1994; Rehm, 1990）。而且，正如 Luther 很久以前所提出的，在从事职业时，个人的主要任务是拥有好的动机和品质。下面是它的主要特点：

在有任何好的产品以前良好的物质条件和人本身都是必要的，良好的工作都与好的人品有关……不是工作让个人善良或者邪恶，而是人本身让它的工作变得优异或低劣。[Luther 引自 Dillenberger, 1961, 第 70 页，(Rehm, 1990)]

这里，Luther 强调的是，使从事某一职业圣洁的特质不是个体从事的职业，而是他们如何从事那一工作。尽管他们的工作可能会有特定的社会地位或受到他人的尊重，但他们怎样从事这一工作最终对他们的美德和价值是至关重要的。正是个人品质不仅界定了职业，而且界定了有价值的职业的构成要素。Dewey（1916）更进一步强调了这些个体的维度，提出这些维度构成了职业的基础，使职业得以实现。本质上，他认为，个人是职业的化身，工作的社会地位和声望没有职业对于个体意义重要。当然，不仅是使个人受益，他们的职业也需要社会效用：

职业为人生活动指明方向，比如让个体显而易见地产生对他人的重要性，因为个体工作所取得的成果对他们的合作者同样地有用……它包括任何类型的艺术能力、特定的学科能力、有效的公民权利以及专业性和商业性工作的发展，不管是机械而重复的劳动或者是以功利为目的工作。（Dewey, 1916, 第 307 页）

因此，决定个人职业特色的是职业的价值和个体的兴趣，以及个体所认同的与职业相关的活动，而不是它的社会地位。亚里士多德很早就提到过这种情感，他从个体和他们生活的群体的角度看待人类活动的价值（Morrison, 2001, 第 231 页）。同样地，Frankena（1976）提出，人类最高级别的"善"是为了公共利益。不管是有偿的工作、没有报酬的个人嗜好还是社区活动，这些个人品质不仅形塑了他们参与活动和精力投入的方式，而且又被这些方式所形塑。所以，最重要的是，职业的构成首先不是以社会对于特定活动的情感为基础的，而是以对个体的价值为前提的，尽管会涉及其他人。显然，这里个体的职业不能给与他们相关的人带来损失。而且，杜威（1916）把作为职业构成要素的重点放在了个人方面，并把这一重点延伸到了职业的出现以及在个体生命中的转变方面。他指出，职业对个体的特定意义和针对性将会随着时间的推移而增加，并且会在他们生命中的某些特定时间点上以不同方式呈现出来，比如成为一个父亲或母亲。而且，为了强调个体在这些协调过程中的主体作用，杜威（1916）进一步指出，为了与个体拥有一份工作的单数概念相区分，他们可能会同时有许多职业（比如为人父母、工作和嗜好），并在这些不同职业的兴趣、利益和作用之间进行平衡。

我们不仅必须要避免把职业看作是工作的局限，这种局限会立马想到具体商品的生产，而且还要避免把职业看作是一种以排他方式进行分配的理念，即一个人只能有一份职业。（杜威，1916，第307页）

因此，在个体生命的任何一点上，他们把不同职业作为自己的人生计划，这其中很多职业都是那种无报酬的（Higgins, 2005）。从这个角度而言，职业被定位于个体从事的一整套的活动，这其中可能会有一项是可以获得报酬的工作。Frankena（1976）曾指出，拥有多种职业意味着这些职业可能有一个等级体系，也就是说，这其中有"超级职业"（super-vocations），它代表着个人的目标和意图，然后是可以为实现"超级职业"提供资助的一般性职业。事实上，Frankena所提到的一般职业可能只是工作，并且这表明，从个人角度而言，工作是职业的下位概念。这种与职业的联系让我们可以这样称呼自己，比如，工人、父母、家庭或社区或某个团体的一员等这些有着特定形式以及我们期待与之发生联系的身份。正是这些联系在我们生命历程中一起塑造着我们自我意识出现的方式、可能改变的方式以及我们在社会世界中工作、协调和评价的方式。而且，特定职业群发端于个人兴趣和周遭环境的事实突出了个人独立性的中心地位。同样地，杜威（1916）把任何一个界限清楚的社会角色都包含在了职业的定义中。面对这一界定会泛化职业概念的批判，杜威反击说，个体从事一项特定的活动，但这项活动并不一定就是或者必须就是他们的职业，比如，并不是每个被雇的医生都把医学作为自己的职业，而且，随着环境的改变，我们感知到的社会价值也会衰退和发

82

生变化，一个时代看起来具有很高声望的工作或事业（比如织工、造箭工、羊毛分选工等），在另外一个时代可能会变得完全不同。

所有的这些都表明尽管社会世界塑造了职业的这些构成要素（也就是说个体被"召唤"做什么或承担什么任务）、职业的社会地位，但这些要素的统治权是属于个人的。这些"召唤"和角色的属性起源于个体之外的外部世界，即社会世界和非理性世界。也就是说，这些确定会成为我们职业的活动很可能发端于制度的或非理性的层面（Searle, 1995）。

对职业的评估

如前所述，杜威（1916）认为，对于职业我们应该不受情感限制地秉持这样一种观点，即努力在不同活动之间进行区分是没有必要的。也就是说，在判断职业价值时，我们不应该被权威的或流行的观点所说服。相反，它们的价值应当通过把他们对于作为职业的个体的适合程度和它们对于社区的价值进行判断。当然，杜威（1916）的出发点是对社会责任的关切，是这样的一条教育路径指引了他：即对抗强大的实业家以及为他们做事的人的需求。这一观点聚焦社会和个体两个方面，不仅仅是开展某项活动所需要的知识的程度。Higgins（2005）提出，杜威教会我们应该对那些可能会欺骗我们，把我们带入惯例性的和日常知觉的"召唤"。

每个人都要从事一些工作以使他人的生活更美好，使个人之间的关系更加可以感知，从而打破人们之间的距离障碍。这表明每个人工作时的兴趣都不是被迫的，且是充满智慧的：是与个人才能吻合为基础的。（引自杜威，1916，第316页）

通过以上讨论，尽管职业起源于非理性世界和社会世界，但我们有必要从广义角度和个人层面对其进行概念化。正如理发师是一种职业，父亲或母亲也是，同样地，医生、教师或者古典学者都是。尽管有社会起源的工作范畴，比如贸易、专业性职业、反映某种社会特权兴趣的半熟练工作或业余爱好、历史上的联盟或政党等，但这些范畴也只是包含了社会世界的规范要求以及在特定历史时期特定活动的价值。诚然，正如下一章我们要讨论的，社会特权阶级对某些工作的描述，比如贸易，一直是常规性和简单的生产；而对于其他一些职业，比如那些需要在大学进行就业准备的职业，经常被描述为更高一级的活动，并且内在地是更受人尊敬的（比如专业性职业）。当然，我们有理由认为，某些特定种类的工作（比如医学）需要高深的、大量的和批判性的知识和能够确保特定社会地位的实践，以及漫长的、高强度的准备过程。然而，这样的理由是建立在这样的前提之上的：即与过去经常把特定活动与职业进行区分的不同考虑。避免把职业看得太过空虚当然是有必要的，相反，职业所反映的是历史长河中出现的社会性偏好，对相关的争论保持开放态度是困难的，因为人类竭力所做的任何领域都被关于它的大量知识所包含了进去，任何特定的话题都可以得到丰富的诠释。然而，有些话题服务于特定而紧急的社会目的，这些目的是为了赋予相关职业的实践、知识和技能获取以优先权。但是，即使是对于那些最有声望的工作，除非个体认同它们做自己的职业，否则它们也只不过是他们的工作而已。

有人则关注在从事相关职业时牺牲自我成全社会的观点，他们认为，这最终会伤害到个人的利益。Palmer（2000）认为，作为"召唤"的职业表明作为真实的个体的成长，职业的完成需要的不仅仅是工作，尽管工作是我们所考虑的相关要素的核心。同样地，Winch（2004a）指出，尽管有有关工作时间长短的争论，然而，我们都想工作得有价值，不仅仅是为了它带给我们的报酬，而且还要关注从事来自于我们所看重的那些事情所获得的内在成就感。然而，对于那些对个体化的批判者而言，比如 Bauman（1998），这种发现真实自我和真正价值的方式反映的是一种扭曲的和不平等的世界观，这种世界观下工作伦理已经被工作美学所取代。他指出，尽管工作对个体生活具有重要的要义，它可以成为"所

84

有重要事情的轴心、骄傲和自尊的源泉以及对社会地位的公共认知，但也只是对特权精英而言的"（第34页）。怀着一种几乎是与亚里士多德和柏拉图时代精英同样的感情（参见第四章），Bauman认为，多数人是被束缚在没有意义和丧失体面的工作上的，这些工作很难有什么名望或成就感。他指出：

……职业可能意味着很多东西……但是它绝对不是——无论如何都不是想象的那样——人生事业或整个生活策略的一个议题。（1998，第36页）

然而，这种观点反映了一个时代的回归，即休闲性或沉思性的职业是少数人的特权，而这些少数人是被那些大量从事没什么价值的底层劳动人民支持的。当然，这种立场与工作是由资本主义精神所主导的观点（Bernstein，1996）是一致的。这种视角重申和强调了这样的观点：各种社会精英可以表述他们对其他个体活动的价值的想法，他们可以不用移情，也不用从那些从事相关活动的人的视角进行理解。例如，Bauman（1998）就可能是使用的自己的工作和活动的标准来判断其他人的工作和活动的（如，无意义和低等工作的构成要素）。也就是说，他和其他社会精英从事的活动不管怎样都是天然的有价值的和能实现个人抱负的，而其他人的工作就不是也绝不可能是。这里社会特权者的声音再次响起，他们从对自己有利的视角对他人的工作进行评价，就其本身而论，证明了草率的、非民主的评价的持久品质。因此，这样的批评引起了人们的关注：个人所从事职业的建构最终是不是他们的长久兴趣？但是，理解这样的事实是很重要的，即他们是从什么角度做出这些评价以及他们能提供什么样的证据以支撑他们所描述的工作确实是没有意义并且让从事这些工作的人地位低下的。

比如，Quicke（1999）提出，现在对于工作伦理的概念（以及这对于作为个人努力的职业的概念意味着什么）是与资本主义的上升联系在一起的，而且有着与宗教信仰和价值相联系的更早的起源。早期社会中，教会会以作为"神圣事务"（holy business）的道德重要性规定社会的目的和那些生活在社会中的人的价值。在这样的大背景下，个人可能会认同从事这些神圣事务，花费时间努力工作，但同时要忍受着个体的剥削。后来，新教的工作伦理兴起，这被一些人看作是个体解放的过程，这一过程是建立在这样的基础之上的，即通过资本主义社会阴谋的马克思主义错觉。然而，Quicke（1999）对于他自己论述中的矛盾却闭口不言，因为他对工作伦理的批判是来自于意识形态的。也就是说，这正如Bauman 对他人特定观点的应用，因此，所有这些评论很可能即是说整个历史进程中情况并没有发生太多变化。只有在今天我们对社会因素的描述更加模糊，持一种更为普遍的观点，这导致了个人主义的发展，致使人性尊严的扭曲，当然还导致了对个人职业构成要素的曲解。因此，相关论者很可能会认为，上文所讨论的老年护理、工业生产、面包店工人等在工作中是被剥削的，并且把这些工作是作为职业对待的。更有甚者，一些人甚至认为通过这些活动，相关从业者产生了马克思所谓的对自己和工作的错误意识，正是他们的工作扭曲了他们客观辨认价值概念的能力。现在，通过更加巧妙的方式，强大的社会利益得以呈现，并且捕获了个人的兴趣、智力和能力，使这些因素一起服务于强大的社会利益。

尽管如此，这种对社会精英阶层长期以来所秉持的职业活动价值构成传统的排练和重复是不会也不可能实现的，尽管这样的传统自亚里士多德以降一直都有。这些评论，不管接受与否，强化了这样一种需求：职业概念是受社会形式和需要左右的，但又最终通过个人视角表现出来。但是，这并不是说存在没有吸引力的和志趣不相投的工作形式，以及是完全危险的、个体被迫从事的缺乏自己合意选择的工作。然而，也许正是那些从事工作的人才能判断工作的价值，而不是那些从其他有利情况进行判断的人。

因此，对于个人而言，职业是他们需要识别的实践，并且这种识别

86

经常与他们的评价和他们对社会的参与有关。这种差异是重要的，因为尽管个体参与了一系列的实践活动，但是他们不会看到所有对他们自我感知重要的实践。因此，可以说，并非所有形式的付酬劳的工作都可以被个体归为职业的范畴，只有那些对他们有意义的工作才可以。Martin（2001）就明确地提出，职业是我们选择去做的工作，而不是我们不得不去做的工作（第 257 页）。同样地，Hansen（1994，第 263 - 264 页）的表述如下：

……如果个体远离实践，脱离它们的身份认同感，把职业只是作为众多寻常工作中的一项，那么作为教师、牧师、医生或者是为人父母都不是职业。从这个意义上讲，这个人只是某个角色的扮演者，这不是说这个人会认为相关实践是没有意义的，而是说他或者她可能把这项实践只是当作了严格意义的工作，当作了不得不接受的义务，或许其目的只是为了确保做其他事情的时间和资源。因此，除了具备社会价值，一项活动必须产生个人的满足感才能称为职业。

这种个体的满足感区分了个体参与的活动，这些活动对个体认知和生涯发展意义重大，也可能无足轻重；还有一些他们愿意参加并且对他们意义重大的实践。同时，这种满足感也暗示了个体如何参与实践以及他们通过这些实践的学习所得。例如，学校学生的兼职工作为他们的生活方式提供了资金保障，让他们了解了学校之外的工作世界，使他们对毕业之后的道路有了认真的思考。但是，这种形式的雇佣不可能被这些学生看作是职业，因为他们的目标和志向是指向其他类型的活动和有偿劳动的（Billett & Ovens, 2007）。例外的情况可能是当这些兼职或志愿工作是与他们兴趣相关的时候。在一项研究中，一名学物理疗法的大学生为了支撑自己的学习，同时在一个健身房做接待员和训练员的兼职工作（Billett et al, 2005），这份兼职与她成为一名理疗医生的心仪职业高度一致，后来，为了同样的目的，这名年轻的女士又去了一家理疗中心做了一名接待员。然而，同样在这项研究中，另外一位为支撑自己学习在餐馆打工的年轻女学生，她的专业与招待和管理无关，当餐馆老板鼓励这名学生与其他服务生一起做一些监管和培训工作的时候，她拒绝了，因为这不是她想花时间和精力去做的事情。与餐馆老板通过工作践行自己的职业不同，对于这位学生而言，她的这份工作只是达成目标的手段，不是她的职业。

然而，职业生涯可以在一些活动中开启，而这些活动本身当时并没有被个体当作职业来看待。也就是说，职业可以通过活动的参与而形成，这些活动起初并没有被看作是个体自我意识的中心。比如，Somerville（2006）报道过一些老年护理工作者的事例，他们从事这种工作是因为这些工作非常方便（这些工作就在当地并且还可以达成其他目的），然而，随着时间的流逝，她发现许多人开始对护理工作乐此不疲了，并且开始认同为老年人服务的工作。因此，他们开始从事这项工作只是基于某种个人需要（比如，挣钱），但是通过从事相关工作并且跟老人相处，这项工作对他们而言在很多方面都变得重要起来，已经远远超过了一项付费的劳动。同样地，Chan（2009）也曾报道过一些面包店的学徒，这些学徒去面包店工作一开始也仅是因为那里有工作，他们被老板邀请去干活。但是，过了一段时间之后，这些学徒在成长为面包师的过程中改变了，他们开始对面包师有了认同感。尤其值得关注的是，这些学徒一开始并没有准备做面包师，相反，他们去面包店工作只是因为那里有活干，面包店需要学徒。但是，通过面包店的工作，他们慢慢形成了与特定面包店的深厚的感情，从那个面包店的学徒到成为一名面包师，以此，他们的职业感来自于当地特定面包店的工作，而不是对成为一名面包师的长期探索。

类似的情况是食品工厂的生产工人，他们从事的工作可能会被描述为"半技能"，并被看作是低端的工作，但其他形式的工作中他们被证实的产能和工作方法也被看作是专业的（Billett，2000b）。这些工人工作时没有严格的监督，他们以自我指导和自我管理的方式进行工作，相对而言是比较自主的。他们开展工作的方式以及工作内容彰显了他们对自己以及对工作场所中的其他人的责任感。比如，不管是作为个体，还是作为集体中的一部分（即轮班制中的一员），完成每一班的生产指标，为下一班人员的工作而保持工作场所的整洁，并且在下一班工作人员到岗前解决掉所有的生产问题等，对这些工人而言都是非常重要的。这些工人表现出对自己工作的自豪，他们无视其他那些认为他们工作地位低下的人的看法。对他们而言，做好工作，并且不管是个人还是在集体中其才能都能得到认可才是重要的，而不是去关注其他人的想法。因此，不管在他人眼中他们工作的水平和地位怎样，这种对于工作的个人和集体自豪感显示了让他们努力工作的价值的程度以及他们从各种工作活动中的所有收获。杜威（1916）把职业与从业者的兴趣联系起来，他指出，"个人和兴趣是同一个事实的两个词"（352页）。这里我们可以看出在从事各种有偿劳动时个人的、社会的和自我的目标方面相互关系的丰富性，进而可以引申出职业。

当然，正如Rehm（1990）所指出的，通过对终生从事事业的追求，个体很可能期待有所收获。这些收获很可能包括自我认知以及他们与他人的关系和地位的增强、强化或者是提升（Gherardi，2009）。因此，公共利益和互惠关系的概念在杜威有关个人职业的思想中看起来是非常完整的（Rehm, 1990），正如上文提及的那些工人的动机以及他们所从事的工作所昭示的那样。而且，这种对个人层面的强调显示出职业概念的民主维度。在强调主体的重要性和主权方面，Rehm提醒我们，路德和杜威在他们对职业的理解中都包含了进去：

……拥有良好动机的最普通的人，哪怕从事最卑微的职业，他的这种品性是非常重要的；一个普通的劳动者，在从事自己工作的时候愿意并且能够创造性地为他的工作增添善和美，就很可能拥有一份职业。（1990，120页）

因此，通过这些方式，对于作为职业的实践者和执行者，个体得到了强调。然而，不管怎样，职业之根依然深植于社会。但是，除了社会，自然的影响也在形塑着职业的构建。

非理性方面的要求

除了对职业的社会维度的考量，还要考虑到非理性方面的因素（Searle, 1995）：自然世界的事实。社会影响已经强调得够多了，我们很少关注自然的要求，事实上这些因素是挥之不去的，它们建构着人类和社会的目的和规则。至少有两个方面建构了个人的职业：（1）有些活动是起源于自然世界的；（2）自然世界的某些因素塑造着人们对职业的认识（他们可以从事什么样的活动以及渴望做怎样的事情）。

首先，人类从事的很多活动都是为解决自然界中的一些问题。建造、维修房屋，让住处变得暖和或者凉爽，照顾小孩和老人，为生病的人提供健康保障以及确保充足的食物供给等都是来自自然方面的要求，自然世界的要求在人类寻找解决这些生理层面的需求的过程中得到彰显。当然，自然界的很多要求是通过历史生产和文化塑造的活动呈现出来的，比如上文我们谈到的老年护理工作者，还有很多其他工作都与解决人的自然方面的生理需求有关。

其次，个体活动也受年龄的影响，年龄可能会促进或者阻碍他们从事相关工作。比如，到了一定的岁数，消防员和军人就没有足够的体力从事与前线相关的工作了，因此，他们的职业选择就受到了年龄这一自然因素的限制。尽管热切地渴望做一名消防员，但一旦达到了一定的年龄，他们就再也不能做下去了。一项研究发现，一些消防员也确实能够继续从事他们喜爱的职业，但是是通过从事培训、教育和管理方面的岗位，而不是在救火一线工作（Billett et al, 2005）。这些角色可以允许他们继续穿着带有各种徽章的制服，从而确认作为消防员的工作。同样地，视敏度和听敏度的质量在一些工作中也扮演着相似的角色，比如驾驶飞机或者是区分纺织品上面颜色的差异的工作等。因此，这些因素对个体是有影响的，因为，成熟度影响着他们的观念和从事相关职业的可能性，决定着他们要从事工作的内容和形式以及对于这些职业了解。自然方面的因素，如同制度层面的因素一样（Searle, 1995），不能被简单而轻易地抹去，比如不可避免的年龄增长。这些身体方面的素质影响着我们与物质世界和社会世界发生关系的方式。

尽管比制度层面的因素更难跨越，自然方面的影响依然可以被个体和他们的职业所缓解。比如，Church 和 Luciano（2005），就曾提及一些四处工作的残疾人，他们跨越了自己身体上的一些障碍。甚至还有一些工人有意地寻找机会去证明他们的能力，通过这种方式，他们可以避免被贴上"残疾"的标签，因为这关系到高效工作的机会以及他们被其他工人和顾客定位的方式。两位作者还提到了一位坐轮椅的同事，她事实上需要其他人的帮助才能正常生活，但是，她拒绝被其他人认定为残障人士，相反，她自己认为，因为她可以运用电子技术以完成一个学者的工作，因此她是一名健全的工作者，不应该被认定为有残疾的人。通过这种方式，她跨越了她所面临的身体和身份方面的障碍。

因此，尽管职业的双重性（个体的和社会的，或者是制度的）已经谈了很多，但事实上，职业的产生和转型是制度、自然和个体三种要素作用的结果。正如二元论包含了两个实体的关系，三元论囊括了自然因素、社会和个人层面三者的作用，它们一起为深入诠释职业奠定了基础，通过协调三者关系让我们深入了解职业如何产生、职责如何落实以及发生怎样的转型等问题。职业实践被文化、自然和社会因素在历史中逐步形塑出来，但是，它们根本上讲是个人的实践。杜威（1916）把职业作为个人的生命过程以及一个人可以拥有多个职业（比如作为父母、工人和社区活动的参与者等）的观点是职业个人维度的最好说明。因此，职业是从属于人的，不仅仅是因为个体需要协调各种职业并给这些职业进行排序，更重要的是因为从根本上讲，职业源自于个人的认同，也需要个人认同，职业被个人特定的兴趣、需要、经历以及能力所形塑，它们是多元的，而不是单一的。正是这样，在职业的产生、延续和消失过程中需要尤其考虑个人因素。但是，个体有自己的特点，包括局限性，考虑到作为社会目的职业和工作的重要性，需要对这些尤其是跟社会活动和社会目的相关的局限性进行解释。

职业个人层面的限制

尽管有关职业的个人基础方面我们讲了很多，但当我们把职业完全作为个人实践的时候是需要谨慎些的，尤其是在个人进行职业选择以及从事职业的界限方面。

首先，个体职业的自由经常是有必要且合理的界限的。职业的早期概念是一种"召唤"，这一概念显示了个人与社会之间的张力，也就是说，个体一定要做一些事情，很可能是某个人或某件事在发出召唤。但是，这里就要考虑个体与生俱来地被指定去做某项职业的意义。比如，许多国家的很多职业选择被严格地规定了性别并不是很久以前的事情，这一传统在某些国家甚至延续到了今天。这就意味着女性不能也不被鼓励从事某些工作，今天这种情况依然存在。简单地讲，对她们而言这些工作根本不是理性的选择，更不要说是把这些工作作为终身事业去追求了。因此，记住这样的事实是非常重要的：个体可以从事某些活动并最终把这些活动作为他们的职业，但是这些活动是有限制条件的。

因此，社会世界同样为个人职业设置了边界。出生就被"召唤"而从事某种工作（也就是某个家族、社区、阶层或者性别所从事的工作）是对某些个体的限制。对另外一些人而言，被"召唤"去从事其他人看重或者确立的职业（比如，成绩好的高中生在为自己父母或者老师所看中的职业做准备过程中所面临的压力）也是一种限制。然而，个体在选择职业和探寻其职业兴趣时的努力、天赋、选择以及各种的考虑，而不仅仅是与生俱来的那些东西都构成了职业的边界。这里的意思是说，个体开展某些活动并最终把这些活动变成自己的职业在不同方面是受到社会规范和社会实践限制的，它们的原因也不尽相同。因此，认为个体职业的选择仅仅是基于自己的努力、能力和力量的想法是非常不准确的。有很多的界限在形塑着潜在的选择，这些界限在不同的地方不同的时代以不同的方式和目的被确立起来并不断发挥着作用，而这些选择既是实用的又是受到约束的，但是它们经常是超出了个人的控制的。

其次，承认个体工作上的行为不总在他们自己或他人感兴趣的事情范围之内是非常重要的。诚然，个体的能量和兴趣（也就是激情）对于目标的达成是值得称道的，对于有效学习也非常必要。但是，这可能与需要特定品质的某些社会要求的实践是相互矛盾的（比如，医生判断力、教师公平或者是飞行员的谨慎）。例如，个体，不管是不是有意的，一旦他们给自己的工作增加了责任感或某些能力就会强化他们已经为工作做出贡献的想法（Hansen, 1994）。的确，有时候这些是通过与工作的特定形式相联系的道德和价值体系得以体现的。例如，Dror（1993）认为，参与有明显盈利目的企业的工作活动在道德上是低于为政府或者公共组织工作的，但是，通过做特定的事情而被"召唤"的理念并不意味着对个人能力或者愿望的盲目信仰，这意味着个人兴趣和动机是不能在社会甚至是个人目的的指导下任意发展的，相反，它们是需要一整套利益系统进行调节的，这是职业活动的核心。比如，一些职业是有排除有激情但能力不足的从业者的机制的，这一机制经常情况下是这样实现的：通过工作登记过程或者是有胜任能力的工人在需要表现自己能力（比如知识水平）的活动中去监督其他工人，而新手从事相对而言危险程度较低的工作以避免问题和失误的发生。因此，社会所提供的一切既包含了机会也有很多的约束，这些约束在社会道德和价值观方面限制了个人能力的发挥。

因此，正如前面所界定的，尽管职业是社会所型塑的，但它包含着个体主观的实践，通过这些实践个体建构了关系与身份，并且看到自身在某些方面被他们的社会关系所断定的价值。与社会世界、社会制度和个人兴趣密切联系的实践活动意味着，尽管它可能是个体的，或者在社会层面是独特的，但它不可能是完全脱离或者独立于社会世界之外的，这就是所有的内涵。

建构职业

上文对职业特性的描述表明职业的意涵蕴藏在社会和个人的关系中，并且被自然因素所建构，同时自然因素也影响了人们对这些关系的解释。事实上，对这些关系的协调很可能发生在这样的情况下，即在特定目的指导下触及他们彼此的关系，或者是在特定目的指导下开展相关的活动，但是，他们最终是由个人的兴趣和自我认同所型塑的。杜威（1916）得出的结论是，我们通过职业而学习，而不是为职业而学习。这看起来非常重要，它做出了一个重要的区分，即有些东西只是个人建构的，而有些东西主要是社会实践和社会声望（比如一份地位比较高的工作）建构的。通过这种方式，职业的形成在本质上是社会和自然要求协调的结果，他们的作用都不能抹去或者忽略。一方面，职业依赖于历史和文化中形成的实践，但是，另一方面，职业需要个体持续的实践，在实践过程中去发现个体的意义和价值。同时，职业负载着社会规范和价值，这些规则和价值对于其他人和从事这些职业活动的人去理解个体工作的内容，以及工作对他们自身和他人的价值是重要参考。正如杜威（1916）提出的，职业对于个体的意义是具有一致性的，这种一致性需要拓展到个体的社会联系以及他们生活的社区。这一观点强调了职业作为制度的和个人利益的双重价值。当然，职业的社会认同的范围是理性的。比如集邮、赏鸟这样的职业在社会的职业认同度上是低于对他人的健康、经济和心理健康等进行干预的职业的，颠倒过来也可能是正确的，赏鸟所受到的限制很可能是少于为他人提供财务建议的有偿工作的。因此，这些社会因素很可能在这方面是理性的，它们是基于这样的前提，即个体是为他们自己选择职业的。

然而，个体的认同、要求和贡献对他们选择职业，以及此后重塑和转换职业都是至关重要的。尽管职业有历史或自然的源头以及从事这些职业特定的文化要求，但职业的实现最终是个体自我概念的结果，是在特定历史和环境中展开的。这一实践是历史、文化和环境因素的综合，这些因素构成了职业实践对社会方面的环境要求；另一方面，个体的实践是建立在他们的认知、能力、兴趣和可能性基础之上的。但是，重要的是这种实践对于工作这样的活动的延续和发展也是重要的。因为它们包含了起源于历史的和文化的以及环境所展示出的系列的实践，如果个体没有积极地从事、重构或者改变它们，它们将会是停滞不前，甚至是垂死的。个体不仅从事和重塑工作实践，他们还是这些实践变革的关键力量，尽管文化和制度因素也在改变着工作，但这种变革是受控于个体的能力、努力和兴趣的。因此，尽管职业被认为起源于社会实践并通过社会实践而发生变革，但离开个体的参与、学习和实践，这一切是不可能发生的（Billett et al，2005），除非个体把这些实践作为职业。因此，这些实践的重构和变革需要兴趣的发生、个人意向的认同以及积极的参与。

因此，正如上文所述，仅把职业作为个人使命是不够的，因为它们也是社会型塑的。离开源自于历史和文化的能力——这些能力通常是以特定环境的要求呈现出来的，感兴趣、"召唤"或者"被特定活动所召唤"是不可能的。总之，职业是需要满足环境要求的个人表现，这种表现会判断职业实践是否符合了那些环境要求。这不是脱离社会的个体与社会和自然世界的"苟合"，而是社会型塑的个人的（也就是个体的）认知和理解所构成的基础与社会中的直接经历及其方式的协调，正如由制

度方面的因素形塑了个人需要遵从规则和开展的实践，这些被 Valsiner
（2000）描述为社会经验（就是个体参与社会活动过程中所遇到的一切）
和个体的认知经验（也就是他们怎样认知和建构所经历的事情的基础）。
这些事实和经验以这样的方式产生影响：强调个人的、社会的以及更加
潜在的自然因素之间的关系。

正是在社会层面和个体层面实践的关系中，成为职业从业者的过程
才得以显现，职业的边界和限制才能被感知并不断进行协调。最后，重
要的一点是，Hansen（1994）提出，只有在社会实践中职业感才能出现，
这些实践可能是独具特色的，并且各种不同实践之间的协调和沟通是个
体职业的重要组成部分。在论述这一点时，Hansen（1994）引用了人类
学家 Dorothy Lee 的作品。Lee（1953）在被 Hansen（2004）引用的部分
中反思了她自己职业中个人、社会以及自然因素间的协调问题：

……她发现在做好事业的欲望面前她在不停地为做好一个母亲的职
责而进行辩护，她慢慢形成了合理化自己照顾家庭行为的习惯。因此，
她发现圣诞前夜自己在心理上为自己的行为辩护，她期待着她的礼物会
让三岁的女儿开心，她后悔在那个困难年代不能为女儿买礼物，但是一
件意想不到的事情发生了，她低头看她手中的活儿，惊奇地发现在不知
不觉中她给手中的刺绣填上了一个边饰，这既是无意的也是没有必要的。
这一发现给她带来了一种突然的欣喜，她认为这种情绪与第二天把手上
活干完给女儿带来的幸福无关，与成就感或者完成职责的美德都无关。
我知道，我从来都没有喜欢过刺绣，对于我的工作没有什么可辩解的，
但是它却是这样一种深深满足感的来源。后面的一个小时，我的疲倦消
失了。（Lee，1953，第 28 页）

Lee 继续写道（1953，第 28 页）：

我知道我已经真正地变成了一个母亲、一位妻子、一个邻居和一名
教师。我意识到某些边界已经消失了，我工作在一种社会媒介中。

同时，Hansen（1994）认为，Lee 所需要的合理辩护已经不复存在了，

Lee 明白了她所做的家庭事务不是出于功利性目的，继续手中的刺绣是没有"理由"的；相反，如果要讲出什么有意义的理由，这种理由应当存在于家庭生活实践本身。

（那天晚上）对于我的工作有意义的是我所工作的媒介——爱的媒介，从广义的角度讲。到目前为止，我努力地解释与合理化行为遮蔽了这种意义，把我从我自己生活的社会环境中割裂了出来。我突然间明白了不管我是在擦洗厨房的地板、缝补袜子或者是给羽绒服拉上拉链，都没有关系，这一切都是有意义的，不是这些事情本身，而是它们所处的情景，它们包含了社会价值，因为它们实现了社会情景的价值。（1953，第 28 页）

这里，值得注意的是，受到自然因素限制和改变的个体和社会因素在进行协调时的那种嵌入式的和相互联系的特性。Hansen（1994）后来提出，Lee 的观点表明，像为人父母、婚姻和教书这样的实践包含了它们自身的正当理由，这让它们经常看起来能够"邀请"或者号召人们去从事相关的工作。它们所包含的社会媒介提供了相关实践的意义，这种意义来自于工作自身，而不仅仅是外部的奖励或认可。Hansen（1994）认为，在家庭这样的私人空间里，那天晚上 Lee 并非要努力证明她很在乎自己的女儿或者要证明自己是一个很用心的配偶，抑或是勤俭持家的主妇。看起来职业概念的建构应当要理解这些关系和它们之间的协调。不能把职业视为发生在社会和个体两个层面的实践，要通过从事相关职业，把职业实践根植于对个体有特定影响和作用的两个层面之中，这是因为环境的协调才对个体要做的工作以及工作的重构和改变至关重要。

因此，讲到这里，看起来回到本章开头部分提出的职业的定义是合适的：

个体控制和认同经常起源于社会的实践，反映着个体持续的志向和兴趣，通常以源自于文化的和历史的活动呈现出来，这些活动具有对个体和他们生活的社区的双重价值。

因此，职业概念的建构需要重点关注社会世界的作用和影响（也就是历史、文化和特定情境下的规则与实践）以及个体的认同、贡献和作用（也就是概念、能力和活力）。当制度因素持续在建构工作的各项要求和它们的地位的时候，个体在这些概念中的空间也在不断增加。因此，尽管机会的分配受到诸如年龄、种族、性别以及健康因素的影响，但个体在他们职业轨迹的调整过程中的空间是不断增大的，而不是被文化决定或以出生、阶层、性别和财富等为基础的。当然，我们需要继续进行斗争以获取更多的自由和公平，继续努力保持已经取得的一切。但是，合法性以及为更多的个体安排合适岗位的需要随着时间的流逝已经取得了很大的进步。不仅仅是要识别和解释一项工作，更为重要的是要说明这些实践方面的要求是如何不同的，这些实践是从哪些方面被实施且在哪些方面会随着时间的推移而改变的。

总之，职业意味着：

——基于个人前提的赞同，

——社会的制约，

——个体从事，并且是，

——可执行、重构和改变的实践。

职业

本章中我们提出了这样的观点，职业对于那些赞同从事、建构和实施它们的个体而言具有个体方面的意义和重要性。在这方面，形成、发展和维持一份职业是一种个人的努力，尤其体现在个体在他工作和生活过程中探寻与社会和非理性世界进行的意义沟通。毫无疑问，这样的一种感情与职业是完全地被他人，尤其是具有权威的社会组织和实践所决定的概念是明显不同的。正如下一章我们有关工作的论述所讲的那样，与本章上面有关职业的概念形成对比，这种情感在德语的职业概念（Beruf）中表达得很清楚：它包含着系统化的理论知识（wissen）和整套的实践技能（können），还有取得所有这些的个体的社会身份（Winch，2004b）。

因此，尽管有声音反对来自社会精英层面的论断，但承认个体的建构并非是脱离社会的。相反，它是一种独特的个体与社会的整合，这是一种个人经历基础上的结果。也就是说，职业以特定的方式起源于个体的生命历程中，然而，同时，个人的力量需要相关因素的协调，这些因素试图通过与很多工作相联系的社会要求或必要条件以寻找合法限制力量来约束没有用的或不明智的因素。

这就引出了对工作的考量，作为文化、社会和历史的制度因素的产物，它满足人类的需求，同时也为个体从事和发展他们的职业提供基础。

第四章

工　作

100

　　德国的职业概念或者 Beruf 一词指的是一系列系统相关的理论知识 [Wissen] 与一套实用技能 [Können]，以及获得这些知识的人的社会认同感。（Winch，2004，第 182 页）

　　所有职责中，最为重要的就是选择一项专业性职业……[Rashdall，1924，第 109 页，引自 Frankena（1976，第 393 页）]

　　本章主要对工作的构成进行概念化和阐述，因为这些工作在实践中是职业教育的关键对象。个人对参与有偿就业（即工作）的认同、准备和持续发展虽不是职业教育的唯一对象，但也是最为常见的对象。为了了解今天应如何看待和概念化工作，我们有必要解释说明人们在过去是如何理解思考它们的，因为这些概念形成了目前的教育规定。之后，这种对工作的详细说明可以为学校、职业学院和大学以及职业教育领域的工作场所的目的和所扮演的角色提供信息。它可以为个人应该如何参与职业教育提供建议，并为他们在实践中为了达到这些目的应如何参与职业教育提供信息。不同的国家和文化，可能会导致工作和支持他们的教育规定也有所不同。这是因为，不同工作和多种类型的制度安排的具体焦点直接形成了职业教育所采纳的方法和形式，或对其产生了间接影响。

　　本章首先讨论什么是工作，以及如何将其理解为社会产物。因此，这一概念需要详细说明社会因素是如何影响某些工作特定形式的地位、价值甚至合法性，以及支持这些工作的教育规定的。这些考虑因素通过对人类历史上某些情况中的工作进行描述而得到阐述。接下来讨论的是个人与工作之间的关系，后者是个人被召唤的工作，或者它们是否构成他们的工作，以及这些关系是如何随着时间的推移而发生变化的。随后，案例表明，尽管专业性职业与其他职业所要求的教育目标和学习过程有许多共同之处，但其地位和准备工作被认为与职业教育部门所提供的完全不同。因此，实际上，被划分为专业性职业的工作与不属于专业性职业的工作之间的区别更多体现在数量上，而不是质量上。并且所有工作都有类似的教育规定和要求。也就是说，与职业教育广阔领域中的目标、规定形式和所需结果相比较，专业性职业并不一定是一个特殊的例外。在接下来的讨论中，工作被认为是社会世界的一个主要事实，它源于文化需求并在整个历史中得到改变。总而言之，这种工作概念化突出了与前一章中阐述的职业概念的差异，后者最终是个人事实。然而，正如在第三章中所预示的那样，认识到工作可以被认为是职业两种概念化中的第二种：特定形式的有偿工作，这也非常重要。

工作

本章所阐述的情况是，工作本质上源于社会需要和文化需求，并随时间而演变。因此，随着时间的推移，特定的工作可能或多或少会变得相关、普遍或重要。与此观点一致，文化需求和社会需要主导了关于工作和支持其（即职业教育）的教育规定的论述。因此，一些工作及其准备工作比其他职业更为优越。例如，为从事地位高的工作，如医学、法律或金融等专业性职业，所做的准备工作，已经在大学里以职业教育的典范的方式出现，但很少被提及。实际上，为这种工作做的准备被认为与职业教育部门的目的和做法截然不同，甚至几乎相反。这种特权往往是以有害的方式针对那些不那么受社会尊重的工作的。事实上，大多数被归于劣于专业性职业的工作实际上是职业教育部门关注的重点。世界各国职业教育的不同规定都是如此，它们要么是工作特定方案，要么是学校或学院的职业前方案，旨在让学生为这类工作做好准备。此处的一个关键点是，在不同的时间和地点，由社会特权发声推动的与工作及其准备事宜有关的话语，不仅塑造了职业教育部门，而且往往使其最终处于狭隘和弱势地位。在这样的利益的推动与控制下，这些话语也在很大程度上排斥和否定那些深刻理解其工作价值和复杂性的工作从业者的观点。相反，工作和职业教育的特点、价值和社会观点都是由贵族、神职人士、官僚和专业人士等有权有势的人提出的。然而，对工作价值的判断往往更多地取决于社会偏见，而不是取决于实践工作所需知识的复杂性和程度以及如何才能最好地发展这些知识。这一传统需要被质疑与颠覆。

此外，正如上一章关于职业的论述，个人对其工作活动（即工作）的参与是进行实践、改造和转变工作的中心。这是因为这些过程既取决于制定它们的人，也取决于社会对不同类型过程的连续性和变化的要求。然而，在这些有权势的人的观点所产生的影响中，还有一些潜在的含义：对从事特定工作的人的特定特征的看法。例如，他们认为那些从事贸易工作的人，还有那些经常被称为半熟练工人或非熟练工人的人，他们做决定和学习的能力天生就相当有限。这种观点塑造了人们对这些人从事教育行业的价值，以及适合他们的教育目的和教育经历的看法。此外，他们的假定局限性似乎也被用来限制去探讨应如何更好地执行他们工作的教育规定的问题。相反，为执业者发声的（非执业）发言人，往往是用来提升这些工作的利益的。显然，直到今天，这些社会偏见的问题及其法律法规仍然是教育组织和教育规定的核心。但是，这些前提中似乎有许多是错误的，因为从事所有工作的人都要能够运用更高级的思维和行动方式来管理他们的工作，并实现他们被要求实现的各种目标（Billett，1994；Darrah，1996）。

因此，本章的主要目的是阐述工作的概念，即它具有个人和社会的维度。虽然工作主要是一种制度或社会文物，但社会和个人的考虑最终都不足以成为职业教育的关键对象：工作。此外，也不是每个人都会对这种教育形式应如何最好地进行提供建议。因此，只有通过描述工作的社会和个人维度，才能充分理解它们。只有这样，才能适当地促进那些支持工作连续和进一步发展的教育目的和规定的前进。工作必须包括由社会和历史构成的实践，这些实践既具有特定规范和练习，又在社区中有地位。然而，从事工作并学会实践它们的是个体。通过这种方式，个体发现了与他们工作相关的特定意义，在过程中产生了认同感，并由此重塑和改造这些实践。简单来说，社会世界提供了对工作的需要、概念、程序和来源作为社会实践。同时，它产生了参与这些实践的知识，并在特定情况下形成那些影响工作开展的情景因素（Billett，2001a）。此外，许多个人的幸福感和价值感以及个人身份，通常都与这些社会衍生的实践联系在一起。因此，在了解什么是有偿工作，为这些工作以及它们在个人工作生活中的连续性做好准备的过程中，有必要同时考虑社会和个人维度。虽然是在国家和文化背景下的一系列机构中（在此背景下，这些机构产生于在国家进程和个人发展的特定时刻），但是发展包含这两个维度的工作描述可以为理解和评价职业教育的不同重点、目的和过程提供基础。

在这种情况下，本章的其余部分布局如下。首先讨论的是被看作包括社会维度和个人维度的工作的概念。然后，通过讨论不断演变的历史发展或作为社会事实的工作的概念来阐述这些前提。为了说明这一点，我们讨论了社会特权阶层所描述和评价的工作，以及这些工作对职业教育的具体影响。因此，工作的地位和支持它们的教育形式是由那些"谈论"而不是"代表"特定工作实践的人提出的。通常，这要以工作及其地位为代价（Kincheloe，1995）。终于，有人提出，享有特权者的社会观点对这些工作以及设法产生和维持这些工作的教育形式是有害的。最后，出于对这些历史和最近情况的考虑，个人的定位变得更加核心并且重要，特别是当它作为一种持久和个人承诺的实践而具有强势特征时。

作为有偿工作的工作

因为有偿工作形式的工作是职业教育的重点，所以有必要从探讨和界定这一概念出发。如果没有这样的讨论，这一课题很可能仍然是一个不确定和冒险的任务。对这些前提的考虑，为详细阐述职业概念及其对个人与社会的意义和价值提供了更广泛的基础。此外，在成年人最初的学习和持续的职业发展中，特别突出的一点是，他们是否认同自己的有偿工作是一种职业并从事这项工作，还是仅仅从事于有偿就业。正如前一章所讨论的那样，作为有偿就业的工作和作为个人职业的工作之间的区别表明，从事工作活动及其发展和再创造的形式是截然不同的。

当然，对工作进行全面叙述似乎也很必要，因为它们对维护和支持社会十分重要，对从事这些工作的个人和依赖它们的社区也是如此。对于很多人，即使不是大部分人来说，从事工作生活不仅仅包括获得报酬（Noon & Blyton, 1997）。它还包括个人身份、幸福和主体性，以及个人目标的实现，不过这些是设定在特定的文化和社会背景下的。确实如此，而且，个人工作生活的目标往往与有偿工作以外的生活有着复杂的关系（Noon & Blyton, 1997；Billett & Somerville, 2004），例如工作在社会中的地位，它的参与和权利，以及它在物质和社会奖励方面为个人提供的东西。然而，所有的这些因素也都强调了工作是深刻的社会概念。社会观点决定了工作的地位，奖励和权利的安排，它们的准备工作的种类和时长，以及它们目前发展和转变所需的条件。通过这种方式，虽然参与有偿工作活动不只是历史和文化产生的实践、技术、角色和特定技能的结果，这些实践、技术、角色和特定技能产生于社会世界且作用于社会世界，且它们意义深远。所有这些因素都至关重要，因为工作是因文化需求而产生的，并由此得到持续和转变，而这些需求也会随着时间推移而改变。然而，除此之外，更重要的是，通过他们的参与，个体通常以对自己有个人意义的方式到这些活动中寻找意义（Rehm, 1990），并能在他们的社区中给自己定位。在从事和再造工作实践时，个人就在处理这些文化需求，并对新兴的文化需求做出反应。当然，并非所有的工作实践都被视为具有同等的社会价值。相反，这些实践是工作价值产生和行使的基础。

首先要提出的一个前提是，工作主要是一种社会产物，尽管它是由个人制定的，而其中有部分人会准许自己的工作变成职业。然而，职业产生于个人历史或个体发展中，而工作则来源于文化和历史。这种区别使得有偿工作本身（即工作）和个人职业得以区分。由于人类需要特定的技能和能力，所以才出现了工作。这种需求不是来自个人，而是来自集体。在特定的国家（即社会）背景下，这种需求很可能以完全不同的方式出现。对工作的重要记录显然最早出现于中国古代。早在美国将亨利·福特的"发明"投入大规模生产的近两千年前，拥有大量人口、复杂社会和先进生活方式的中国就已要求工人培养出生产大量产品的能力（Ebrey, 1996）。此外，他们还受到了高度监管（Barbieri-Low, 2007）。制造高水平手工艺品的特定种类和形式的工作被划分为非常具体和细分的任务，能制造出这些工艺品的具有相似技能的工人组成一个较大的团队，由团队里的个人去完成这些生产任务。这种工作的概念与欧洲熟练工匠的传统截然不同，虽然他们有更广泛的技能范围，但他们需要自己制作完整的艺术品，且数量相对较少。因此，在这两种文化背景下，工作的概念和作为熟练工人应该具备的素质是截然不同的，在其他文化背景下也可能如此。然而，值得注意的是，这两种文化的一个共同点是，地位较低的工人受到的待遇使他们受制于有权有势的精英们。例如，工匠经常被当作商品来对待，并被组织起来去满足个别统治者或统治精英的需要。

然而，职业意识和个人价值表现为一种集体观念，这种观念来源于它与多种工作中某一特定工作之间的联系，且这种观念往往表现在建立协会、行会和工会时。因此，尽管这些群体被认为从属于统治精英，但他们拥有与自己工作相关的身份。德国的职业概念或者"Beruf"一词指的是"一系列系统相关的理论知识 [Wissen] 与一套实用技能 [Können]，以及获得这些知识的人的社会认同感"（Winch, 2004a），这很好地把握了这种能力与身份的融合。这一定义强调了工作实践的社会根源、知识，以及它是如何产生的，甚至是社会衍生的身份特征。虽然 Winch（2004a）提出了一个很大程度上源于社会的工作概念，但他也承认，对从事特定工作的个人来说，很有必要亲自去协调工作、休闲和家庭生活（即职业）。然而，工作除了具有显著的个人特征，它所承载的社会地位和价值的基础也是截然不同的：每种工作在文化和历史的前提下，都有着其特定的起源、形式和目的。这些社会事实形成了各种制度安排，例如提供的教育规定、要实现的教育目标的质量、为发展这些形式的知识而提供的经历的时长，以及为认证这些知识而提出的认证种类和级别。综上所述，了解不同的工作概念是如何随着时间的推移而产生的，以及影响它们形成不同社会观点的因素是非常重要的。

工作的价值

由于文化和历史遗产不尽相同，所以工作形式的构成和价值在世界各国有着不同的起源和表现形式。的确，尽管人们很可能对工作方法和熟练工人的组成要素抱有想当然的看法，但我们需要对这些方法进行批判和反思。Whalley 和 Barley（1997，第 24 页）提醒我们，来自西方世界的观点仅仅只是一种观点：

就像在所有社会中一样，西方的工作观念也建立在长期存在的文化差异上，即把我们同过去联系在一起的价值遗产。尽管我们可能没有意识到，但管理与劳动、专业性职业与手艺、蓝领与白领、雇员与个体户之间的区别已渗透到了我们说话、写作和思考工作的方式中。它们之所以有效用，正是因为我们认为它们是理所当然的。

这里的重点是，这种"想当然"的观念可能会限制我们对技术性工作的看法和重视，以及在全球化时代应如何为社区和个人配置职业教育的相关假设。这一点很重要，因为和过去一样，通常是精英阶层对技术性工作和应支持它的教育体系做出决策，而他们对实际操作几乎没有一点概念。例如，在思考什么是有价值的技术性工作时，我们往往会想到以欧洲的贸易工人作为典范，并且欧洲的学徒制度模式还被认为是培养这些工人的最佳途径。事实上，澳大利亚和欧洲等地的许多职业教育体系，也都是围绕这一理念建立起来的。然而，技术性工作的构成成分和培养工作能力的教育规定还远没有得到统一。再比如说，中国古代手工艺人的缩影与欧洲传统手工艺人完全不同。中国古代的手工艺人不只是独立的工匠，而更多的是具有特定技能和能力的工匠，他们是由具有类似技能的工人组成的团队中的一员。中国人口比欧洲国家的人口要多上许多倍，所以他们必须为这些中国人生产出大量的工艺品。这里的一个风险是，根据西方的观念，这些工人可能"仅仅"被错误地划分为流程工人和生产工人。然而，这种描述不适用于目前在欧洲和北美制造飞机的人，尽管他们的工作似乎和中国古代技术性工人的熟练工作过程和特征有些相似。

在占主导地位的文化利益范围内，对工艺品重视程度的差异在古代文明（如中国和希腊）之间的比较中也很明显。孔子出身低微，但后来却成为一名学者和一名弓箭手，他很重视射箭这种技能，所以他很看重体力。事实上，精通技艺，如书法，被视为高级管理人员必需的一种能力，并且要想进入或在"任人唯贤"的中国公共服务中得到晋升，就得参加公开考试，而书法在公开考试中也是必备的（Ebrey，1996）。然而，这并不是说这些工人受到了尊重。有证据表明，中国古代皇帝不仅逼迫劳动力，征召工匠去修路、凿运河，还下令让工匠们制作精美的陶瓷（Kerr，2004）。

事实上，无论是过去还是现在，中国和西方世界对工作的重视程度，都是由主流文化中有权有势的"他人"（即贵族、神职人士、官僚和管理者）塑造和命令的。这一命令已迫使熟练工人在主流文化机构外去寻找能确保其工作身份的方法，并且他们已经通过家族（姓名和业务）、手工艺、行会和工会的附属机构达到了这一目的。在中世纪的城市里，熟练工人聚集在特定的街道或城市的某些地方，组成以服务于这些工作的利益为目的的强大的行会和工会。此外，有权势的精英阶层的观点和价值观不仅在很大程度上影响着工作的地位，也影响着对工作的教育规定的思考。长期以来，正是这种观点使得更普遍的教育形式优于更实用的教育形式（Oakeshott, 1962；Bantock, 1980）。甚至在重视工艺的日耳曼国家也是如此（Hillmert & Jacob, 2002）。

正如 Whalley 和 Barely（1997）所指出的那样，悠久而深刻的历史和文化前提影响了工作及其准备工作的地位和性质。关于学习和工作的最早记载来自美索不达米亚地区（Finch & Crunkilton, 1992）。然而，对技术性工作及其发展的早期和不俗记载可在中国古代找到（Barbieri-Low, 2007）。这里存在着对大批量生产物品的早期需求，这就要求中国比欧洲更早地发展出高水平的技能和工作组织。从中国古代历史早期开始，历代君主都有一个重要任务，那就是通过建立有序的国家计划来维持庞大的人口。其中包括满足许多大型城市的个人、经济和社区的各种需要，提供诸如自来水和污水处理等便利设施，这些设施在中国使用的时间远远早于在欧洲的时间。所有的这些需求都需要大量具有高超技能的从业者，因为他们生产的工艺品和提供的服务质量又好数量又多。为了论证这一点，有必要注意到《末日审判书》一书估计 1086 年的英国人口在175 万至 200 万之间。然而，与此同时，当时的中华帝国有 1 亿人口。此外，在 1085 年，宋朝政府造币厂的年产量据称已超过 60 亿枚（Ebrey, 1996）。造币厂的生产过程包括把融化的金属灌入石头模具中铸造钱币，这一工艺在中国已经践行了很长时间。然而，仅仅是这种生产的范围和规模，就已需要高水平的技能和工作组织。他们的工作内容包括确保金属矿石和燃料的安全，熔炼金属，以及在整个帝国范围内安全地分发钱币。当时也有质量把控和相关机制来保护钱币的流通。然而，早在这之前，就有证据表明中国发展了重要技能，还大规模生产了工艺品，而这些都需要强大的技艺和精通不同种类技能的组织（Ebrey, 1996）。商朝（公元前 1600 年）时，需要融合不同工艺才能制造出有大型复杂装饰的铜缸。周朝（公元前 1050-250 年）时，石头模具被用来大批量生产刀具。秦朝（公元前 221-206 年）时，有高精度要求的、复杂精细的青铜扳机被投入大量生产，用于制造弩。此外，在这时，硬币、排水管道、箭头和瓦片都进行了大量生产，以满足广大人口的需要。唐朝（公元 618-906 年）以其瓷器的生产而闻名于世，许多瓷器的形状复杂且釉面繁多，与上述工艺一样，制作这些瓷器都需要高超的技术和工作组织。

所有这些例子都表明，符合大规模生产的高质量工艺品的社会要求的是对一种特殊的高技能工人模型的需求。此外，他们被要求从事工作的方式导致了熟练工人和工作程序的特殊概念的形成，这些概念不同于其他任何地方发展的传统。然而，熟练工人的地位、范围和实践似乎与那些目前从事制造铁路机车和飞机等复杂制品的工人有些相似。例如，秦始皇兵马俑（公元前 221-206 年）的相关记载表明，在某些程度上每一个兵马俑都是独一无二的，并且在整个兵马俑群中，兵马俑的外观和形态都有很大的差异。然而，在制作这些兵马俑的过程中，很可能只使用了八种不同的模具，这显然运用了高超的技艺和强大的合用性（Portal, 2007）。很明显，这些兵马俑是由一群工匠打造完成的，他们在一间作坊里一起工作，以流水线的方式生产塑造了每一件陶俑，不过还有工头们对每个陶俑形状的质量进行监管。如上所述，参与技术性工作的这些传统由来已久，并流传了很长时间。例如，在明朝后期（公元1368-1644 年），景德镇官窑为皇宫生产了大批优质精美的瓷器。这一产量不仅表明这些工艺品的质量之高，因为故宫只采用最优质的和完全相同的物品，还表明了工人们进行大规模生产的持续性能力。事实上，正是这些瓷器产品成了全球第一批出口到亚洲各国以及欧洲和中亚地区的产品之一（Ebrey, 1996）。这里的重点是，欧洲人对熟练工匠的看法并不只有一种模式。在古代中国，熟练工人的概念是以满足特定的社会需求和特定的制度结构为前提的。此外，工人和工作组织的概念和当代的要求有些相似，与那些通过当学徒来达到学习目的的贸易工人则完全不同。毫无疑问，虽然技术性工作的组织和专业都是等级分明的，但它的本质被认为非常重要且有价值，并被记录在绘画和哲学评论中，还有些形式被视为社会精英的有价值的追求。

可以看出，工作的概念、区别和价值是随着时间推移和时代发展而演变的，这些时代以独特的方式赋予工作特权。这种演变产生了影响工作现在价值的遗产（Elias, 1995）。随着时间的推移，人们用这些话语来给工作定性，并将其区分开来。下面的章节将对有价值的职业进行概述。在整个过程中，有人提出，是特权精英和其他有权势的人的观点塑造了关于工作、工作价值的社会话语，并最终形成了他们所需要的那种预先分配和持续发展。也就是说，被允许对这些工作和支持这些工作的教育规定形成看法、发表意见和做出决定的，一直都是那些有权势的人的观点，而不是从事某种工作的人的观点，最早或许也是最持久的遗产之一，就是关于谁能够从事不同的工作。

从"被召唤"到"召唤"

如前所述，早期的工作概念是一种"召唤"。然而，这种召唤可以分为过去"被召唤"的个体和现在"召唤"的个体。这两种类型的召唤都是由社会形式和实践塑造而成的，并且每一种召唤都代表着不同的参与基础。被召唤去做某事是一件被另一个人认可的事情。"召唤"意味着个人可以选择从事什么工作。然而，对许多人来说，这种召唤的基础受到了限制，因为他们被召唤去做的事情的选择很少。实际上，工作特权的核心就是这些召唤的范围以及通过谁可以获得这些召唤。也就是说，在人类历史上，对于许多人，而且可能是大多数人来说，他们的"召唤"被限制在一种特定的工作中，这种工作可以通过与生俱来的权利，并且主要通过家庭来获得。纵观人类历史，个人在自己家或者在附近社区所做的工作就是他们可以参与的一系列召唤（Bennett，1938；Butterfield，1982；Greinhart，2005）。对大多数人来说，只有在相对较近的时期，而且仅仅是在某些国家背景下，才有了他们可以从事何种工作的一系列选择。即便如此，现有的工作选择也可能受到社会规范、形式和结构（例如性别、年龄、资格和社会能力）的限制。例如，在希腊，要想有机会从事诸如医学和建筑等享有声望的工作，就必须是来自自由民家庭的男性（即公民），他们接受了良好的普通教育，能够从父亲那里学习这些工作，或者有能力支付学习这些工作的费用，有时还需要花很多年的时间来学习了解这些工作（Clarke, 1971）。这并不是说只有那些能够主动选择自己喜欢的工作的人才能拥有一份有价值的职业，而是要让人们注意到那些限制人们"被召唤"去从事工作的能力的因素。也就是说，对大部分人来说，绝大多数工作都超出了他们的社会范围，这就是他们的社会形态。

事实上，关于特定工作和职业教育的价值的经久不衰的辩论仍然受到希腊人观点的影响。希腊人将学习分为以体力劳动为目的的学习和以休闲或文化追求（即体力和脑力劳动）为目的的学习，且后者享有特殊的文化地位（Elias, 1995）。特别是，希腊男性自由民公民会认为，从事除军事活动外的其他任何以体力劳动为主的工作都有损他们的尊严。这样的工作被认为是没有美德的：

> 公民不得过修理工或商人的生活，这是不光彩的，不利于美德的。也不……他们必须脱离农耕阶级，因为休闲对于美德的培养和履行政治职责必不可少……任何没有从优裕的环境中得到休闲的人都无法成为一个让人满意的统治者。（亚里士多德，1964，第 60 页，引自 Elias, 1995）

这些观点提出了一种职业层次结构，在这种层次结构中，以单独从事丰富精神活动的能力为特征的休闲，被认为本质上优于包含有偿工作的工作。虽然后者能生产出重要的商品和服务，但这类活动需要体力劳动，排除了社会精英参与的可能性。也许这一切都不足为奇，因为在当时的社会，奴隶被要求从事体力劳动。然而，就在这时，也可能是在此之前，出现了一种工作活动，它与工匠和艺术家有关，也和构成了一个由那些必须工作的人参与的等级制度的专业性职业相关（Lodge，1947）。当时，从社会精英的角度来看，工作的价值在于它对个人完善的贡献，对休闲的追求被视为既不同于生产商品和服务的活动，也优于这些活动。也许正是这样的观点导致了这样一种看法，即希腊的自由民公民所享受的通识教育，在本质上优于专注于发展工作能力的通识教育。工作的等级制度就是基于这些前提的。在等级制度内，这些被称为专业性职业的工作享有特殊地位，主要是因为它们远离卑微的体力劳动，并与社会精英的文化需要和文化活动有关。专门为此目的而设立的机构可以提供专业培训。以下专业性职业是艺术家和工匠的工作。

因此，希腊自由民公民与生俱来的权利将其召唤到一个特定的工作。这些公民，尤其是男性，生来就被"召唤"去从事旨在使他们变得高贵的休闲职业。他们不会因从事体力劳动或服务于物质目的的工作而受到玷污。许多普通希腊自由民公民似乎认为这类工作活动是"机械呆板的"，不值得他们认真对待（Lodge, 1947）。但是人们承认这些工作对希腊社会至关重要。此外，很少或根本没有可供表达或谈判的余地。亚里士多德，和柏拉图一样，承认有些人生来就是奴隶：

因此，虽然农民和工匠对国家命运不可或缺，但他们不应享有公民的权利。（Elias，1995，第167页）

因此，对于精英阶层来说，休闲活动既是他们的工作，也是他们的职业。他们的价值观不仅塑造了这个时代的话语，还影响了以后的话语，这一点对我们的讨论非常重要。然而，他们对不同工作的评估是基于一种社会分层，以及一套大多数当代社会完全厌恶的价值观。也就是说，当时的社会是以阶级为基础的，男性占主导地位，并由奴隶制维持。然而，不仅仅是社会地位，还有一种观点，即较低阶层的个人无法进行更高层次的思考和创造。Farrington（1966）认为，在当时占主导地位的柏拉图式的观点中，工匠被认为不能产生新的想法，而且"必须等待上帝发明解决方案"（第105页）去解决他们的问题。事实上，柏拉图的观点是，这些工作被自然赋予了丰富的内涵，而人类的能力与他们行为的有效性几乎毫无关联——"自然让其增长。人类的理性与自然相比是微不足道的。"（Lodge，1947，第16页）。因此，除了那些对特定工作的地位及其价值的看法之外，更基础的观点是，从他们对实践和发展做出的贡献，包括对他们自己发展的贡献来看，从事这类工作的个人的能力天生就是有限的。也就是说，他们的能力受限于天赋，无法得到发展。这种观点与柏拉图关于理想国的看法不谋而合，理想国是以不同的方式在不同阶级的公民之间分配人性和能力。它以其特有的方式反映了工匠的欲望、精神和理性倾向，认为工匠被欲望和渴求所支配，并且缺乏守护者的精神和统治精英阶层的理性。Bloom（1991）对柏拉图《理想国》里的等级制度进行阐述时，用了这样一个比喻："羊由狗看守，狗服从于为主人服务的牧羊人"（第431页）。值得注意的是，教学被列为一项低贱的工作，虽然教师可以谋生，但生活贫困，还必定受人鄙视：

护士和"家庭教师"都是家佣，而且在大多数情况下，他们在其他方面没有什么用处。（Lodge，1947，第35页）

因此，（职业）教育及其规定的前景，不仅受限于个人在这一阶层中由出生权带来的地位，而且还受限于对个人学习能力以及可能从教育规定中获益的能力的信念。这种充分参与文化追求的教育只对男性自由民公民开放，与工匠和艺术家为从事那些更为直接的工具活动所做的准备截然不同。

了解到这些观点，就很容易理解这是怎么回事，或者为什么会这样。因此，就像希腊男性自由民公民被召唤去过悠闲的生活一样，那些出生在工匠和艺术家家庭的人也被召唤去从事他们家庭的工作。实际上，工匠和艺术家都是在从事这些工作的家庭里，学习和准备自己的工作活动的。家庭以外的教育规定只限于那些被指定为专业性职业的工作（即医学、建筑和军事），这些教育是专门为这些工作服务的。然而，奇怪的是，这些专业性职业的准备工作也要求同时学习工作的"学术"和实践两个方面（Clarke, 1971）。事实上，在古希腊，在家里学习和通过正规教学来学习是完全不同的学习方式。

然而，这种早期的职业划分很可能导致了被描述为专业性的工作和其他工作之间的长久区别，因为只有前者才具有很高的社会地位，并且需要专门的准备。此外，对精英群体以外的个人的能力的信念，也可能会继续影响人们对他们的潜力的看法，从而影响人们对他们工作能力和发展能力的看法。事实上，这些概念和实践提供了一个早期的例子，说明一个社会的特权价值如何塑造了不同职业的价值和地位，以及那些用来支持他们学习的各种制度安排。然而，重要的是，除了这些社会精英外，在艺术家和工匠自己的社区和家庭里，他们的工作是重要的，它将他们与其他类型的工人区分开来，是协会的来源，并且值得在他们自己的家庭或亲属团体中代代相传。

然而，被看作是较低水平的工作似乎没有得到正规教学的补充，也没有被纳入全面的准备工作。相反，对这些工作的学习仅限于家庭内部的经历及其工作活动。特别是，儿童在以愈发有目的性的方式直接从事工作任务之前，会先进行与家庭工作相关的游戏活动（Lodge, 1947）。在许多国家，以家庭为基础的学徒制的规定一直被记载，其中有些国家的记载比希腊早得多。大约在公元前 2000 年，一个工匠收养一个儿子，然后教他手艺，这种记载在古巴比伦的《汉谟拉比法典》中非常常见（Bennett, 1938）。《法典》要求工匠教授其手工艺；否则，养子就可以回到自己亲生父亲的家里，这一行为是合乎法律的。与其他及后来的模式一样，这种学徒制方法强调师徒关系就像父子关系一样。它包括父母般的关怀，这体现在食物、衣服、住所、道德和宗教教导、纠正和惩罚以及为成为公民所做的准备上，更不用说与过程中的教导、艺术和工艺的奥秘有关的事项（Bennett, 1938）。古埃及也和这一样，不过它使用的是契约。根据记载，早在公元前 18 年，这些契约就解决了包括编织、制甲、吹笛、写作和理发在内的工作的技能培养问题。其中的一些规定包括：（1）生活——如果学徒不住在他父亲的家里，那么需要满足他的物质需要；（2）道德、宗教和公民培养——通过牧师及其家庭，以及他加入的教会得到这些方面的培养；（3）普通教育——阅读、写作，有时学习计算；（4）奥秘——由对贸易有用的科学、数学和艺术的秘诀、规则、方法和应用组成（Bennett, 1938）。因此，除了发展特定的工作能力之外，这些学习规定还包括一系列与成为永久的社区成员和公民相关的社区和社会价值观和实践。这样做的目的反映了国家当权者的利益。

尽管精英阶层的特权观点否定了这些工作的价值，但在艺术家和工匠的家庭中，情况也许并非如此。他们在家庭和从业者社区中采用公认的做法，实践并延续这些工作。此外，工匠、艺术家和其他被认为不属于这类做法的工人之间有明确的界限，想来这些工人受到的社会尊重应该很少，地位也较低。但对这些工匠、艺术家及其社区来说，他们从事的工作受到了高度重视，并因从事好工作和培养专业工人而受到尊重。这种社会地位可能为这些社区内的个人认同感和工作自豪感提供了地位和基础，在许多情况下，这些身份和基础很重要，也很值得。然而，尽管受到当地和社区的尊重，柏拉图却认为这些不值得自由人为之努力奋斗，也不值得在家庭和社区内为这类工作做好准备（Elias, 1995）。此外，被归类为工匠和艺术家的个人不会被召唤去过悠闲的生活。然而，那些出生在工匠和艺术家家庭以外的人也是如此，他们通过自己的家庭和亲属的安排，也不太可能会被召唤去从事工匠和艺术家这类的工作，除非那些从事这些工作的人盛情邀约，并支付报酬让他们去做。

这些对工作价值的早期分类是以一套特定的社会价值观为前提的。它缺乏可供选择的哲学观点、对工作活动复杂性的客观分析，以及对这些活动产生的社会价值的批判性评价。这种方法可能给不同工作的价值提供了更有见地的看法，而在希腊这样一种既先进又复杂的文化中是可以预见到这些工作的产生的，而且在今天更加可以预见到。然而，令人怀疑的是，当权者是否会对这种建议感兴趣，因为它对现有秩序的各个方面都提出了质疑。但是，当时的价值观，以及由此产生的无益且有误的二元论（例如脑力劳动与体力劳动），至今仍影响着当代人们对教育政策和实践的看法。例如，亚里士多德提出了五种认识（或达到真理）：

（1）科学认识（即纯科学）；

（2）技艺（即艺术或应用科学）；

（3）实践智慧（即谨慎或实践知识）；

（4）神学智慧（即智力或直觉）；

（5）哲学智慧（即知识）（Moodie，2002）。

其中，柏拉图认为科学知识构成了手工工匠和用手工作的艺术家（即从事手工工作的人）的所需，包括乐器演奏（Elias, 1995）。然而，认为这些工作只需要手工能力的观点，与当代西方职业教育体系所奉行的许多准则不谋而合，并具有其特点。也就是说，可以通过可观察到的行为，对那些用于判断是否胜任工作的需求进行评估（Jackson, 1993），而不是通过理解那些巩固这种表现的思维过程。特别是，当代职业教育的做法和概念聚焦于狭隘的，且通常是行为上的能力标准和以能力为基础的培训，这在各国政府中已变得如此流行，它们往往只是在重复和加强职业教育的狭隘前提和低下地位（Kincheloe, 1995）。

然而，有一个观点对工作要求更深思熟虑，它表明，大多数形式的有偿工作包含所有这五种认识。例如，通过对高薪专业人员和低薪生产人员的工作进行分析，可以发现，他们的工作要求（即认识的方式）包括了亚里士多德提出的大部分类别（Darrah, 1996）。此外，认知科学领域的最新研究削弱了这种狭隘的特征。这些研究表明，工作专家拥有特定领域的"技术"知识。然而，他们的表现是否成功取决于那种"技术"知识组织得是否丰富，以及无论在熟悉，还是陌生的情况下，都能熟练而有策略地使用这些知识的能力（Ericsson & Lehmann, 1996）。即使以狭隘的眼光看待职业专门知识（即技术专门知识），也有必要在技术任务变得复杂、情形和工艺流程发生变化时，产生和评价熟练操作，这样才能分析和解决技术问题，才能根据全局做出安排、革新，并且适应（Stevenson, 1994）。

此外，其他研究表明，工作活动被分为"非熟练"、半熟练、熟练、辅助专业性和专业性，这些不同层次对高阶思维的需求几乎没有差别（Billett, 1994）。虽然每一工作类别中的工人都有特定领域的知识，但是这些知识或多或少有些复杂或是广博，所以他们都需要具备高阶能力的水平（即实践智慧、哲学智慧和神学智慧），这样才能参与那些不断应对需求变更，且需要做出明智判断的工作实践。有趣的是，与那些被评定为"半熟练"或"熟练"的工人相比，那些被评定为"专业人士"的工人从事非常规活动的可能性并不高。所以，这些不同的工作层次，似乎不只是包含技艺，都还需要类似的高阶思考和行动，而这些是亚里士多德大部分认识方式的特点。

不幸的是，这些早期的观点和准则直到今天，都还在对职业教育的规定产生强有力的影响。那些广泛持有的信念也包括在内，即适度的能力声明可以最好地指导职业教育的目标和匮乏，这就是非专业工作的性质（Jessup, 1991）。事实上，甚至 Stenhouse（1975）也基于这种假设表明，虽然以能力为基础的教育方法不太适合普通教育，但它们能充分满足职业教育的需要。因此，这些观点帮助延续了与这些工作有关的狭隘且无益的假设，而这些工作是许多职业教育规定的重点。的确，不论一个人的工作活动是与生产个人所需的商品和服务有关，还是与生产军事和统治者所需的商品和服务有关，都需要涵盖各种概念、程序和配置以及命令在内的熟练知识，这样才能有效地从事这些活动。

此外，文化特权的活动和目标（即休闲和对体力劳动的反感）在某种程度上与通识教育保持了一致：这一规定的目的是丰富学习者的知识，而不是让他们为某一特定的工作做好准备。因此，希腊的一项遗产是在教育思想和教育实践中创造了一个无益的二元论（Elias，1995），它质疑为特定工作做准备的价值，除非这种准备针对精英职业（如医学、法律和会计）。另一种二元论延续了这一遗产：发展心（即心智）和手（即手工）之间的划分。它还试图将为追求更高目标而准备的生活（即通识教育）和为工作而准备的生活（即职业教育）区分开来。然而，正如前面所提到的，Dewey（1916）指出，职业的对立面不是休闲，也不是通过个人经验累积的成就，而是反映好逸恶劳或反复无常，并涉及寄生依赖他人的活动（Quicke，1999）。在某种程度上，后者可能适用于描述一个生活在依靠奴隶而繁荣发展的社会的希腊自由民精英。

总而言之，对早期希腊社会中什么是有价值的工作的描述似乎建立了一种模式，这种模式随着时间的推移而不断重复。一直以来，提出了工作的概念，并对其做出了判断的都是"他人"，尤其是那些拥有巨大社会利益的人，而不是那些实际从事这些工作的人。精英们则更有头脑。在古希腊精英阶层的带领下，贵族、神权政治家、官僚，甚至是教育理论家相继对一些工作提出了社会观念，以达到损人利己的目的。此外，有一种长期的做法是将一些工作归类为地位低下的工作，这不是基于对这些职业的复杂性或数量的分析，而是基于对其价值的普遍社会偏见或观点（Steinberg，1995）。然而，无论工作是否被命名为职业，工匠和艺术家都有特定的社会目的和联系，这些目的和联系可能为参与者提供了在工作过程中发现个人价值和意义的方法。渐渐地，他们都拥有了大量的知识，这是反思实践所需要的，但也还需要更高阶的能力去安排好自己的工作。这里的关键是制度事实——社会制度事实——它以不同的方式描述了特定工作的地位。这种评估已扩展到如何评价和执行这些使工人为那些工作做好准备的各项规定。现在对其中一些传统进行简要概述。

作为召唤的工作

与希腊时代一样，欧洲中世纪的主流社会利益集团也认为工匠的工作更多的是一种必要的劳动，而不是一种本身就具有内在价值的有意义的活动（Dawson, 2005）。事实上，与古希腊有价值的工作典范相差不多，中世纪的典范与追求个人的进步有关，包括专注于沉思的生活。这比生产性工作和体力劳动更受到社会的重视（Appelbaum, 1993; Appelbaum &Batt, 1994）。然而，无论是在那时的希腊，还是在中华帝国，只有那些能够被召唤的个人才有被召唤的选择。在一个基督教正统观念包含了一套普遍的价值观的时代和文化背景下，工作本身作为个人满足感或物质收益来源的想法被忽视了。相反，特定工作的价值受制于那些拥有特权社会地位的人，往往是神权政治家的判断。事实上，在这段时间的大部分里，这种精英主义是通过被限制在那些能够阅读和理解拉丁语的人身上而得以维持的。这种能力大多数人都无法获得，并且在许多情况下受到了极大的劝阻。因此，这些法令和其他用难以掌握的语言写成的著作，在一定程度上被用来维护那些能读会写拉丁语的精英阶层的地位。与这种方法相一致的是，某些工作被认为比其他工作在社会和道德上更能被接受，这与之前以及现在的情况一模一样（Quicke, 1999）。这一道德规范与早期的道德规范截然不同，因为它包括一系列更广泛的、对社会有价值的活动。然而，这些活动的价值是由神权政治决定的。的确，在这个时代，

……一些经济活动被神学家认为比其他活动更明显地"对灵魂有害"，而且动机越商业化，活动就越危险。（Quicke，1999，第130页）

而 Thomas Aquinas 则认为：

……劳动是高尚的……贸易更加可疑，金融，即使不是完全不道德，从精神的角度来看也是一个高风险的活动（Quicke, 1999, 第130页）。

Luther 认为个人应该：

你的赠予要随意，不要顾虑，好叫别人因你和你的恩惠得到好处，得到美满。（Dillenberger，1961，第 79 页，引自 Rehm，1990）

在这些时代，有特权的人会通过教会及其神圣事物所代表的特殊和强大利益，来判断什么才是有价值的工作，并且主要限于那些可以被视为神圣召唤的工作（Hansen，1994）。"职业"一词的拉丁词根是"vocare"，意思是"召唤"———一种召唤，一种命令，一种对特定生活方式的邀请，这种生活方式反映了教会的价值观和事务。然而，它首先包含了一个必须被提供的邀请，然后再由个人接受。据说，使徒保罗认为，很少会有人被这种方式召集，但其他人应该"热切地渴望更高级的礼物"（Rehm，1990，第 115 页）。Rehm（1990）提出，拥有特殊职业的概念起源于早期基督教，当时保罗使用拉丁语"vocatio"来表示上帝的召唤、命令或传唤，以达到实践诸如预言或讲道等精神礼物的目的（Calhoun，1935，引自 Rehm，1990）。召唤是上帝对个人的邀请，让他们展示自己的才能，并达到这种邀请所要求的完美水平（Estola et al，2003）。然而，这一邀请是有条件的，因为那些被认为是有价值的工作，是基于主导中世纪社会的基督教信仰和价值观的。因此，当时基督教话语中最受重视的东西的传播和可及性受到了限制，那些没有被召唤的人就无法获得邀请。所以，这里再次强调了社会对工作的认可和尊重，重申了特定知识享有特权且只有少数人才能接触到的观点。

此外，与早些时候一样，职业和工作之间的关系也表现在它们所受到的尊重不同（Rehm，1990）。在 Luther 看来，工作、办公室和职位都是世俗功利的，而从事精神工作的职业则被认为是为了共同的利益（Wingren，1957）。然而，Luther 提出了这样的观点，即修道院的使命不是服务上帝的唯一或首选方式（Frankena，1976）。他提出，无论分配给个人的工作是什么，都可以用来侍奉上帝，即使这不是工作的直接目的。也就是说，与其说接受一种特定的工作形式，倒不如说个人如何从事那些表明他们的价值和道德地位的活动，这才是有价值、道德至上的。然而，在这里，被定义为共同利益的东西又是由特殊和保密的观点构成的，并在精神价值和机构的基础上得以行使：教会及其神圣的事业。当然，人们现在更有能力去从事他们所重视的活动，而不会完全受制于他们的出生环境。然而，要做出这一选择，却仍然受到包括出生权在内的社会环境（例如阶级、地点和机会）的限制。在这些方面，这些制度因素决定了什么才是有价值的职业，什么样的工作才会受到重视。

然而，另一个社会事实——宗教改革——带来了合乎伦理的（即有价值的）工作构成的改变。这包括接受和重视盈利和积累资本。在宗教运动中，比如清教主义，道德上的自给自足通常与财富的积累联系在一起。他们认为财富的积累是合法的，特别是当它产生于个人努力时（Quicke，1999，第 131 页）。贵族和神权统治的权力的构成成分已经开始变革。Noon 和 Blyton（1997，第 48 页）在对工作进行的更为现代化的描述中，反映了这种个人可以通过努力奋斗而获得利益的观点，他们认为工作是一种有意识的、涉及纪律遵守问题的努力尝试。改革以来，权威的职业和工作观念发生的转变，也改变了公众对职业和工作的话语。它认为，每个人都有责任把生产性工作当作自己生活的中心活动，并不辞辛苦地完成它。在这里，构成合法和有价值工作的基础得到了扩大。然而，与此同时，一种基于外部标准的等级制度正在加强，这一外部标准指的是财富积累，而不是指这些活动对它们的从事者的意义。然而，这一转变为评价个人及其代理机构的付出开辟了一个空间，使其在评价他们工作时具有合法性。然而，令人长期关注的是，特定工作的地位构成了社会尊重的一种重要且普遍的说法，对那些被认为是没有价值的工作造成了沉重的压力（Kincheloe，1995；Steinberg，1995）。

然而，在欧洲，其他制度形式开始在这一时期发挥作用。与早期相比，这个时代出现了一些代表和反映工匠和熟练技工利益的机构。行会的成员和利益是为了支持特定种类的工作实践，这些工作实践将行会的体制努力用于保护其成员的利益。这些组织有着悠久的传统，就像其他工作附属机构一样，比如石匠协会，它们的兴起贯穿了整个欧洲的大教堂建设时代（Gimpel, 1961）。几代工人才建成了这些建筑。在建设期间，石匠和他们的学徒一起生活、一起工作。他们在施工现场把一个庇护所作为生活、烹饪和饮食的场所，在天气潮湿时它也是工作的地方。它还是石匠行业的一个中心，在这里，初学者可以学习如何成为石匠。在这个时代，这样的工作环境也成了为数不多的几个有大量工人聚集，并且分享和扩展他们的知识的场所之一。此外，泥瓦匠是少数几种在工作时要离开自己的出生地的工人之一。事实上，当学徒期结束，在这些手工艺工人在被评定为师傅之前，他们必须在白天劳动（从法律上讲——成为熟练工人）。这些"熟练工人"能够分享他们的经历和故事，并在他们出生和最有可能继续工作的社区之外发展人脉。

基于家庭的技能发展方法的质量，是千百年或更久以来欧洲各地工艺得以运作和延续的核心。在某种程度上，它成为发展技能的单一而普遍的方法，这与18世纪社会革命和工业革命后出现的多样化的职业教育体系形成了鲜明对比。一旦一个年轻人成为师傅的学徒，师傅就会拥有他的家长权威，他也会成为师傅家庭的一部分（Greinhart, 2005）。因此，以家庭为基础的工艺教育的特点是，权威的行使以及教育工作者与学生之间的直接关系：

技能、知识和工作行为态度的传授，以及对整个行业的学习，都是通过师徒之间的个人接触进行的。（Greinhart, 2005, 第23页）

这样，所教的和所学的知识，发生的方式，以及对学徒的进步作出判断的基础，这些都建立在与现代民族国家建立职业教育体系所遵循的截然不同的前提之上。正如在下一章将讨论的，这种制度产生于封建制度结束之后，是为了满足工业革命的技能要求、青年人（有收入的）就业的需要，以及使他们的努力和利益与社会目标相一致，而在新成立的民族国家中产生的。但是，在以家庭为基础的职业发展办法中，有一个外部监测的过程，它有助于调整工作标准，管制那些被认为具有适当技能，可以从事某项工作的人，并使他们获得更高的认可。自 12 世纪起，欧洲中世纪城镇中存在的行会就制定了这一规定。在需要管制工作并为这种管制建立民事基础的社区中发现了这些行会的存在。这里值得注意的是，在后来发展成为德意志民族的那种庄园社会中，个人首先是他的庄园的成员，然后才从属于土地的统治者（Stratmann, 1994）。因此，加入行会意味着个人首先是对公会忠诚，其次才是对出生地忠诚。此外，这些行会为其成员的家务和家事，以及这项工作的规则制定和调整了标准。Greinhart（2005）认为，行会通过一系列的阶段发展出了一套培训体系，这与贵族、教会和大学所采用的体系非常相似。这一制度为熟练工人成为大师，然后再成为行会的正式成员提供了一种衔接。最终，这些机构通过将"适当"活动调整为政治、维和、军事、宗教和贸易活动，扩大了自己的范围。也就是说，除了对具体工作的关注之外，它还强调社会秩序、文化偏好，但最重要的是要维持现状。当然，对于一个成了国家组织统治的一部分，并在地方城市或乡镇一级表现突出的主要机构来说，这也许并不叫人惊讶。

这些机构提供了一个范例，说明了特定工作的利益是如何在赋予了熟练技工和工匠的素质特权的公共话语中得到有效体现的。然而，也有人提出，这些行会变得越来越自私，他们往往会以牺牲他们所代表的手工艺和工人为代价，只关注自己的权力和生存（Kieser, 1989）。然而，那些代表工作，并能够使自己所代表的工作变得合法并且有价值的人发生了巨大转变。这一表现与早期表现明显不同。也就是说，行会代表着重要的社会机构，而这些社会机构可以提升行会所代表的工作的地位。

然而，随着封建制度的终结，许多欧洲国家发生了社会民主革命，行会和它们所实行的各种安排在这些革命中基本上都被扫除了。和在其他国家一样，这些行会在法国被视为必须推翻的古老政权的一部分。

这是因为行会有时已经变得自私自利，也被认为与封建制度结成了同盟。然而，出于其他原因，公会也必须解散。新兴的民间政府尤其热衷于粉碎旧贸易行会的权力，因为这些行会使得政府难以控制贸易工人。在庄园社会中，庄园属于统治者，但个人首先是他们所属庄园的成员。因此，在新生的社会民主国家，解散行会往往也是为了以打破庄园权力的形式取得政治成果（Stratmann，1994）。然而，尽管德国和奥地利解散了行会，但他们后来又以修改后的形式恢复了行会，并交由国家控制。再次恢复是因为各国政府逐渐认识到了行会的重要作用，这一作用与其说是体现在行会代表那些熟练工人时，不如说是体现在为这些工人持续提供建议与支持时。在今天的德国和奥地利，行会所代表的那种技艺精湛的工艺品在欧洲国家中享有最高的地位，这也许并非巧合。这可能证明了机构的重要性，因为这些机构能够以影响公共话语的方式去维护特定的工作利益，并能够把它们所代表的工作的特定要求升级。当然，德国和奥地利的职业教育中的熟练从业者的地位和接触与许多其他发达工业经济体目前的情况形成了鲜明对比。同样，所有这些都强调了工作和机构之间关系的重要性，而这些关系又协调了工作和机构的地位和形象。

工业化的进程和封建制度的终结带来了改变，尤其是现代民族国家的发展和对威胁这些新生民族国家的制度的颠覆。然而，就像那些先于他们的国家一样，也许是因为他们敏锐地察觉到了什么力量可以带来改变，这些国家制定了一些教育规定，这些规定在设法为与就业有关的经济目的以及有需求的各种工作教育年轻人的同时，也让年轻人积极参与民间社会，而不是武装起来推翻这个社会。欧洲的许多职业教育体系都建立于这个时代。如上所述，在下一章（第 5 章）关于职业教育系统发展的论述中，虽然建立这些系统的大部分目的都与生产公司的经济目标、熟练的国家劳动力和解决失业威胁的担忧有关，但也有人对让年轻人加入民间社会这一行为表示担忧。这是为了确保年轻人的活动和贡献聚焦于实现国家的目标。然而，在这一时期也出现了与工作相关的其他等级制度，这些等级制度影响了工作性质和教育规定。因此，重要的是要简要考虑与专业性职业的长久地位有关的问题，以及对支持其准备工作的教育规定的看法，这使得这些教育规定与众不同，并且更难拥有具有一致性的职业教育规定了。

专业性职业与其他工作

长期以来，人们一直认为专业性职业、包含这些专业性职业的工作及其准备工作是与其他工作截然不同的。然而，考虑到随着时间推移和时代的变迁，工作的地位也发生了变化，现在有必要思考一下这些工作形式是如何被认为比其他形式更有价值的，以及它们对教育规定的影响。这些区别对于工作及其从事者来说，具有特殊的形式和后果，包括个人对工作的价值感。柏拉图《对话录》中所承认的专业性职业包括医学职业、法律职业、教授职业、神学职业和军事职业（Lodge，1947，第41页）。这些工作中，有一些一直比其他工作更受重视，而且很可能在将来也会如此，因为它们解决的是人类需求的核心问题（例如健康、法律和金融），所以即使是在工艺和技能受到高度重视的国家，这些工作也还是会享有特权（Hillmert & Jacob, 2002）。Lodge（1947）还指出，这些工作中一直存在等级制度。例如，在希腊，就分为医生助手和医生本身。很有可能，现在医生助手的角色正被辅助专业人员和护士所取代。此外，其中一些工作随着时间推移而衰落（例如神学和军事），而另一些工作则变得举足轻重并且必不可少（例如理疗师）。然而，在一些非世俗的国家，神学家仍然占据着崇高的地位。同样，英国皇室和贵族成员承担军事职责的传统依然存在，而英国和其他国家的财阀家族成员则不太可能从事军事活动。不足为奇的是，除了工作活动的总体层次之外，专业性职业内部也有一些层次是可以改变的，并且在特定的地点和时间有特定的重点。这种等级制度的前提是历史、假设和传统的产物，而不是对工作特定属性的评估，比如在从事能使他们在某些方面优于他人的实践时，他们是否拥有丰富大量的实践所需的知识。这促使人们思考，什么才是高地位工作的形式，以及它们的准备工作应该在什么方面与众不同。

如前所述，在现代主义世界中，产生工作价值歧视的基础已经发生了改变，并已更集中在工作的层次或等级之间的差别上。然而，正如前面所讨论的，工作的一种等级制度很可能早在希腊时代之前就已经存在了，而其他的工作制度则在此做了说明。此外，它们的实践被认为是建立在特定素质的前提下，比如那些能使它们有别于其他工作的道德行为或深层知识（Dror, 1993）。在这个层次结构的顶端是专业性职业，但并不是所有构成专业性职业的工作都是固定的。在希腊时代，专业性职业也包括军官（Lodge，1947），虽然这在最近那些将法律、医学和会计看作关键的专业性职业的记录里较少提及。此外，近年来，被划分为专业性职业或辅助专业性职业的工作有所增长，特别是在与健康有关的领域，还有，那些发达的工业经济国家的劳动力现在从事专业性职业或副专业性职业工作的百分比都有所增加（Billett, 2006）。

然而，尽管有这些传统存在，但如果构成专业性职业的前提以及它们与其他工作形式之间存在不同之处，人们却很难将其区别开来。Dror（1993）过于自信地区分了科学家对知识生产的关注和技术人员与工匠对实践的关注。除了把工作建立在深层知识的基础之上，专业人员还必须熟悉科学和实践，能够熟练地把科学和其他类型的系统知识转化为行动（例如实践）。Carr（2000）同样明确区分了专业性职业和其他工作形式。他声称这些专业性职业具有能将它们区别于其他类别的工作的特点。这些特点包括（1）面向人类福祉的伦理价值；（2）其目的受到争议（即对其目的进行持续和合法的辩论）；（3）人际关系（即专业性职业的特点是强调人际关系）；（4）直接关注他们的雇主的福祉；（5）在某种程度上不同于其他类别的工作；（6）自治（即成功的专业实践需要个人的高度自治）。因此，对于 Carr（2000）来说，具有不同伦理价值的工作特别适合用于为包含与职业伦理发展相关的教育形式做准备。然而，在与人类福祉确切相关的基础上去区分专业性职业形式的有偿工作和其他形式的有偿工作，这在质量上几乎没有差异。Winch（2002）反驳说（几乎）所有的工作都有它们实践的道德维度，而不仅仅是那些被看作是专业性职业的工作才有。此外，其他许多工作似乎也具有 Carr（2000）提出的专业性职业才有的特质。由于知识的本质在不断发展，所以其他形式的工作也颇有争议。目前那些与图形、印刷和信息技术相关的工作就是一个例子。此外，许多其他形式的工作都是建立在确保和维护客户的个人关系的基础上的，这些客户重视他们所获得的商品和服务，以及他们自己的客户的福利，还经常在很大程度上行使自主权。同样，并非所有的专业实践都可以被认为符合这些标准。例如，许多人会辩称，那些从事法律工作的人会提供一些实例去证明他们并不总是优先考虑客户的利益的。相反，Winch（2004b）认为：

……专业性职业的特点是需要和拥有特定种类的知识，这些知识既抽象又实用，数量庞大，难以掌握，而且需要花很长时间才能获得。（第181 页）

他提出了一系列专业性职业，以表明并非所有被归类为专业性职业的工作都具有相同的广博知识，也不需要相同的准备水平。他利用这一标准指出，这一专业性职业连续体的一端是拥有大量知识的专业性职业，而在另一端则是所需知识水平较低的"非技术性"工作。这种连续体很有帮助，因为它打破了或削弱了工作形式之间的区别，它们要么已经获得了专业性职业的头衔，要么还没有。但是，这种连续体需要从其他方面和条件加以说明。

从本质上来说，Winch（2004b）对上述专业性职业的描述是一套理想的文化实践。当然，他承认个人会以不同的方式和特定的道德行为水平进行实践。虽然他认为道德行为并不局限于那些被归类为专业性职业的工作，但是，他也同意专业性职业是建立在实践所需要的大量知识的基础上的，这是做出这种判断的另一种截然不同的方法。因此，知识的广泛性、复杂性和获取的难度使得专业性职业有别于其他形式的工作。然而，这里的条件是构成这种海量知识的要素。例如，较早时期的农民，也许现今的欠发达经济体中的农民也是如此，他们几乎没有当代农民可用的许多人工制品和工具，但会根据自己对气候、作物、降雨历史和植物生长模式的知识做出一系列决定。他们对天气、作物及其生长的了解，靠的是世代累积的知识。他们的知识难道不丰富广泛吗？同样，虽然技术、规划工具和获得现有知识的途径受到限制，但各种工人都生产出了经久耐用、品质卓越的产品，这都是以大量的复杂知识及其一直以来的学习过程为前提的。

因此，有必要进一步阐述 Winch（2004b）提出的工作连续体，其中包括因职业实践的特定实例而产生的变化。例如，情景需求可以增加或减少实践所需的大量知识。那些从事许多重要而又日常的活动的医学专家，与他们所掌握的广泛知识相比，他们更加依赖专门的、非常有限的专业知识。此外，从事复杂和非常规医疗程序的专家也可能具有形式截然不同的程序性知识。或者，一种不太受人尊重的工作形式可能同样依赖于有效工作实践所需的大量知识。这方面的一个例子是那些解决复杂问题的人所进行的非常规任务，例如由电机机械师、美发师或建筑工人进行的诊断（Darrah，1996）。一名在一个乡镇的车库里工作，和一系列车辆类型和品牌打交道，还要解决一系列汽车工程任务的汽车修理工也可能拥有大量知识，这与那些日常活动是同新车打交道的经销商完全不同。因此，就其本身而言，完成一项任务所需要的知识虽然有用，但它并不能将其专业性职业与其他种类的工作明确区分开来。

第三，个人对一个工作的依恋，也就是工作对他们的意义，这可能会影响他们从事这一工作的方式以及他们实际从事这一工作所需知识的程度。因为仅有兴趣和依恋是不够的，所以个人也要有能力进行有效的职业实践。因此，依靠作为文化理想的工作连续体，这一行为否认了工作实践中明显不同的情境要求所产生的重叠，这些情境要求可能影响（即减少或扩大）所需知识的广泛性、被认为是专业性职业实践特征的不同层次的兴趣和依恋，以及实践这种做法所需的能力水平。

基于 Winch（2004b）对 Carr（2000）的批判，进一步扩充专业性职业的特定属性这一行为似乎是合理的，但这很可能同样适用于更广泛的，也许是所有的工作。这种考虑包括与实践和个人参与该知识体相关的情景因素。因此，在从作为文化理想的工作转向到由个人制定的情境实践时，有必要强调情境和个人因素在工作制定中的所起的作用。

重要的是，有关专业性职业的构成及其与其他工作的一致性的讨论表明，尽管贴上了专业人士标签的工人所利用的知识种类可能存在一些数量上的甚至质量上的区别，但它们在本质上都是相同的。此外，第6章的分析表明，与所有的工作形式一样，职业的规范水平和实践的实际水平上存在着概念性、程序性和倾向性知识的维度，这些维度为人们在准备该工作并维持该工作时提供了重要的教育目标。随着实践要求的改变，他们在工作生活中的能力也随之改变。这里的重点是，无论工作的社会地位如何，良好的工作表现所需的知识都是类似的。此外，发展特定工作所需知识种类的差异将更多地取决于概念性、程序性和倾向性知识的特定组合对其发展需要特定干预的程度。

除了与不同类型的工作相关的公共话语之外，还有另一个因素——与学术学科的观点相关。特别是来自教育和教育哲学领域的话语对职业教育及其项目的地位构成了障碍。简而言之，这种科学话语与公共话语，即享有特权的工作和受社会尊重的活动，似乎在很大程度上有着相同的来源。因此，理想的教育形式的表现主要是与人类的发展和改善有关，这只能通过强调文化丰富而不是应用学习的自由教育形式来实现。

工作与教育的概念

总而言之，上述工作概念的演变强调了它们是具有历史、文化和社会基因的实践。此外，这些工作的特征的形成很大程度上是由社会特权阶层的观点决定的，而不是由实际从事这些工作的人决定的。这些话语的部分表明，从事不那么显赫工作的人的内在能力相当有限。也就是说，这些工人无法解决问题、产生新的想法或管理新形势，从而对他们的任何教育规定的价值和形式产生了质疑，更不用说以支持那些规定的教育的形式，而不是作为一个家族企业，去拥有发言权。也就是说，关于工作地位、准备工作的规定以及可能取得的进展的决定，很大程度上是由其他有权有势的人（即贵族、财阀、神权政治、技术官僚和官僚）做出的，而很少是由从事那些工作的人决定的，这种状态一直持续到今天。重要的是，在美索不达米亚地区、希腊、中华帝国和中世纪的欧洲，这些技能受到了实践它们的人和使用它们的社区的珍视。实际上，后来在工业时代的城市里或现代工作场所中也是如此。这些时代和地点中的每一个，都如同今天一样，发扬和传承这些传统的社区和成员们都运用和推广了强大的工艺传统。例如，在采煤社区里，专家和受人尊敬的矿工的地位有时比在这些社区工作的专业人员更高。然而，社区以外的许多人会认为采煤工作缺乏这种价值，并可能对这些工人的高薪提出质疑。在这些方面，工人和他们的社区代表着一个重要的社会事实。随着时间的推移，尽管这些工人通常并不在社会利益和尊重的最前沿，但正是他们的活动、天赋和才能发展了工作实践，并随着需求的变化，维持和改变了这些实践。因此，这些社区、他们的实践和这些实践者是重要的社会事实，有时只有这样的精英才会不切实际地参与其中。

本章的案例在职业教育方面提出了以下几点建议：

首先，和考虑职业一样，有必要从个人和社会的角度来考虑工作。

也就是说，在什么是工作的问题上存在着社会利益，但个人也有义务去选择工作、准备工作以及在整个职业生涯中满足自己的需要。

第二，关键机构和享有社会特权者的观点在影响工作及其准备的地位上发挥了重要作用。特别是，这其中的很多做法违背了许多工作的利益，这些工作被认为不如那些专业性职业，而且由职业教育进行教导。因此，有必要对支撑职业知识地位的一些观点的假设提出质疑。

第三，有必要超越工作的狭隘和技术主义观点，更广泛地审议从事工作所需要的能力以及在整个工作生涯中最初发展和维持这些能力的手段。

第四，要避免对从事不同工作的个人所具有的可以进行实践和进一步发展的内在不同的能力进行假设，这很重要。相反，应该假设所有工作的所有工人都拥有各种知识，包括为从事需要创造力的新活动提供平台的更高层次的思维和行动，而且这种能力还包括他们从教育规定和机会中获益的能力。

第五，考虑到工作在召唤个人方面所起的关键作用，职业教育应包括协助个人在个人认同感以及个人能力、兴趣和素质这两个方面确定他们适合的工作这一内容。

正如上面所讨论的，随着时间的推移，工作的概念一直受到休闲与职业、专业性职业与职业、头与手等的无益二元论的困扰，这些二元论在对有偿劳动（即工作）的概念和理解方面都留下了宝贵的遗产，因此，以下影响因素最终形成了与被用来帮助个人为工作做好准备，然后在整个工作生涯中维持他们的能力的教育规定有关的决定。尤其是，以下因素对这样的观念设置了障碍，即试图更客观地定位工作，并把工作描述为基于自己权利的可行职业，而非在本质上服从他人的义务。

（1）不重视构成工作性职业本身的人类活动的价值；

（2）在强调脑高于手和手高于脑的工作之间做出错误且无益的区分；

（3）在这些（例如智力上的和体力上的）职业之间做出无益的区分。

这里的风险是对某些工作以及从事这些工作的人的一种无益且有限的概念。因此，有些工作被打上了负面的标签（例如非熟练、半熟练和次专业），被误认为只关心技艺或技术，而不像其他工作所期望的那样具有更广泛的能力。所以，虽然是在特定的环境和情况下，但有必要从回应、满足文化需求和它们对从事这些工作的人的意义的角度对职业进行概念化、分类和评估。如上所述，通常被称为专业性职业的工作和其他形式的工作之间没有明显的区别。它们都需要不同层次的概念、程序和素质能力。此外，所有形式的工作都有可能需要能从大局出发、监控实践和对以前没有遇到的情况和问题（即解决非常规问题）进行有效谈判的能力。当然，在数量上，有些工作比其他工作需要更广博的知识（即海量），但在某些情况中，无论从事何种工作，工人都需要更为广泛的知识。

对后者的强调至关重要，因为在制定和转变那些作为职业的工作，并通过他们的机构与社会偏见和价值观进行协商和行动这些方面起着关键作用的，正是人类参与者。他们不仅在实践那些社会层面上规定的概念和做法，而且正在积极地改造和转变这些做法。这些行为是由个人所决定的，包括他的观念、力量和活力。重要的是，尽管仍受到挫折和转向的阻碍，但在财阀统治、奴隶社会、神权政治、贵族政治和政府授权取得的进步中，已逐渐承认个人利益、机构和在占领实践和转变中所起作用的主权。

现在我们已经思考并讨论了职业和工作的概念，这两者是职业教育的重点和焦点，下一章将思考如何把这些概念转化为职业教育的各种目标，以及如何把这些形式转化为教育行动。特别是，上述讨论借鉴了一些历史渊源和先例，其结论是：向现代主义的漂移、工业化和民主民族国家的崛起以及封建主义的破坏。这一期间发生的变化的一个关键特点是，在许多欧洲国家形成了职业教育制度，随后在美国、亚洲、大洋洲和其他地方也形成了类似的制度。下一章将讨论和阐述这些发展。它探讨了包括话语，与工人的接触，以及职业教育形式在内的这些问题是如何建立在维护和解决强大利益的担忧之上，去满足了社区和个人的需要的。这些社区和个人的愿望和潜力也因民族国家的建立以及封建社会的终结而发生了改变。

第五章

职业教育体系及其领域的发展

职业教育和培训与邻近的社会子系统，特别是就业系统和普通教育系统之间的关系是因国而异的，这与各个国家在这些领域中形成的传统和思想观念并不同。（Lettmayr，2005，第 1 页）

职业教育体系的形成

本章旨在阐明职业教育作为一个教育领域和体系的核心是如何随着工业化和现代民族国家的形成而发展和组织起来的，特别是考虑到职业教育部门是如何根据新兴国家的需要而发展的，原因有：

（a）因为以家庭为基础的学习过程的减少和现代工业经济的新要求，需要管理技术工人的有效供应和提供；

（b）组织帮助青年人就业的规定；

（c）以实现一个民族国家的社会和公民目标的方式雇用工人。

这些与上个千年在整个欧洲颁布的以家庭为基础的学徒式安排的统一进程不同，每个国家都出现了完全不同的职业教育系统，其形式和组织结构是由特定的体制、社会和经济需要构成的。这些相同的社会和经济变革也促进了被归类为专业的各种职业的增长，人们认为，这些职业的准备工作必须与其他类型的职业有相当大的不同（即以制度为基础）。由这一迫切需要而产生的以大学为基础的职业教育规定的增长一直在继续，并已成为当代高等教育所规定的核心内容。然而，民族国家的发展，以及它们要组织并管理社会和经济活动的愿望，也使国家官僚机构的权力和干预有所增加。而这些官僚机构、政府及其提名的工业界和专业代言人，已成为影响职业教育作为一个领域和一个部门所提供的长期社会特权声音中的最新一种方式。越来越普遍的是，采用大规模职业教育制度以及职业教育领域的发展，都是以国家及其提名的发言人的有力声音为前提的。然而，与早期时代和早期政权一样，实践者的参与和决策程度也在很大程度上取决于他们在社会等级制度中的主次。也就是说，在许多情况下，实践和教授特定职业的人很少有机会为职业教育所规定的组织做出贡献。

　　本章首先考虑到现代主义和工业化的冲击到底是如何影响职业教育系统形成的这一问题（尽管各国的情况各不相同）。为说明这一点，本章提供了体制、社会和经济等因素影响欧洲和其他国家职业教育系统的发展的特殊复杂原因。并且接下来的进展就是，在整个这一时期，随着民族国家不断追求实现特定的社会和经济目标，使得职业教育的官僚控制程度和权力都有所提高。事实上，组织和控制因素已将职业教育领域定位为一个关键的教育部门，这也是公共政策规定的一个要素。

现代主义的影响

　　现代主义以及主要的经济和社会变革，特别是在十九世纪所发生的变化，对包括工作、工人和工作教育在内的一系列成分都产生了深远的影响。特别是现代主义所造成的一个重大影响就是，国家对公共生活许多方面的干预都有所增加，包括在教育方面，尤其是在职业教育方面。伴随着这一现代主义的是一种理性，它适用于所有的国家活动和管理这些活动的手段，例如教育。伴随着这种合理性的是它们的分析过程，这些分析过程试图将复杂现象的所有方面减少到其构成部分，并孤立地加以研究，且通过这一过程产生政策反应。适用于物质世界的超理性标准也适用于治理教育和学习的社会世界（Kincheloe，1995）。这种措施在很大程度上决定了今后从事工作及其准备工作的考虑，尽管某些学科（如经济和社会效率）会比其他学科（例如心理学和社会学）表达得更强烈。这些措施对职业教育产生了深远的影响，人们认为职业教育具有与发展技能、让公民参与和发展民间社会能力有关的特殊目的，并被视为取代以前以家庭为基础的职业准备的手段，而这种职业准备已因工业化而中断和基本停止。然而，这种合理性仍然是由不同类型的工作和工人之间的社会观点决定的。

伴随着欧洲十八世纪和十九世纪对理性的强调，关于职业价值的公开讨论已经演变成强调那些工作人员的贡献和观点。有偿工作似乎日益成为关于人的价值和尊严的社会讨论的中心组成部分。例如，把日常工作作为一种神圣认可的职业的想法，是所谓新教或清教徒工作伦理概念的核心。这种情绪在神学家 John Calvin 的作品中得到了最充分的表达（Dawson，2005，第 224 页）。Calvin 认为，工作的目的是以神圣王国的方式重塑世界。通过个人的辛勤劳动，他们可以证明自己对那个王国的价值。事实上，Bernstein（1996）声称加尔文主义者在不知不觉中给商业下了定义，并给予商业以前所未有的道义上的制裁。例如，在这个时候，职业的概念加强了这样一种观念，即人本质上主要是工人，并且那份工作是实现人类最终愿望和理想的主要领域（Dawson，2005）。这样，有酬工作形式的职业与职业之间的联系要比以往的社会讨论紧密得多。在此期间，对工作的参与和工作的重要性、社会地位（在某些情况下比另一些社会地位更高），取代了这样的观念，即将工作视为沉思的或悠闲的领域，或者是公共利益的行使。事实上，后一种性质开始表现为一种特定类型的具体化工作的特征：职业。现在，个人生产力和获得利润被认为是精神成就的证明，而不是阻碍。

在这里，现代社会和前现代社会之间的区别在个人和社会之间的概念上更加清晰。Meade（1913）和杜威（1916）都区分了早期社会中的行为，在这些社会中，道德强制并非主要来自个人，而是受到外部形式和力量的压迫，并被严格遵守；而在现代社会中，个人更了解自己的行为。因此，在新出现的现代性中，在打破传统结构（如贵族、大家庭、教会和乡村社区）时，运用了人的反身性（即批判性思考自己的情况的能力）和个性化（即注重需求和认知品质），这些结构被认为是进步的障碍。然而，这种社会结构和体制被新的社会结构和体制所取代（例如国家、核心家庭、资本主义经济和科学）。例如，在法国，大革命意味着从对服从的考虑转变为对公民利益的考虑。这些有助于塑造个人的生活和主体，并导致技术人员和官僚机构形式的发展（Quicke，1999）。

　　因此，通过这些变化，新的社会秩序形式形成了工作的性质和个人对工作及其地位的概念（Kincheloe，1995）。在本质上，现代资本主义社会中的工作模式是与早期教会所阐述的工作的道德传统是相对立的。事实上，在某种程度上，这一变化正是马克思所追求的。此外，特别是为其他人工作，并与控制工人劳动的其他人建立社会关系，完全违背了早先对工作的那一套信念。然而，这些情况已成为事实，因为与工业化有关的社会变革不仅改变了人们的工作方式，而且改变了他们的社区和社会地位。在资本主义的工作模式中，个人与其工作的行为和组织脱节，失去了对其行为的控制（Braverman，1974）。对于那些在工厂工作的人，尤其是那些从家庭型工作（他们对自己的工作有责任和酌处权）迁移到工厂组织中的人来说，这一条件尤其适用。因为在工厂组织中，责任通常由其他人规定。事实上，家庭手工业的衰落使工匠的酌处权和工作组织得到重新调整和服从，只有在工厂环境和组织的监督下才允许这样做。它还看到了传统的以家庭为基础的技能发展方法的衰落，这种方法产生于技术工人和学习者之间的实际或社会契约，而这种契约主要发生在父母的位置上。此外，在资本主义和作为资本主义基础的自由主义哲学中，个人被置于相互竞争之中，这将限制他们所生活和工作的社区的生存能力。然而除其他情况以外，Quicke（1999）指出，这些说法或许过于有力，Braverman（1974）所指的剥夺和残杀确实被夸大了。的确，人的反身性在这些新的结构上得到了肯定，而这种机构所行使的建议和控制的力量在某种程度上仍然是由个人及其社区的感情、作用和价值来调节的。社会和个人需要之间的谈判被认为是通过向现代主义社会的过渡而不断演练的，然后才是在其中进行的。然而，争议较小的是，许多欧洲国家

140

在一千年或更长的时间里一直沿用的主要技能发展模式，如今几乎被消灭，原因是从以家庭为基础的生产转变为工厂类型的生产，以及在竞争更加激烈的经济环境中而产生的必要措施。当然，一些评论员认为，为了提高资本主义地位，人们故意创造了一种工作观，这为工人从事最终符合资本控制者和受雇者利益的生产活动提供了一种道德规范（Dawson，2005）。这种观点与马克思提出的虚假意识的观点是一致的。也就是说，工人们被骗去发展一种虚假的意识，通过这种意识，他们被愚弄，认为他们的努力和工作活动是有目的。这种自我剥削的行为被认为是由那些试图主张按照新教职业道德的路线组成职业的人的霸权主义活动的基础（Bauman，1998）。然而，尽管不能否认历史上强有力的话语所表达的主导社会情感的力量，但也有一些虚假的有意识的论点似乎是自私自利和缺乏说服力的。也就是说，如果个人对自己的工作和工作的矛盾感到不满，无论出于什么原因，他们都被认为是具有社会洞察力和批判性的。然而，如果工人们感兴趣地从事他们的工作，努力地这样做，来认同它，并获得个人的满足感和与工作相关的自我感觉，那么他们就会被骗到而自欺欺人，并拥有一种虚假的意识（Quicke，1999）。这种主张认为个人是没有代理和反身的。事实上，布雷弗曼（1974）的批评者和其他认为工人无力抵制社会建议的人都被 Dawe［1978，引用自"骑士与威尔莫特"（1989）］所提醒：

在对现代工业社会的人性化压力的各种见证中，也有与自我感、个人身份感和作为人的感觉以及控制我们自己的生活，在世界上实践并对世界产生影响，成为积极的人类代理人是什么或可能是什么样子相反的证明。因此，以我们个人身份的名义，以我们个人的希望、计划和渴望的名义，以我们自己的名义，我们抵制。（第 535-536 页）

这种情绪也适用于其他类型的社会运动，这些运动塑造了工作的性质、如何重视职业以及个人对其工作的参与。当然，现代主义的兴起通过强调科学而不是迷信，发展了特定形式的理性，这也被应用于有偿工作的制定，并特别关注其组织的效率问题。这种合理性也许最突出地体现在由 Frederick Taylor 创立的科学管理运动中。为了提高工作活动的效率，通常是在工厂式的工作环境中，这项运动旨在将工作角色分解为可以容易学习和管理的小任务，从而侵蚀职业、职业知识和身份的概念。这些工作将被围绕这一职业的组成部分或子要素组织的工作模式所取代。Kincheloe（1995）指出，通用汽车公司的管理人员夸口说，没有一份制造汽车的工作需要超过 15 分钟才能学会。

效率这一神圣目标可以通过定义任何傻瓜都能完成的工作任务来保证。如果做工效率和士气低落，所有管理人员都必须加强监督和控制。（Kincheloe，1995，第 5 页）

这种工作组织方式从制造业扩展到其他机构，如医院，甚至它还被提议作为如何最好地安排学校教育的一个模式。事实上，这些合理的逻辑与雇主以及雇主用以组织通过高度标准化、模块化的课程措施，在许多国家组织职业教育的当代抱负中都是有着共鸣的（Lum，2003）。然而，科学管理运动导致了这种对工作组织的做法，这种做法不仅破坏了现有的工作方式，而且还产生了与高效率和高生产力工作场所的总体目标相悖的其他意想不到的遗留问题。这些遗留问题包括减少创造力、自我表达和与工作过程以及已完成产品之间的联系，更不用说该工作可能产生的满足感，并自动使工人从事艰苦的工作活动。当需要新的工作技能时，以及当工人应该行使其学习新做法的能力时，所有这些都是没有帮助的。也就是说，这些措施切断了长期以来与职业相一致的个人利益和身份认同。由于这种工作组织模式支离破碎，降低了被雇用者的工作意义，福特汽车公司 1913 年的工作人员更替率为 370%，这也许不足为奇（Kincheloe，1995，第 5 页）。这种做法和如此高的更替水平在支持这一运动的科学逻辑中很可能是可以接受的，当劳动力和工作任务过剩时，是可以在执行过程中不需要多少人的决策和酌处的。然而，这种情况并不总是如此，也不太可能成为现代和后现代工作的特点。例如，为了实现高质量产品的生产，应对市场需求的不断变化和管理紧张的劳动力市场，这就会意味着工人的创造性和个人素质、他们的职业身份感和敬业感在当代会成为进行有效工作的核心，也包括在工厂环境中（Rowden，1997）。这些新出现的要求表明了丰富的特定领域知识（例如职业知识）以及适应变化的能力的重要性，而且最重要的是，要具备能够带来这种变化的能力。

同样，以行业顾问和具有权势以及意愿的行业伙伴为形式的强大外部利益集团在以科学（即逻辑和理性）的方式评价和重塑其他人的职业时也采用了特定的观点。这些利益体现了马克思预言的内容会出现在资本主义生产方式下，并且异化个人的劳动过程和产品。然而，这种利益并未真正了解到诠释了这些职业角色的工人们的观点，也并未真正参与到工人们的行为活动中去。从本质上讲，"科学管理"要求工人们接受他们工作的价值，这种方式让人联想到等级森严的奴隶或封建社会，如希腊和古代的中国。此外，这种做法与现代社会民主国家公民对工人的要求是完全相反的。因此，许多当代形式的工作组织对科学管理的提议采取了几乎相反的观点，而他们往往选择扩大工作要求和丰富从事工作的基础。正如 Kincheloe（1995）所指出的，社区不重视这种形式的工作或工作组织，也不愿支持这些形式的培训方案（除非适用于其他人及其子女），这都是不足为奇的。因此，与以前一样，关于什么是有价值的职业的概念在某种程度上与制定这些职业的社会条件相一致。事实上，社会对工作价值和特定类型工作价值的看法似乎不仅影响了它作为一种值得从事的工作的地位（Cho&Apple，1998），而且还影响到它应该得到的教育规定的种类与性质。所有这些因素都表明，人们日益认识到，工人需要在其工作活动中去重视以及找到其意义（即职业），尽管某些有声望的工作形式会比其他的工作更有价值。

正如所预示的那样，工业化的兴起和工会的崩溃也打乱并推翻了在过去几个世纪里在欧洲国家建立起来的家庭和家庭企业基本统一的基于实践的职业准备规定（Greinhart，2002）。当然，在某些情况下，随着欧洲社会民主民族国家的发展，其他工会也开始代表熟练工人以及工匠的心声，尽管往往更多的是出于工业原因，而不是他们的技艺的水平。事实上，虽然这些工会的划分往往涉及特定类型的工作，但它们的职能和组织主要集中在工业问题上，例如改善工资和条件，而不是提高其职业的工作内容的地位。此外，随着这些工业计划的发展，工人和雇主会经常就构成这些职业的工作种类和要求进行有争议的谈判。特别是在二十世纪，很难在谈判之外去宣传工人的技能水平和职业教育问题的复杂性。倡导特定类型工人的工会组织界定了他们的特定工作形式，并将其作为组织和运用集体权力的集体手段（Braverman，1974）。通过使工作任务离散、狭窄和易于监督来实现对生产过程的全面控制的管理策略被工会组织的分界所抵消，这种划分体现出了力量强大的集体心声。然而，如上文所建议，这些集体努力中的许多重点与以工资、工作条件和时间为中心的工业谈判直接就是一致的，而对工作这一概念的强调却往往要少得多，除非出现标界问题。在这些方面，技能发展的需要和与技能发展有关的关键利益就会从属于工业问题和过程。

　　然而，职业及其所涉及的工作的构成也发生了变化。事实上，正如上一章所讨论的那样，在整个十九和二十世纪，职业已被描述为独特和重要的特征，并且正在作为现有工作的一部分而得到显著增长。这种工作被认为是值得的、可取的，而且在许多方面与其他类型的工作完全不同。也许这并非是仅有的原因，因为在管理主义日益增强的时期，这些职业提供了一些工作，在这些职业中，个人可以做出自己的决定，并在很大程度上自我管理。因此，虽然摆脱了与生俱来的权利的僵化要求，以及与有价值的工作有关的价值观，也就是被限制在那些沉思、自由和精神上的价值观，但这些值得工作的概念仍然保留在社会特权的观点和职业的活动之中。然而，仍然有一种观点认为，专业工作以及从事这种工作的个人在参与产生新想法的能力、战略思维能力（也许也是最显而易见的能力）中，以及在具有更高指向性的能力方面都有着特殊的素质。也就是说，工作的等级结构不仅以这项工作的性质为前提，而且对那些从事这项工作的人的看法是：他们具有特定的能力范围，即使不是完全固定的，也很难改变。当然，这种观点对研究为不同的个人提供不同的教育形式产生了重大影响。特别是，这一时期出现的职业在公共话语中地位的提高反映了一种强烈的社会情绪，这种情绪影响到了对其他类型工作和其他类型工人的重视，并证明在推进特定职业教育的方法上存在差异是合理的。

国家职业教育体系的形成

作为对 19 世纪发生的工业和社会革命的回应，国家采取了一系列的教育措施，其中特殊的回应就是职业教育系统的发展以及其演变成了不同的教育部门。在这一时期，职业教育一词具有非常特殊的含义（Aldrich，1994），作为对上帝和人类无私服务的职业和在履行工作职责中行使独立判断的职业早期内涵已被取代。取而代之的是，职业教育一词通常适用于一系列地位低下的职业，例如砖匠、理发师、机械师等等。Aldrich（1994）声称职业教育：

通常等同于培训，而不是教育，即获得一项技能或一套体力劳动技能所需的熟练程度。（第 42 页）

然而，这一教育部门与其他社会结构相当一致的教育部门之间的一个关键区别是：职业教育制度的多样性，这一区别贯穿整个 19 世纪并且其遗留问题一直延续到当代。欧洲不同的国家因技术、社会和治理方面的变革而发生的类似变化导致了相当不同的职业教育制度。事实上，欧洲联盟目前的改革旨在确保不同的国家职业教育系统的进程和结果能够一致。然而，这些差异反映了：

职业教育和培训与邻近的社会子系统，特别是就业系统和普通教育系统之间的关系是因国而异的，这与各个国家在这些领域中形成的传统和思想观念并不同。（Lettmayr，2005，第 1 页）

这里的重点就是，与其将这些制度仅仅视为是一种特殊的不同，倒可以认为在它们形成的历史时刻中，它们还反映了特定的社会和制度需要，然后随着时间的推移而发生变化。并且因受到了其特定的国家政治制度和管理模式、不同的经济和劳动力市场结构以及文化传统的影响，欧洲教育系统还表现出相当大的结构和发展差异（Green，1994）。这些传统反映了它们走向现代主义的特殊途径，似乎也继续在这些制度的发展过程中发挥关键作用，尽管它们努力实现统一和标准化（Hanf，2002；Greinhart，2005）。正如 Hanf（2002）所指出的：

回顾 500 年前，我们看到欧洲旧城市和行会的共同起源；200 年前，我们看到工业革命后传统结构的危机；100 年前，我们看到不同的国家体系产生了。（第 11 页）

这些制度的发展及其进化的不同之处就包括形成了国家所支持的职业教育规定和制度，以及提供了解决问题的技能去满足失业青年的需要，并使他们参与到民间社会中去。实际上，在捕捉这些系统之间的差异时，Greinert（1988）区分了三种职业教育模式，即"学校模式""国家导向模式"和"市场模式"。学校模式包括通过公立学校系统提供的初步职业教育，如法国的学校职业教育。"国家导向模式"包括国家与企业和培训提供者的合作，德国被视为这种模式的典范。"市场模式"主要是在没有国家直接参与的情况下组织起来的，企业起主导作用，而且初级职业教育是以效率模式为前提的。英国的方法包括在内也是一个值得考虑的问题，当然，在欧洲国家组织的各种规定会根据社会安排和事实的不同而各不相同。例如，德国和奥地利形成了职业教育系统，并与一些人进行了调整现有体制的安排（例如重建的荷兰盾）。芬兰一部分成型制度的发展在一定程度上是因为它是瑞典的附庸国，而且因为北欧社会的集体主义

146

和独立于家庭以外的那些信息来源，以及与德国作为公民和企业家的工匠价值观形成鲜明对比也是有密切联系的。

19世纪末，德国政府在职业培训方面发挥了积极作用，建立了一个法律框架，在此框架内得到了大众支持（Stratmann，1994；Deissinger，2002）。"Handwerkerschutzgesetz"（即1897年"手工业工人保护法"）和政策有利于中小型企业的发展。1890年，公共委员会成立了商会，试图重振以行会为基础的职业培训制度，但职业学校为年轻人的教育提供了更加自由的学习重点。然而，正是由于这些技能的失败，导致Kerschensteiner提出了将这种学校教育转变为以学习者职业为基础的教育规定的建议（Gonon，2009b）。因为他了解工业职业培训的发展进程（特别是在讲德语的欧洲国家），但他也对法国和英国发生的事情感兴趣，并且他曾访问过这两个国家。他的旅行和审议报告的一个结果就是，观察和比较是一种教育方法，目的是确保中产阶级的职业认同和对国家的忠诚模式，这符合当时保守的价值观，满足了德国对稳定的需要（Greinhart，2005）。事实上，到二十世纪初，职业教育在管理青年方面发挥了特殊作用。学徒证书被用来表明职业教育也是实现社会效用和可靠公民身份的一种方式（Stratmann，1994）。职业教育成为国家的一所学校，经历了"伏击"和"军旅"之后，通过赋予它这些功能，它对国家变得重要了。

在这些新的安排中，讲习班中的个人关系和类似家庭的关系将被一位合格的教师或教师提供的更可靠的培训所取代（Stratmann，1994）。教学不是相对随意的以家庭为基础的职业培训，而是由这一家大公司实施，并通过课程和考试进行评估。因此，在这些新的安排中使用了两种逻辑：旧的欧洲家庭角色意义上的教育逻辑和按照现代和理性标准进行培训的逻辑（Stratmann，1994）。从19世纪末起，这些措施维持了Meisterlehre（即熟练工匠的学徒制）和Berufsschule（即职业学校）的强大地位。这些措施也得到了保守社会的关注，即保留技能形成的传统。

这种观念吸取了以工作为工艺的概念相关的强大思想遗产，除了与使用职业技术和做法方面的专门知识相联系外，这一遗产还延伸到熟练工艺工人自己的行为中。Greinhart（2005）指出，这种情绪的力量使工艺工人留意遵守传统的实践框架，因为遵守这些框架比个人的竞争力更重要。事实上，德国的职业教育拥有强大的法律、体制、经济和文化基础，这些基础借鉴并延续了悠久的传统（Frommberger&Reinisch，2002）。总之，随着工业化和大型制造单位的建立，学徒制越来越多地在家庭环境之外进行，这打破了作为工艺培训基础的大师和学徒之间合同安排的道德层面的问题（Greinhart，2005）。在提供工艺培训方面的这种变化最终导致了职业培训的危机，这就要求国家进行干预并建立职业教育体系。然而，联合国系统不仅注重技能发展，而且还关注实现与减少青年失业率有关的社会目标，并使青年人参与民间社会。

在瑞士，尽管讲德语、法语和意大利语的地区有不同的发展，但该国也发生了类似的事态变化，并且受到了其州治理体系的影响（Gonon，2002），同其他一些欧洲国家一样，瑞士在19世纪末采取了系统的办法为熟练工人做准备。1884年的国家立法为系统学徒制度提供了补贴和行政基础。然而，瑞士的做法是与众不同的，因为学校的普通教育与学徒的职业准备工作、工作经验和培训中心并驾齐驱，这些培训中心以专门的方式增加了学徒的职业知识。因此，瑞士没有实行双重制度，而是采用了三位一体的学徒工制度。Gonon（2002）声称，工业组织和政党都要求国家进行干预，以保持传统的学徒制，并使这一做法现代化，直到目前为止，这一做法与其他地方一样，主要是以对大师的服务为基础。而在现有培训学校内做出了进一步规定，并设立专门培训学校和培训讲习班，将在课堂上提供一种无须大师服务，而直接向硕士提供高水平的预备服务。奇怪的是，这些发展让人想起希腊职业教育中发生的事情，例如在希腊，因为没有经验丰富的从业者与学徒一起工作，医生的培训需要通过以学校为基础的程序加以巩固（Lodge，1947）。

瑞士方法的独特之处和相当有先见之明的是，引入了第三种学习环境，这一环境是有专门介绍的，它结合了在职培训和课堂学习的优点。看来这一选择是在全国范围内就是否将职业学校转变为教育机构，还是将工作场所转变为教学场所的问题而产生的。这里形成了一个深思熟虑的教学目标，并与系统地提供与工作有关的知识有关。然而，目标也是提供一个环境，使学生有机会进行尝试和产生错误，并进行实践。这种规定，包括重复和反思的机会，可能发生在脱离直接生产需求的情况下。然而，瑞士的讨论不仅是完全技术性的，还包括提供职业教育，灌输个人工业的价值。因此，避免无所事事和缺乏对工作的实际参与的问题再次成为这套具体安排的动力。Gonon（2002）确定的另一个特点是在农业中发现的建模过程，可以作为灌输个人工业价值的一种手段。他指出，人们担心的是让学校更像农业，也许这在一个仍然拥有广泛农业部门的国家并不令人惊讶，在某些方面，人们认为农业生活的优点优于城市生活。瑞士政府干预的另一个要素是最值得注意的，通过全国辩论，人们会认识到，改革、重组和进一步发展教育制度本身不会改善学徒的经验，所需要的是提高他们工作的地位。此外，人们认识到，在很大程度上实现有效职业教育系统的目标需要以地方一级的活动为前提，需要综合起来并反思自己国家对职业教育的兴趣是如何在这么多国家表现出来的，而所有这些问题似乎是被充分考虑的，具有先见之明和前瞻性。

除了对避免无所事事和让年轻人参与民间社会的关注外，德国、奥地利和瑞士的制度也有别于其他制度，即企业对学徒培训的承诺，以及资源企业对这一活动的承诺。尽管几乎所有其他国家的国家利益和对职业教育的控制的结果使人们更加强调公共资源的支出，以及那些最终雇用学徒的企业似乎不情愿地雇用学徒，但在讲德语的国家，这些安排是非常明确的，反映了为工人初步职业做准备的共同责任。这项安排背后的一个因素可能是保留手工艺机构，既可维持学徒的地位，又可维持工友的职业认同，同时亦可为雇主的需要提供参考和回应的准备。

由于工业化的成功是在没有教育做出重大贡献的情况下实现的，所以在英国，人们越来越相信，工作领域的准备工作最好是通过工作而不是在教育机构进行（Roodhouse，2007）。似乎与自然资源（特别是水力发电、煤炭和铁）有关的因素；人口的迅速增长（扩大了国内市场和劳动力供应）；铜生产的垄断；技术上的独创性；被排除在政治权力之外的群体的经济活动（特别是新教徒）和政治稳定是英国在第一次工业革命中取得成功的关键，而不是教育或受过教育的工人（Aldrich，1994）。自英国行会衰落以来，学徒制的传统受到危害，对职业教育贡献甚微（Unwin，1996；Deissinger，1994）。处于关键地位和有声望的教育机构，如牛津大学和剑桥大学，仍然主要关注培养毕业生担任圣公会神职人员的工作（Aldrich，1994）。事实上，在1814年，引入德国的那种立法在英国已被废除（废除了1563年制定的学徒法），而该法令要求许多职业都有7年的学徒制。因此，这里采取的办法是自由放任的自由主义。事实上，Ainley（1990）指出，在1964年《工业培训法》成为法律之前，《从业人员（或学徒）规约》是唯一专门处理工作培训的立法。虽然对其他立法作了修改，但主要是为了解决社区关注的问题，而不是作为一种有条理的技能发展办法。令人关心的是，这些人在经济上会变得独立，以免成为教区的负担，否则教区将不得不支持他们。1601年，对《穷人法》进行了修订，允许贫困儿童当学徒（Bennett，1938）。然而，有人声称，这些措施后来在工业革命中被用来奴役贫困家庭的儿童。与欧洲大陆国家相比，英国对系统提供职业教育的承诺一直很薄弱，只是在第二次世界大战等紧急情况下才引起人们的关注。的确，有人认为，与第一次工业革命不同的是，英国在第二次革命中并没有取得成功，部分原因就是缺乏熟练的劳动力（Aldrich，1994）。Mathias（1983，引自Aldrich）声称，第二次工业革命是由于使用了应用科学，需要某种形式的技术教育和培训，但这在英国很大程度上是不存在的，因此受到了影响。

在其他欧洲国家和美国，一些形式的教育和培训以更加一致和集中的方式得到推广，并提供了训练有素的熟练工人。例如，在德国，职业教育享有比英国更高的社会地位。德国称为 "Berufskonzept" 的概念为这一地位提供了依据：德国社区和企业支持技能和对技能进行社会评价的概念（Deissinger & Hellwig, 2005）。然而，这种观点目前在英国基本上没有出现，也许从那以后也还会是如此。支持职业技能发展的民族情感的重要性强调了社会讨论在颁布的教育规定中的作用。似乎不仅有许多英国机构（例如君主制、贵族和教会）在其他地方发生的社会革命中幸存下来，而且这些制度仍然很重要和有影响力。然而，他们的做法和重点对支持一个工业化国家新出现的需求没有多大帮助。牛津大学和剑桥大学仍然是著名的大学，就像人们对自由教育以外的任何事情的不满一样，尽管许多毕业生，例如神职人员，都有着特殊的职业意图。人们坚信，讲习班是学习贸易技能的场所（Green, 1994）。Green（1994）和 Aldrich（1994）都指出了在这段时间里，英国的职业教育观念是如何由强大的精英阶层形成的。维多利亚时代的总体主导价值观——个人主义、企业主义、自由放任自由主义，以及保守的基督教价值观——塑造了国家政策和做法。事实上，英国第一次工业革命的成功似乎很大程度上是建立在少数天才的发明之上的，他们创造了一个以使用相对不熟练劳动力为基础的现代制造系统，放任自流的政治情绪也强化了这一点。与欧洲大陆的情况不同的是，自由放任政治强烈反对国家强加的全民教育。直到十九世纪的最后四分之一，人们才意识到，这种政策和做法并没有使英国在熟练劳动力的范围和深度方面处于有利地位（Green, 1994）。到那时，工作场所的技能不足不仅意味着缺乏熟练工人，而且也意味着能够监督和支持技能发展的人也很少。因此，在英国不仅存在技能不足的问题，而且还存在着发展技能的能力方面的结构性问题。所以，1889年《技术指导法》的通过使地方议会有义务设立技术指导委员会，这些委员会可以从地方费率（即在社区征收的税款）中获得资金。然而，据报告得出，这一倡议的实施和实施情况参差不齐。然而，Green（1994）

的结论是，这是英国技术教育运动的黄金时代。这在一定程度上是由于自由主义对国家干预的敌意减弱（这是 20 世纪最后二十年的特点），并导致了以当地为基础的职业教育的发展。然而，长期的忽视在将技术教育确立为英国教育体系的另一轨方面留下了持久的遗产。因此，这一教育部门及其资源的地位就是这样形成的。

英国教育和培训所需要的关键变革之一是重新制定职业准备制度，而这一调整在全国各县都有不同程度的发展。事实上，与其他地方一样，向工业化和工厂工作的转变似乎导致学徒与其主人之间的关系分离，这就要求国家采取行动，确保提供足够的熟练工人。和其他欧洲国家一样，学徒们和他们一起工作时，与他们的关系发生了根本的变化，而不仅仅是表现为和他们的主人生活在一起。此外，Bennett（1938）认为，由于对生产和工厂工作强度的日益重视，打乱了师傅和学徒之间 1000 多年来的各种活动和他们之间的相互作用，从而导致了熟练手工艺工人的发展。而创造观察和参与联合解决问题的机会，以及通过增加需求和问责的活动进行有步骤和有组织的进展安排，是组织学徒学习经验的关键。此外，虽然学徒以前受大师的管理和控制，但现在，他们可能直接威胁到更熟练工人的持续就业能力。所有这些因素都可能会侵蚀知识生成的活动和相互作用的丰富性，而这些活动和互动以前是欧洲工作场所技能发展的核心。这种错位可能首先在英国上演，而且由于转向这种新的工作方式的相对成功，对该国技能发展进程的侵蚀问题，似乎还没有足够的教育对策可以解决。事实上，关键的改革者十分关心这些工厂雇用年轻人的条件的质量和标准，并且他们也可能这样选择。然而，英国职业教育体系的发展却要慢得多，而且比日耳曼国家还要零散得多。

然而，在这一时期，值得肯定的是通过英国的经验产生了一项非常重要的创新。也就是说，因为认识到一些英国工人的技能不足，国家会提供持续职业教育的学习以使他们进一步发展自己的能力并能更好地处理当时的新兴技术。格拉斯哥大学（Glasgow University）教授 George

Birkbeck 意识到，他雇佣的许多制造仪器的手工艺工人缺乏有关其职业实践的科学原理的基础知识。因此，他组织并向工人讲授他们工作时所依据的科学原则，他特别关心这些工人是否对其职业领域有了主要的了解（Bennett，1938）。这一倡议导致了力学研究所的发展，这些机构被用来教育工人了解这些原则。在许多方面，这一教育规定是所谓的继续教育和培训或专业发展的先驱。该规定明确承认，随着工作要求的不断变化，这些工人通过初步培训获得的知识是十分不足的。然而，与其他地方以及他们的举措一样，仅靠提供教育无法维持这种发展。机械研究所最初蓬勃发展，达到了高水平的会员（即 25，000 人），但后来人数逐渐减少（Bennett，1938）。看来，许多成员的基础教育如此差，他们无法最大限度地利用讲座提供的机会，也无法将任何学习转化为物质利益。然而，所有工人继续教育的问题也出现在英国，就像战时在澳大利亚发生的情况一样。在澳大利亚，第一个由各州参与的全国职业教育倡议是发生在第二次世界大战期间，其目的是发展发动战争所需的技能，然后使返回的士兵为平民职业做好准备（Dymo & Billett，2010）。英国成人教育研究所关于教育重建的白皮书敦促继续教育成为一个基本的教育部门。它提出

> 如果没有成人教育的规定，国家体系必须是不完整的，而且衡量早期教育有效性的标准是，在某种程度上，它在以后的生活中以某种形式自然地继续下去。（英国成人教育研究所，1945，第 1 页）

然而，与这里的主导方向不同的是，低级别职业的教育规定需要对反应更迅速的教育规定表示附和以解决对新职业和职业日益增长的要求，而这方面的工作比许多欧洲同行起步晚。然而，当他们出现的时候，他们的内容也是相当丰富的。例如，据称伦敦大学是在 19 世纪中叶设立的，部分原因就是为了满足大家的需求（因为古代大学在一些需要方面并没有做出回应）（Roodhouse，2007）。同样，在欧洲其他地方，也正在建立矿山、工程和商业学院。后来在英国，技术学校和学院被发展成

为教师、护士、艺术家和设计师的专门学校，它们最终成为英国理工学院系统的基础。在其国家发生工业革命之后，英国文法学校、德国体育馆和法国抒情诗作为直接进入职业教育机构的地位得到了加强（Bantock，1980），这是因为工业革命产生了许多新职业，并且这些职业的数量在不断增加。

　　在法国，就像在许多其他欧洲国家一样，封建时代的结束使包括公司（即公会）在内的古代政权的制度彻底消失了。作为法国大革命的一部分，所有这些都是以极大的工作热情来完成的，目的就是要废除古代政权。然而，这一时期出现的职业教育的形式与德国内部的形式截然不同，也许是为了与农业为主的经济保持一致，它把重点放在农业准备上，特别是把农业准备作为年轻男性的一种普通教育模式。1788 年，Rochefoucauld 公爵在他位于拉蒙太古的农场上建立了一所学校，他所在团的士官的儿子在那里接受了普通教育并学习了职业技能（Bennett，1938）。法国政府后来同意这一模式，并提议将其教育对象扩大到大阿尔米军士兵的儿子。随后，因 Bonaparte 对这所学校印象深刻，将其扩大到了对农民的培训。作为一种以机构为基础的培训形式，它包括关于以下行业的单独讲习班：

　　（1）铁匠、钳工、机械师和金属车工；

　　（2）铸造工人；

　　（3）木匠、细木工和橱柜制造者；

　　（4）木材匠；

　　（5）轮机匠。

　　到 1826 年，每天有三分之二的人从事体力劳动，其余的则从事理论教学。在职业教育方面，这种做法是非常实际和实用的，然而这种方法在发展工厂所需的工作方面最终是不成功的。最后使得这些学校无法提供学徒培训所需的全部实战经验，这导致了一代熟练劳动力的危机，也就是"学徒危机"，而这一问题一直持续到了第一次世界大战开始（Troger，2002）。因此情况与其他地方一样，人们得出结论，认为大批学徒必须在工厂接受培训。然而发展高技能工人的必要性并不是法国唯一的考虑因素，这与剥削儿童有关的弹劾以及对熟练劳工的关切导致技术学校和夜校的发展有关。而且自始至终，人们也担心年轻人失业和无所事事，有可能会诉诸犯罪或革命思想（Troger，2002），因此必须对大批学徒进行法国变革方面的知识培训直至索邦临时关闭，然后进行改革（Roodhouse，2007）。最后取而代之的应该是建立了高等学校，而且更加注重技术和应用知识。

荷兰制度是后封建道路上的另一种变体。当那里的公会衰落之后，直到法国入侵荷兰，他们才真正被废除，这使荷兰政府发挥了更大的作用。然而与德国不同的是，荷兰工会并未重组。只有在十九世纪后半叶对熟练劳动力的需求大幅度增加时，职业教育系统才得以扩大。AmbachtSchoolen 是以职业学校的形式替代学徒制的机构，其内容包括特定职业和更广泛适用的内容（例如写作、算术、语言和风格练习、荷兰历史和地理）。这一模式成为持续到 20 世纪的荷兰职业教育体系的标准（Frommberger & Reinisch，2002）。在这样建立初步职业教育制度方面，德国和美国也有类似的模式，即在满足工业和国家对熟练工人的需求的同时，维持社会秩序。

目前在职业教育方面取得的进展，影响了这些教育规定的颁布方式。例如，莫斯科帝国技术铁路学校主任 Victor Della Voss 在俄罗斯发展了连续学徒制，他提出现有的机械学徒培训过程发展有不均衡和缓慢的问题（Bennett，1938），这种按顺序进行的贸易培训方法是以机械原理、军事秩序统一为前提的，目的是在较短的时间内以较低的成本培养更高级别和更易于培训的工人。实现这一目标的途径如下：

第一，建立一套名为"指导商店"的讲习班；

第二，为这些车间配备足够的设备和足够多的工具，供班上的每个学生使用；

第三，他分析了需要学习的技能和知识，并将教学内容组织成工具和建筑练习，每个练习的作图都提供给每个班级的每个学生；

第四，在每个工作坊中，老师在一系列练习中进行第一次练习的示范课，然后要求全班同学进行相同的练习；

第五，班上每一位成员都用工具参加工作坊活动，随后，老师演示一个新的练习并让学生重复；

第六，在随后的一段活动期间，模拟和传授一套新的任务，但却无须进行那么密切的检查。学生们在使用工具时已经学会了正确的习惯，因此，他们可以自我监控，并且可以提高他们使用工具来练习高水平操作的能力，最后这里的部分教育目标也是为了培养学生承担学习责任的积极性。

序列模型在 1873 年维也纳世界博览会上得到了广泛的关注，并在欧洲得到了广泛的应用（Hanf，2002），它在 1876 年费城百周年博览会上展出后也引起了美国的注意，在那里它被认为帮助美国职业教育树立了一个新的愿景（Barkey&Kralovec，2005）。这种方法被认为是一种比在人类历史上广泛使用的方法更先进、更系统的职业准备方法，直到目前为止仍会应用在家族企业的技工或学徒培训中，因此这一现代主义时期产生的科学重点，对职业教育教学方法的推进产生了直接的影响。此外，Kerschensteiner 提出的想法和改革既提供了当时德国需要的社会和政治动力，也进一步支持了这些想法和改革（Gonon，2009b）。

通过这种方式让现代化，特别是现代国家的发展及其对包括教育在内的社会事务的干预，使许多欧洲国家确立了其职业教育部门的构成。由于这些干预措施发生在这些国家的不同时间点，解决了具体问题，并受到社会机构和围绕所有这些问题的辩论的影响，这些新生的职业教育部门有着截然不同的形式和机构。通过这些方式对不同类型的社会障碍和历史事件做出了回应，进而改变了这些欧洲例子中的教育规定和部门。然而，在这些国家的干预中也存在着共同的障碍，特别是除了需要确保技术工人的供应之外，还必须提高年轻人的技能，使他们能够就业，这样做可以避免被认为是伴随着懒惰的威胁，包括从事反社会和反体制的活动，例如通过社会革命推翻国家。毫无疑问，类似的一系列因素决定了欧洲以外国家职业教育制度的基础和形式。例如，在新加坡等国家，社会变革和关于如何发展特色的辩论，就像它们在美国所做的那样，新加坡在60年代同样拒绝了学徒模式，并建立了以参与教育机构（即理工学院和技术教育机构）为前提的职业教育部门。而在其他地方，专业和技术职业的增加导致了职业教育机构和规定的广泛领域的发展（Roodhouse，2007）。

从上述例子中可以看出，虽然国家职业教育部门的形成是为了实现相当一致的一套社会目标，但这是与大学的情况分开进行的。尽管需要解决工业革命和现代社会对技术技能的需求和专业职业的增长问题，但这两种形式的教育仍然是非常不同和独立的。然而，正如第二章所阐述的那样，将两者视为职业教育领域的一个关键的当代前提就是：职业教育和高等教育的规定几乎没有区别。

学术视角与观点

正如全文所提议的那样：强大的社会精英已经制定并颁布了不同职业的话语及其价值与教育方式的规定，这些规定的划分可能与他们的需要相近，也甚至成为那些从事这些工作形式的人所拥有的持久遗产。并且随着教育被划分为更一般和更具体的教育层次，这两种不同的层次在教育的学术讨论中就被规定为一个等级，几乎直接遵循亚里士多德和柏拉图建立的戒律，要有一个强大而持久的学术思想线索就强调：更一般的准备工作（即在上学或高等教育中）、更有价值和特别值得重视的就是更具体的重点条款（正如通过职业教育所提供的）。其中一些观点侧重于与教育活动相关的特定价值观，另一些则侧重于与应该学习的知识

类型相关的信念。这些特殊的价值观仍然普遍存在。例如，Dror（1993）在反思政策领域的专业精神时指出，

原则上，我认为以利润为导向的企业工作在道德上不如在政府和公共利益组织中为公共利益服务。因此，当我说政策专业精神是一种职业要求时，这也适用于公共领域，尽管同样的知识和技能在私营部门也有很大用处。（第 12 页）

Adler（1988，引自 Elias，1995）同样声称，职业教育是为了赚钱而不是为了学习，"学校是一个学习的地方，而不是为了赚钱"。他认为，这种学习应该在工作中进行。然而，Adler 的批评否认了当代学校教育和高等教育中发生的大部分事情，无论是明确的还是含蓄的。这既是社会特权的声音，也是矛盾的声音。为何某些形式的收入（即学术收入）值得在教育课程中学习，而其他形式的收入却不值得学习，这是可以接受的吗？与上文所讨论的许多情况一样，确定做出这种区分的理由并不总是容易的。当然，事实表明，知识的可转让性没有特别的优势，它没有应用功能，也没有能够理解和嵌入知识的特定领域。相反，大部分讨论似乎都与特定的价值观相关。也就是说，认为某些形式的知识比其他形式的知识本身更有价值的信念，提供了一种更强大的思考和行动能力，并被认为会比其他人更优越。这样的想法很可能对抽象和高度概念化的知识可以应用于任何范围的设置这一观点有一定的信任度。因此，学习拉丁文所需的纪律、通过国际象棋发展和演示的解决问题的方法、在比赛场地上开展的活动都被认为是很容易应用于其他地方的关键素质。然而，最近关于学习的描述表明，这种适用性很可能是在这类可概括的学习与它们在其他地方的应用之间有相似之处时才发现的，而并不是作为一种固有的适应性的知识形式。拉丁语对一个人正在学习的语言（包括他们自己的语言）的理解程度；或仔细思考和考虑通过国际象棋学到的替代方法的能力，很可能在需要这种表现的情况下有应用到；或者当个人在具有明确界定的目标和明确规

定的规则的团队中一起工作和密切玩耍时，这才很可能会成为对相关活动的应用。然而，专家的两个关键素质（即那些在其活动领域被视为高度胜任的人）是在一系列层次设定和相互作用中拥有特定领域的知识及其概念、程序和讨论形式。因此，正如学习工程学的方式提供了一套广泛的理解和能力，然后需要在具体的工程应用中加以实践和进一步发展一样，通过文科教育而发展的能力也是如此。这并不是贬低这种教育，然而这是为了反驳简单的假设，即在某些方面，文科教育比其他形式更有教育价值，并具有更大的适应性。很多时候，人们对以下事实保持沉默：在许多大学里，最有声望的课程是那些为医学、法律或商业等高度特定的职业做准备的课程。根据任何深思熟虑的定义，这些课程都是该术语非常具体形式的职业教育的典型实例。也就是说，它们使个人为特定职业做好了准备。它们也是第一批教育形式之一，其中包括以实践为基础的结构化经验，作为了课程的一部分。

此外，很难确定那些通常被称为"文科"的大学课程没有直接的职业申请，许多大学似乎都是在英国这样的地方建立起来的，作为诸如神职人员、公务员、外交官或教师等职业的培训机构，这些职业需要通过自由大学教育去培养能力。因此，通常区分一般教育形式和职业教育形式的那种区别，在实践中似乎远比在修辞上有限得多。此外，在概念层面，正如上一章所讨论的（并将在第六章关于职业教育的教育目的中加以阐述），如果从职业对个人重要性的角度来看，这些形式的教育也明显地以职业为重点。作为一名哲学家、历史学家或文学专家，对于那些参与这些思想和实践的人来说，他们都是潜在的职业，他们会联想到他们的情感，并利用他们的价值和价值观。然而，作为工作的这些职业需要与某一特定学科相关的特定领域知识的混合，以及从事和扩展这些实践所需的非学科特定知识的要求，然而，可以说这样的要求对所以形式的工作都是相同的。因此，从本文讨论的这两种职业来看，高等教育在很大程度上，当然不是全部在本质上是职业教育。

最后，重要的是要考虑官僚机构在现代主义中的作用，以及这会如何影响职业教育的开展。如上所述，国家的出现及其对经济、社会和公民目的教育的持续兴趣反映在国家对教育的干预程度上，这在历史上是前所未有的。特别是，在社会或经济困难时期，干预的程度似乎有所增加，而且变得更加全面。这种干预的背后是国家对教育系统进行控制和管理的愿望，以实现政府为其制定的目标。这一干预措施特别侧重于职业教育，因为它直接涉及与在竞争日益激烈的经济世界中发展技能有关的关键政府优先事项，发展青年人以帮助他们进入劳动力市场和避免失业，并满足对不同类型劳动力需求的兴衰。因此，必须考虑到官僚机构在职业教育方面的作用和权力。

官僚主义角色与权力

在欧洲和其他地方封建主义的结束以及现代社会的兴起中，尽管是社会民主或其他形式导致了官僚机构的发展，但这些官僚机构颁布了政府的业务并行使了官僚的权力。当然，在许多国家（例如在中国）这些安排由来已久。然而在许多方面，以前由贵族或神职人员颁布的各种条例和惯例，现在正由那些为代表特定利益群体的政府部门和机构工作的人颁布，这些部门和机构受到政府的邀请，为政策和实践提供信息。正如其他地方所讨论的，欧洲职业教育的兴起与义务教育的原因相似，也就是需要一个有秩序和受过教育的社会（Gonon，2009b）。似乎是在德国南部，在那里人们意识到对一个新兴的、可能是激进的工人阶级的回应，应该是让他们参与职业教育。因此，正如法国、奥地利、英国和其他欧洲国家所发生的那样，职业教育规定和制度的出现只是为了管理以前由工会授权的熟练劳动力的供应。此外还必须让青年人参与教育制度的实施，这将为他们国家的社会和经济活动（即民间社会）提供适当形式的融合和参与的基础。事实上，在第一次世界大战结束时，一组类似

160

的担忧促使美国考虑它应该采用何种形式的职业教育。而杜威所参与的辩论不仅是在确保熟练劳动力充足供应的情况下进行的，而且还创造了一种手段，就是使大批失业的年轻男子在冲突结束时能够很好地融入美国社会。

自那时以来，随着对管理青年就业（或失业）和发展国家经济目标所需技能的日益关注，就业技能的组织和管理以及支持青年就业（或失业）的教育规定已成为各国政府极为关注的问题。因此，官僚和监管做法及其规范和实行问责制度的迫切性构成了"近年来国家更多地参与职业教育和培训"的情形（Lum，2003，第2页）。在某些方面，那些直接或间接为政府工作和通过政府工作的人已经成为今天的"有权势的其他人"，尽管他们的心声不同于以前强大的那些人的声音。它们包括那些致力于实现与就业和工作有关的社会和经济目标的政府人员；那些来自特定部门利益的人（如雇主协会和工会）以及寻求代表其成员利益的专业协会。这些机构以及代表他们的人变得越来越强大，职业和职业教育的概念是由他们提议和实践的话语所形塑。这些入侵十分普遍，它们试图以完全不符合其意图的方式控制和管理职业教育（Billett，2004）。例如，许多国家建立了管理职业教育的制度安排，在一个层面上（正如下一章关于目的所详述的那样）用于阐述职业教育规定中的教学和评估内容的教育意图（即目的、目标和期望）越来越多地受到行业标准和要求的影响的这一情况。然而值得一提的是，政府及其官僚机构在从事职业和制定适当职业教育规定方面的努力并不一致。虽然为制定行业、技术和服务工作的标准和国家课程做出了相当大的努力，但没有要求为政治家、公司董事、医生或如Halliday（2004）提醒我们的主教划定、分类和生成胜任声明。

在上述各种安排的范围内，内容的选择以及教学和评估的手段是由代表特定利益的外部机构规定的。这些安排往往得到各国政府的积极支持，这些政府寻求让这些"利益相关方"参与制定这些教育意图，然后管理其执行工作。这一官僚程序还延伸到要求其对希望提供特定课程的机构进行认证。通过这一系列方式，这些官僚程序会要求控制所教的内容、谁教它、如何评估它以及由什么机构来评价它。这些问题对于各国政府对国家社会和经济福祉的关注程度来说，已经变得非常重要。然而这种官僚控制旨在实现有价值的教育目的和过程的程度并不总是明确或毫无疑问的。例如，由政府、雇主和工会组成的三方机构对基于能力的培训的广泛兴趣被用来倡导这种形式的职业教育，尽管其根源在于行为主义。那些质疑这种组织和实施职业教育的方法价值的人（特别是来自学术界的批评）很容易在公众讨论中被简单地断言为能力的重要性已转移，而不是这种能力是如何被定义和描述的。例如，培养劳动力的关键战略目标往往是熟练、灵活和能够应对新的挑战。然而却很难找出知情的意见，认为这些目标将通过采取行为措施来实现。因此，鉴于这些框架在政府启发和颁布的教育框架中很受欢迎，声称这些框架仅仅是政府可以试图控制公共活动的一个重要部分（例如为直接经济目的而教育人民，包括他们的就业能力）的情况变得更加可信。

正是这些机构被赋予了确定职业等级的作用，构成这些职业技能标准的种类，以及发展规定的技能水平所需的教育规定的种类、期限和水平，所以它们还在管理和证明以这种框架为前提的职业教育的提供方面发挥了作用。此外，如上文所建议，对进一步发展从事工作人员能力和潜力的看法将继续对职业和职业教育产生严重影响。例如，对于从事低地位工作的个人是否具有更高层次的思维能力的信念问题形成了一种疑问，即是否值得为他们提供职业教育，采取何种形式，以及应采取何种重点进行教育。此外，这种观点还将决定就这些事项应该征求谁的意见。那么"其他人"不仅将决定这些工人职业教育的形式和目的，而且还将决定如何发展和制定这些事项。事实上，在职业教育中出现了一种传统：在许多职业中，发言人应该就课程的目的和内容做出决定。在职业教育中广泛采用的 DACUM 课程开发过程就是这一过程中的一个例子

（Willett&Hermann，1989）。而被认为最有能力在课程编制过程中提供信息的往往是主管，而不是承担这项工作的人。当然，人们期待这些主管去澄清他们并不确定那些从业人员的问题，他们应该是关键的告密者，而不是从事这份职业的人。所有这一切都意味着，那些被赋予监督责任的人继续发挥着极其强大的作用，尤其是在现有技能水平或国家就业水平出现危机时（对年轻人而言更甚）。在这些安排中，大多数并没有代表实际职业的声音，例外情况往往是专业协会，在主流职业教育中主要不考虑专业协会，但在表达问题上除外。即使在许多国家，工会代表工人的声音，他们的许多讨论也主要与工业条件（例如工作时间、工资水平）有关，而不是真正对职业的关切，其中例外的是那些真正代表这一职业的人，如医疗协会和护理工会。然而，当这些小组像它们经常进行的那样，去协商所从事的项目类型时，它们所努力的目的其实是在官僚的管制和管制模式内确定的，因此发展中国家的职业能力说明可被用来将这种审议限制在与官僚模式相适应的讨论中，这些应该是可量化和可测量的，这样才能对工人进行控制和比较。替代办法可能会承认什么是职业惯例，而且在从事这些职业的工作环境中，这种做法很可能是截然不同的，这是因为其生产、服务和重新设计产品的人的需求以及向个人和社区提供服务的需求远非是一视同仁的，这需要考虑一系列情况因素（尤其是职业绩效的要求很可能也是针对具体情况的）。

因此在这段时间之后，仍然有一些关键机构会对职业作出判断，并有教育条例支持在环境中通过声音传递的工作的发展，而这些职业往往与实际工作的做法相距甚远，因为从业人员种类不同，从事这些工作的环境也会多种多样。因此，在这个时候，更可比的量化措施是首选的（而不是更丰富的概念），如：

（一）有效的职业表现所需的知识；

（二）从业人员如何最好地学习这些知识的方式；

（三）在教育过程中以何种方式最好地推广特定形式的知识；

（四）如何使职业知识评估更加有效的方法。

事实上，用于制定课程、确定将要评估的内容以及如何在职业教育规定范围内评估课程的一些框架，从亚里士多德对技术的考虑来看似乎仍然进展甚微。

职业教育的发展与秩序

从上述讨论中可以得出，在工业化进程和民主民族国家形成的现代化时代中，许多国家形成了不同的职业教育部门。从社会情感和规范的角度来看，这一教育的提供在很大程度上是为了让年轻人能更好地为他们作为其国家的生产性参与公民的工作生活做好准备。鉴于每个国家的特殊情况，国家对这些教育部门的发展远非一视同仁（尽管它们有着相似的目标和宗旨）。一般来说，这些努力是为了建立一个大众教育系统，而不是精英机构。然而在这一时期，人们对于工人的价值以及个人对其工作的中心地位和工作质量都形成了不同的看法。此外国家也在提供更高水平的教育方面发生了重大变化，这是为了满足正在出现的越来越多的专业和技术职业的需要。然而，似乎并非所有国家都在努力使职业教育部门的目标和宗旨与这类发展相一致。与此同时，官僚机构在制定和管理国家职业教育体系方面的作用变得更加突出。随着官僚机构作用的增强，受邀参与者的声音逐渐形成了职业教育的形式。然而，在所有这些过程中，仍然没有人听到的声音是那些从事工作的人和那些教别人如何从事工作的人。社会特权声音的概念正在这里上演。职业教育的"业务"被认为是太重要了，不能留给那些知道如何实践的人和那些教别人实践的人。相反，对各种举措的可能建议却将留给那些被政府邀请为信息提供者的人。这些信息提供者在多大程度上知识渊博，能够在多大程度上为讨论做出贡献，目前尚不清楚。然而到目前为止，一些国家的实例表明，人们对这些当事方能够在多大程度上权威地为职业教育提供咨询表示严重担忧。

上述内容所发挥的作用是确定职业教育的目的和开发课程。以下章节首先讨论职业教育的教育目的（第 6 章）及其对课程的影响（第 7 章）。特别是在第 8 章职业教育的供给中，讨论和阐述了由这类兴趣发展而成的预期课程的实施方式（尽管往往是一种高要求、预先规定和规范的方式）。

第六章

职业教育的目的

教育是权力和政治被赋予基本表达的地方，因为它是意义、希望、语言和价值观被参与的地方，也是对更深层次的信念做出回应的地方，即作为人、梦想、为某一特定未来和生活方式而命名和奋斗的本质。（Giroux，1985，第 13 页）

职业教育目的

前几章讨论的职业和工作的概念，是考虑职业教育的目的、形式、组织和实施的重要前提。职业教育部门的发展也刚刚被讨论过。有人提出，职业和工作有社会层面和个人层面。前者的个人需求较强，后者的社会需求较强，这些重点对职业教育的宗旨和过程都有影响。也有人提出，许多国家职业教育体系的形成与实现社会（即国家）需求有关。通常，这些需求有三个方面：（1）对技术工人的需要；（2）受教育程度较高的青年；（3）青年人在社会中的参与。因此，职业教育的目的需要考虑和反映出构成这些概念和需求的个人和社会因素。此外，职业从业者在陈述他们所做的工作，工作的价值和复杂性，以及最利于其延续性的教育类型和制度时，往往被剥夺了发言权。相反，社会特权阶层掌握着发言权，他们对职业教育中涉及的不同职业的价值和地位提出了要求。他们的观点影响了社会对各种职业的看法，以及对其发展的关注和推进。然而，有必要详细地阐述一下职业教育，以确保构成职业的文化习俗、工作场所和社会需求的发展，以及那些实践的个人的延续性和进步性。因此，本章以先前的讨论为基础，描绘和阐述职业教育的目的。在此过程中，可以进一步了解如何组织和实施这一教育部门以达到职业教育目的，以及用什么依据来评价职业教育。

教育的目的

与教育的所有领域和部门一样，职业教育的目的也有一系列重点、视角和方向。这些目的是非常重要的，因为它们指导着该教育领域的规划、制度和方法。正如第二章中所提出的，所有的教育都可以被视为是职业性的，因为它旨在实现个人抱负和支持个人利益，包括他们的职业轨迹。因此，职业教育本身的目的就包括与个人相关的问题，即个人通过有偿工作以及追求职业兴趣充分发挥个人的潜能，以实现工作目标和生活目标。这样，职业教育的目的也有助于个人克服教育经历、出身背景和社会地位的劣势。然而，除了这些重要的个人需求，职业教育也与开发、重塑和变革有着历史、文化和社会渊源的工作实践有关（Thompson，1973）。而且，它还具有重要和多方面的社会目的，包括克服出生背景以及并不成功的早期教育经历所造成的不利因素。根据接受职业教育具有重要的个人和社会层面意义的前提，在这里所确定、阐述和讨论的职业教育的目的，必须侧重于发展和维持能力，以制定文化衍生的工作实践，并根据人类的需要、发展和进步来转变这些工作实践。

因此，继杜威（1916）之后，职业教育的目的包括为个人工作实践提供咨询、准备和持续的能力，并延伸到他们的一生。这些目的包括个人职业所需的程序、理解和处置等能力的发展，以及面对丰富的工作和生活所需的更通用性能力的发展。它们还包括对个人提供支持，以应对职业实践在工作生涯中的变化。由于工作需求、技术和工作组织的不断变化，导致了职业实践的变化，这些实践的具体表现形式以特定的方式在工作环境中不断演变。此外，职业教育还延伸到培育有效从事工作所需的能力，包括有效的沟通能力、与他人的协商能力、必要的读写能力和计算能力以及应对工作转变的能力。它们有时被认为是所有工作形式中所需的通用能力，并且被视为就业能力。此外，职业教育还具有提升战略思维和行动能力的目的。总的来说，这些能力类似于发展亚里士多德提到的六种认识方式（Moodie，2008），尽管它们更加现代化。例如，工人应该能够对非常规或新颖的工作活动做出有效的反应，不应仅仅是有技术或"知道如何"，而这一点往往被形容为职业教育的特点。

除了侧重于发展个人能力和职业所需的特定技能外，职业教育还有其他目的可供选择。例如，教育可以被认为是以不同的方式，为了一系列目的而再生产或重塑社会的过程。这一系列目的是在职业教育所选择的教育意图（即目标、目的和宗旨）中阐明的，通常是由不同职业的教育者以不同的方式选择的，它们反映了"利益相关者"对职业教育的期望，具有更广泛的目的范围。这些不同的目的中，也隐含着截然不同的价值观和方向。包括（1）协助个人有效地从事工作生活；（2）确保个人或社会的解放性变革；（3）促进特定企业的可持续性发展；（4）促进国家经济绩效的提高。这些方向通常将职业教育定位为（1）再生产（即职业实践的延续性，社区需要的技能）；（2）适应（即适应特定的职业知识，为了企业所需要的特定利益或时间）；（3）社会临界性（即强调社会中的不平等和矛盾，通过教育来实现变革，如协助年轻人有效地进行谈判）；（4）解放（即通过职业教育实现个人变革，如协助移民难民提高收入和生产能力从而有效地参与社会生活）。考虑到这些因素，本章的结构如下。首先，简要阐述了职业教育目的界定应考虑的一系列因素、观点和方向。这一讨论超越了教育目的、不同利益的观点以及职业教育目的的多样化方向。随后界定了职业教育的一系列目的：（1）文化再生产、重塑和转型；（2）经济效率；（3）社会延续性；（4）个人对职业和工作准备的适宜性；（5）个人发展；（6）个人和社会战略目标。每一个目标都是根据它所包含的内容及其含义，包括它如何在个人和社会分歧中发挥作用来阐述的。总而言之，本章认为，必须在个人需求和社会需求之间保持互惠和平衡，从而构成职业教育中所确定和选定的一系列目的。

职业教育的目的

杜威（1916）在绪论中提出了职业教育的两个主要目的：第一，确定个人适合的职业；第二，协助他们发展有效从事其职业的能力。然而，也有其他的、更有区别的、或多或少有针对性的目的，它们反映了特定的观点和需求。例如，Elias（1995）指出，美国用来描述就业和再培训相关的教育专业术语有很大的差异性。这些术语包括"手工培训"、职业教育（即杜威的首选术语），以及最近的就业教育和技术教育。他还指出，其中一些描述避免了"教育"一词，而是使用"培训"，这意味着一个较为狭窄的教育目的。Thompson（1973）认为教育的职业目的贯穿于各个教育领域。例如，在小学教育中，学生可以将工作世界作为一系列文化习俗及其对实践者的影响，来详细了解它们；在普通教育中，学生可以考虑与技能发展有关的问题，这些问题涉及工作生涯的问题性质；在成人教育中，学生可以培养自己的能力，并评估和进一步发展个人能力。这些情况表明，与职业教育相关的目的是多种多样的，并在不同的教育领域以不同的方式指导着教育，从而使高等教育能够很容易地得到补充。为了支持这一主张，Wall（1967/1968）表明，可以在以下两个方面提出更多偏向职业教育的理由。首先，有一种具有政治吸引力的经济观点。经济扩张的能力是建立在拥有足够技术工人的基础上的。因此，人们需要进行持续的教育，以发展社会需要的技能，从而持续促进经济发展。其次，这种教育形式提供了许多学生想要的结果（即为有偿就业做的准备）。这两个目的在当代许多职业教育形成中都是显而易见的。然而，Skilbeck 等人（1994）也提出，除了经济需求之外，公共教育对文化的形成和社会秩序的维护也是至关重要的，它对社会公平、公正和物质进步做出了巨大贡献，所有这些都可以通过职业教育来实现。事实上，正如前一章所述，技能供应、继

170

续教育和维持社会秩序,影响了欧美国家职业教育的引进和形式。因此,有一些经济、社会和个人因素影响着这些观点,尽管它们有着截然不同的侧重点。解决技能发展需要一种经验,但在社会中努力维护秩序可能需要与之完全不同的经验。

Thompson（1973）考虑到了这些特定的非职业性问题,Elias（1995）提出职业教育既要有一般目的, 也要有特定目的。这些建议认为教育的职业性方面（1）应该被视为所有学生普通教育的一部分, 如果没有这种教育, 普通教育将不会完整；（2）应该展示出工作中更广泛的文化内涵来反思自己的工作和其他人的工作；（3）应该包括技术教育, 且需要学习理论原则, 使个人能够将自身的知识应用于新的和变化的情况中；（4）应该包括特定职业技能的技术培训（第189页）。因此, 在个人生活和工作的社会中, 职业教育有着与工作作用有关的目的, 包括有着与民主相关的基本概念, 例如分配公平的性质（即个人在社会中分配商品的公平份额）（Halliday, 2004）。这些关切与 Carr 和 Hartnett（1996）提出的主张相一致, 即民主社会需要成为一个教育社会, 以享有自我发展、自我实现和自我决策的平等机会。同样, Quicke（1999）表明：

……学习型民主社会中的学习者是一个人——一个实际上或有能力做出道德选择、自主行动和理性思考的人——而学习是关于个人作为一个独特个体在学习型社会中成为积极参与者的发展。这种参与使他们能够对周围的世界采取行动并重塑它, 并以同样的方式行事。一个人变得越有自主性, 就越能利用他们所了解的知识去创造和实现自我发展的目标, 也越能在他们所致力的学习型社会发展中发挥更大的作用。（1999, 第3页）

然而,关于教育目的的这些观点并不总是被所有人接受。例如,工业、企业和政府可能认为这些目的是不必要的,认为它们分散了与充分就业和竞争性工作场所相关的经济需求的注意力,而且雇主可能会更倾向于学习者被传授与职业相关的内容。此外, 学生往往不总是能欣赏或领悟到这些经验中的价值，因为他们专注于自己眼前关心的问题，即就业问题或其他个人需求（Molloy & Keating，2011）。然而，那些关心教育变革或教育解放的人可能持有不同观点。例如，著名黑人教育家和活动家William Dubois 指出（Elias，1995），美国手工训练运动中，早期关注的问题是职业教育是否有助于维持社会内部的差别。Dubois（1902）在考虑到新兴职业教育机构所提供的教育以及反思工业社会的时代错误时，认为这种教育形式实际上损害了黑人的智力和职业机会。

　　工业学校必须意识到要突出强调其工作的实际性质。所有对头脑或手的真正学习都是实用的，在生活的意义上是可行的。但是，最好的学习不仅仅是实用的，因为它也寻求本身的应用性，不是简单地应用于现在的生活方式，而是更大更广泛的生活，也许从理论上来说今天还未达到，但是在受过教育和优秀的人的帮助下，也许未来会实现。教育的理想，无论是教书还是犁耕，……决不能陷入可耻的功利主义中。必须在教育面前保持远大的理想，并且永远不要忘记它是在与灵魂而不是金钱打交道。（Dubois，1902，第81页，引自 Elias，1995）

　　Dubois 表示教育的隐性目标是为教育以外的生活做准备。因此，旨在帮助个人准备职业道路的教育供给在某种程度上限制和约束了人们对其价值和目的的关注。这是一个与教育焦点的特殊性有关的难题，当这种教育目标被引导到享有盛誉的成果时，它被认为是值得的，但是当它被视为引导年轻人去做那些不适宜的事情时，它被认为是不值得的。这一难题突出了人们对教育目的的关切，以及如何在不同的教育部门中构建不同的教育目标，以及这些目标的成果价值和由谁来决定其价值。许多人，如 Thompson（1973）和 Dubois（1902），提出普通目的和普通过程的职业教育最适合于学龄学生，而更职业性目的的职业教育适合于年长的学生。事实上，杜威（1916）虽然大力提倡职业教育，但拒绝将特定职业教育的目的纳入学校教育。具体来说，他质疑将公共事业的学校变成初级工厂，他认为这牺牲了重要的教育价值。相反，杜威提倡的职业教育强调：

……以科学和认识社会问题及情况为基础获得专业技能，而不是在管理机器方面获得专业技能。（杜威,1915,第 42 页）

他不希望将职业教育的重点放在与企业效能相关的目的上，而是放在满足学生的需求和愿望上。他写道：

我感兴趣的职业教育不是使工人适应现有工业体制的那种教育；我不太喜欢这一制度。在我看来，所有未接受教育的个人的事业，都是抵制这一方向的每一步，我们应努力争取一种职业教育，它首先可以改变现有的工业社会，并最终改变现状。（杜威,1915,第 42 页）

这些关注在近期的评论中也显而易见，即如果根据收入、工作稳定性和就业率来衡量其价值，那么职业教育并没有为学生提供长期的经济利益。（Lazerson & Grubb，1974；Sianesi，2003）。然而，与这些观点相反的是，对于那些不受约束或可能获得高等教育和职业的年轻人来说，大部分普通教育似乎是无关紧要的。这群学生通常包括最弱势的学习者。此外，其他地方也有一些做法，似乎与向所有年轻人提供普通教育的理念相矛盾。例如，德国和瑞士这样的国家，毕业后特定的职业选择几乎是大学毕业生的标准选择，而且此类项目的人员流失率也低于其他国家。

所有这些都表明，我们需要仔细考虑职业教育特定和非特定的教育目的是如何为个人发挥作用的。然而，上述观点一贯有力地主张将道德和智力发展纳入职业教育中，特别是针对学校教育和学龄学生时。因为他们认为，虽然职业能力（即技术和认知）的发展是重要的，但仅这一点对于综合性的职业教育来说是不够的。这种教育形式还需要让学生们批判性地评估工作和工作相关的知识以及他们从事的特定职业。当然，上述观点也认为，对于帮助个人识别和为其特定职业做好准备的教育目的，有必要提出质疑和其他观点（Kincheloe，1995；Lakes，1994；Lum，2003；Quicke，1999；Steinberg，1995）。他们提出教育目的应该既有社会目标又有个人目标。即教育目的旨在通过克服不公正和不平等来改变社会，并设法使个人成为满足自己和社会需要的积极推动者。例如，向机动车技术人员提供一些环保知识，使他们了解管理制冷剂时需要注意的事项，如果将其释放到大气中可能会损坏臭氧层，或者教导他们应该回收石油产品或小心地处理电池和轮胎，以达到社会和环境的要求。这些知识也使从业者对其工作（包括他们所执行的任务及其环境）的更广泛影响保持积极性和敏感度。

然而，有一种观点仍然存在，该观点认为注重智力和道德发展相一致的教育目的无法在通识教育以外的教育类型中产生。这些组织可能会否认这些教育目的可以在通识教育之外的其他教育经历来中实现的情况。例如，Anyon（1980）声称工人阶级的孩子们与资产阶级有冲突关系，将不是：

……在面对当前或今后的金融剥削情况下学会温顺听话，而是在培养抵抗能力和技能。（1980，第 88 页）

此外，如果没有考虑怎样最有效地协助个人进行有目的的工作，以及如何有效地从一个职业过渡到另一个职业，那么关于教育目的的讨论是不完整的。这些问题是除了初步确定和发展职业能力以外的重要学习目的。成人生活的大部分时间都是从事不同种类的工作，但其中大部分都是无偿的。因此，以职业和工作为重点的教育可以被认为具有广泛的目的性和适用性。当然，并不是所有的职业教育目的都是针对特定职业而准备的。因为，即使为了满足相当重要的职业成果时，职业教育也可以用于帮助个人确定哪些职业最适合自己的能力和需求，以及了解特定职业和工作生涯发展中关键性和明智性的观点。

因此，即使有一个共同确定的教育目的，例如为特定的职业做准备，但是对于主要的利益相关者（例如，政府、企业、企业和学生）而言，也可能有不同的取向和价值观。例如，许多政府的政策以及评论家的观点，都认为国家劳动力的技术能力和适应能力有助于其经济发展和经济地位的提升。也就是说，教育目的不仅仅是特定的职业准备，而是着眼于发展更大的教育目标，但似乎现在职业教育目的设定在了日益狭窄的教育期望范围内，即在毕业时"为工作而准备"。因此，尽管许多方面认为，职业教育的主要目的是培养技术娴熟和适应能力强的劳动力，但个人、企业、政府和行业可能会用不同的措辞来表述这些目的，这就需要特定的教育目标和过程。当然，如果个人拥有的知识，使他们能够有技术能力和适应能力，那么他们就有更好的前景去追求其职业目标，同时满足雇主对高质量工作业绩的需求，并有助于提高国家生产力。然而，这个看似普通的教育项目对特定学生的意义可能会有很大的差异。个人的目的可能包括，希望能够确保其在具有类似职业或不同职业的企业中以及某些自营职业中获得持续的就业、晋升或过渡机会。例如，当讨论他们参加职业教育课程的目的时，一组成熟的女学生用以下理由回答：

1. 为了获得一份不在工厂工作、薪水很高以及可供她买房子的好工作。

2. 合作伙伴希望在 5 年时间内从火车驾驶员岗位上退休去开卡车。她想成为这个业务的会计。

3. 过去 10 年里，她一直在从事餐饮业，但去年却被解雇了。她喜欢上了一些短期的计算机课程，并决定使自己的工作更上一个台阶。

4. 女儿现在上高中，需要知道如何使用电脑。更重要的是，她希望可以教女儿使用，因为女儿有学习障碍。

5. 去年完成了一门课程，获得了成人通用证书，现在决定学习另一门课程。

6. 她新到一个工作领域，希望能结识一些人，并在办公室行政中找到一些工作，甚至是作为一名志愿者。

7. 她已经 20 年没有工作了，她希望自己能达到现在的工作标准，克服对计算机的恐惧。（Billett & Hayes, 2000）。

所以，尽管这些女性参加了为特定职业目的而开发的商业课程（它们被特定行业界认可，并在全国认证为该行业的课程），但学生们参与的目的或意图并不是一致的。因此，虽然职业教育可能被认为是为某特定行业准备的，但很可能许多参与者的意图都是截然不同的，而且是以个人为前提的。这类意图对于人们如何进行其工作有很大影响力（Somerville，2006）。对企业而言，其雇员的技术能力和适应能力，使其能够维持现有商品和服务的供应，并积极应对新出现的挑战和要求。而且，由于企业的需求可能非常具体，所以它们希望将职业教育的重点放在这些具体的需求上（Billett，2000a）。当企业以某种方式资助员工参加职业教育时，这一要求可能会更加突出。此外，由于一些企业会担心，高水平技术工人很可能会去其他地方寻找更有利可图的就业机会，所以企业可能会限制它们员工获得职业教育的机会，从而为企业的特定需求提供支持，包括限制员工对其他工作选择的认知，从而确保员工只了解本企业的情况（Billett & Hayes，2000）。有些企业甚至可能故意限制员工的课程，从而剥夺他们完成全行业认证的机会。毫无疑问，除非企业有自己的奖励和晋升计划，否则员工会发现企业特有的培训既没有吸引力也没有用处。例如，食品加工行业的工人，他们往往缺乏职业认证，但他们被企业剥夺了完成食品加工资格证书的机会，而这种资格证书将使他们获得职业资格（Billett & Hayes，2000）。企业不仅规定了员工可以参加哪些课程，还要求员工将自己的非工作时间用于这些课程的学习。然而，这些最需要职业证明的工人，对企业特定的课程以及未能向他们提供全行业认可和认证的内容而感到十分不满。因此，我们再一次提醒大家，对于职业教育来说，除了利益相关者的资助和利益外，根本上来说，提供的职业教育是由个人经历的，所以他们会对自身是否会参与以及以何种方式参与做出判断。

行业和企业的不同需求是矛盾的另一根源。各国通常赋予行业组织提供标准文件和文献资料的作用，这些标准文件和文献资料构成了他们所在行业的教学大纲和评估标准。对行业团体组织来说，工人在各行业之间和行业内部的过渡能力对于保持和提高行业劳动力技能至关重要。他们对课程内容的考虑和关注将与整个行业部门有关。然而，企业的需求和关注可能是完全不同的，因为不同企业所执行的职业任务要求不同，所以企业对课程内容和评估的重点将集中于自身特定需求上（Billett，2000b）。因此，组织一个既与行业相关又满足不同企业特定职业需求的职业教育目的，是一个巨大的挑战。国家和州/地区/省政府也可能有不同的目的。在国家层面，政府可能会关注整体的经济指标、就业水平和对职业教育的支出水平，而当地政府更多的是关注企业特定的需求技能或者维护国家经济的技能和就业水平。正如 Elias（1995）所言，政府可能会指责职业教育没有在技术短缺的时候培养足够的技术工人或是指责在青年高失业率时期，毕业生素质不符合时代要求，然后设法密切管理教育供应。

此外，不同的历史时刻，国家政府可能有着截然不同的职业教育目的。20 世纪 80 年代末，当我从事职业教育教师工作时，不得不在工作中解决一个重要的政策问题，即组织什么样的教育来帮助成年人充分利用他们在当代生活中的闲暇时光。然而，在准备这份手稿时，多数发达国家和发展中国家的政府都在提高退休年龄，以期望个人工作更长时间、更有成效。政府和全球机构正在推行就业能力的概念，指的是个人如何能够比前几代人更长久地保持工作效率，以及在工作需求不断变化的情况下，比以前更有应对能力。同时，人们也期望个人能承担大部分的学习责任。政府的需求很可能会对当代问题做出反应，而这些问题的重点和形式随着时间的推移会发生变化和波动。当青年失业率高的时候，政府将采取措施支持教育供应。由于政府希望鼓励企业支持学徒，所以对企业赞助学徒要求比较少。当技能工非常短缺时，政府可能会要求缩短培训时间，以满足那些抱怨没有足够技术工人的企业需求。地方政府可能更关心本地区的发展，例如提供职业教育，以便将年轻人留在该地区范围内。因此，他们希望在其区域内全面提供职业教育，而中央政府可能试图通过具有成本效益和资源密集的职业教育（例如灵活交付）来使教育供应合理化并降低成本。因此，即使进行的职业教育有共同目的，不同主体也存有不同的观点。

这些观点也延伸到了行业和企业对职业教育体系的要求。例如，White（1985）提出，20世纪80年代，与业内人士就课程建议进行咨询是困难的，因为他们致力于在良好的经济时期实现利润最大化。雇主代表声称，这是其他人的事情（即教育工作者），而不是他们的。然而，十年后，同样的声音也在说，职业教育已经失败了，并导致了技工短缺等问题，雇主方应该从此主导职业教育（Ghost，2002）。因此，重要的是要了解职业教育的目的是多方面的，而且它的价值是以一系列观点为前提的，不仅易波动，且随着时间的推移有不同的侧重点。以下部分内容旨在对职业教育中一系列目的和观点进行分类和描述。

职业教育：目的和视角

如上所述，职业教育的目的包括协助个人确定自己是否合适从事该职业，以及职业能力的初步发展，并在个人生活中进一步发展。同时，也有社会和环境目的。

对于特定的个体来说，个人目的是多种多样的：

·了解工作生活；

·发展特定的能力来执行特定的职业任务；

·以批判性态度参与工作的能力；

·改变包括有偿工作或特定职业在内的社会习俗；

·保持终身就业能力。

具有更多社会取向的目的：

·发展雇主所需的能力；

· 发展一种维持和提高行业部门所需的能力；

· 以顾及环境和社会关切的方式从事该职业；

· 发展为国家经济福祉做出贡献的能力；

· 协助工人抵制失业。

从这些列出的内容和上面的讨论中，可以划分出一套阐述不同职业教育目的的类别。这些类别被认为与下列目的有关（1）职业实践的文化再生产、重塑和转化；（2）经济效益；（3）社会延续性；（4）个人对特定职业的适应力和对工作生涯的准备；（5）个人在工作中的发展和持续性。这些目的中的每一个都有特定的性质，它们有时会重叠，并概述如下。

1. 职业实践的文化再生产、重塑、转化包括：

· 文化衍生的工作实践的延续性、维护和转变对于国家、社会和个人来说是至关重要的；

· 实践的转变是为了应对不断变化的社会关切和新兴的社会需求，例如可持续性发展。

2. 经济和社会的效率和效益包括：

· 培养维持和发展特定行业、特定企业的能力；

· 满足特定的职业要求；

· 培养企业持续性和扩张性所需的能力。

3. 社会延续性和变革包括：

· 复制社会规范和价值观；

· 重塑社会及其规范和实践；

· 提高公民就业能力和抵御失业能力；

· 满足特定群体的教育和工作准备需求；

· 确保社会所需的职业能力范围；

· 促进公民的普通教育。

4. 个人的适应性和对工作的准备包括：

·确定和指导个人从事他们感兴趣并适合的职业；

·培养个人从事适合的和喜欢的职业的能力；

·判断并满足学生工作和学习的需求及意愿；

·在工作领域提供工作经验；

·让不情愿的学习者参与到教育活动中。

5. 个人的发展包括：

·支持工作生涯中的发展；

·协助工作和职业过渡；

·协助学生的发展，使他们的需求和能力在生活中得到转变。

以下章节中，将详细阐述这五个目的。

文化再生产、重塑和转化

职业教育的一个重要且基本的目的是重现、重塑和改变社会文化衍生的职业实践（Skilbeck et al，1994）。这些都是重要的教育作用和教育目标。将文化习俗代代传承下去的能力是人类独有的一种品质，这种能力将我们与其他物种区分开来。作为一个过程，通过学习特定的文化习俗，也是发展个人能力的教育（Thompson，1973）。如前所述，人类的职业来源于人类和文化的重要需要。然而，尽管社会仍然依赖于构成职业的各种文化习俗，但是 Elias（1995）认为，职业教育及其课程设置的理由多数都是与经济因素紧密相关的。当然，这种狭隘的经济观点通常是由政府和行业界推崇的，而且在工作场所，人们常常提倡对经济需求的关注，尽管这只是考虑职业教育的依据之一。然而，除了考虑经济因素之外，还必须保持社区内的能力，以履行包含个人职业在内的重要社会职能。狭隘的经济观点的局限性在于，此观点否定了与从事职业活动的人的福祉、身份和需求有关的一系列问题。举例来说，阶级身份似乎是通过个人参与这些活动来重塑或重现的（Willis，1978）。此外，经济

180

的需求并不是职业教育唯一要考虑的范围。义务教育和高等教育的存在，无论是以明确的还是含蓄的方式，也都反映了这些关切问题。

职业实践的延续与变革

通过职业教育可以实现文化习俗显著而持久的延续性。随着时间的推移，个人职业实践通过满足人类和社会需求的能力而出现，这对于职业教育来说是一个非常重要和非常有价值的考虑：它产生了重要的社会知识和实践。此外，职业也发生了变化，某些情况下，这些变化也会使有些职业变得过时。例如，与服装制造相关的职业已经发生改变，为满足大规模生产的需求，廉价面料和新型面料的供应、服装制造业的全球化及其在劳动力成本较低的国家日益集中，成为该行业新的趋势。这些职业是由对服装的持续需求来维持的。然而，早期重要职业的工作，如石匠、造箭工和制桶工，作为重要和常见的就业形势已经减少，因为人们对石艺、制造箭和桶的需求分别减少了。职业实践也随着历史的转变而改变，无论是职业手段的改变（例如技术和工具）还是职业目标的改变（例如，更高的专业要求或更广泛的工作要求）（Billett, 1996）。当每一代人都接受新的知识时，这些变化便会在社会中变得更为先进。例如，需要用钉子固定木制品，随着时间的推移，钉子的使用导致发展出各种不同的钉子和锤子以及不同用途的技术。例如，用于玻璃和铺地毯的小钉和相应大小的锤子，且这些工具的使用需要特定的技能。然而，随着压缩空气的普及，钉枪已成为建筑工地上常见的工具。同样的，窗框上装订玻璃使用的菱形玻、铺地毯时使用的条钉也成为常用的工具。因此，随着职业实践的变革，职业实践就会通过这种转变而被重新塑造。

然而，除了职业实践的转变之外，随着每一代工人使用新的职业实践以满足特定工作场所和特定时期的需求，他们也在不断地重塑职业。当我们从事日常的职业活动时，我们会重新制定和重塑这些活动在特定的时间点和特定的问题中（Billett et al, 2005）。同时，个人在重塑文化的过程中也受到教育(Thompson,1973)。也就是说,当这些任务被执行时,这些任务由个人使用早期制定的程序和目前应用的早期经验来完成。他们也参与社会观念的重塑或再现,如阶级身份认同(Willis,1978),以及通过这一学习过程获得与特定职业相关的尊重。因此,正如Williams(1976)所言,职业的学习必然是一项未完成的事业。他指的是个体在现实环境中,从不同角度来塑造和重塑所做事情的重要性,从而强调个人在这不断重塑的过程中所起的积极作用。因此,这种正在进行的重塑是必不可少的,因为这些职业的目的、程序和概念并不是通用的或统一的,它们是由环境需求和社会期望所塑造的(Billett,2001b)。此外,以专业技能或咨询形式满足人类需要而存在的各种职业,因需要而繁荣发展。

教育体系,尤其是职业教育,在维持这些职业的延续性方面发挥着关键作用,从而满足了重要的文化需要。有人认为,虽然在早期这类技能可以在家庭中发展,但现代职业要求的复杂性意味着家庭已经无法培养现代工作所需的能力。这包括了一种说法,即当代实践中所需的知识范围往往超出了单一个人所能提供的范围(Hirst & Peters,1970),或者说并不是所有的职业实践都可以通过观察和模仿而得到最好的学习(Lave & Wenger,1991)。因此,现在为职业做好准备工作需要一些恰当的专业人士协助,他们可以帮助学习者获得所需的知识。事实上,正如第五章所言,提供特定的学习经验(例如解剖学课程)和特定的教育资源(即教科书)似乎都是由古希腊的医生为他们的学生提供了他们以前所能提供的各种经验(Clarke,1971)。因此,需要有特定的经验来理解人体解剖,也需要某些成文形式的描述性知识,如那些无法通过实践而产生的经验性知识。

当然,这里的假设是,当代实践的要求比过去要更多。这可能是事实,也可能不是。早期技术工人所需实践的广度并没有得到现代同行们更精密和专业化工具的帮助。他们必须更多地依靠自己的知识、技能和

182

传统来做出决策。例如，农民根据传统和他们的观察及预测，来决定何时种植什么。另一方面，当代工作的要求在某些方面可能会更高，因此通过实践考虑的因素范围可能会更大。当然，先前职业准备的时间和范围（例如学徒制）往往比现在更长。然而，这种准备往往发生在缺乏教育机构提供支持的情况下。因此，过去个人很可能更依赖于他们的认知能力和一系列程序的作用，以确保在没有当代工人那样的工具和帮助的情况下获得工作成果。然而，相反地，从事这项工作的要求可能会有增加（Appelbaum，1993；Bailey，1993；Barkey & Kralovec，2005）。特别是，对于不易表达的知识（如象征性、概念性的知识）的学习，可能需要特定的教学策略（Martin & Scribner，1991；Zuboff，1988）。

正如先前章节所提出的，欧洲许多国家通过教育机构培养技能的组织和制度是由于手工艺组织和工会的衰落而形成的（Greinhart，2002）。由于这是在发展新制度的时代中发生的，因此教育机构需要在新制度中对这些职业的持续供应发挥重要作用。当然，随着工业时代从家庭式生产（如手工作坊工作模式）向工厂式生产的转变，以及为这些工厂培养技术工人的需求，职业教育系统在现有技术工人的供应方面发挥了重要作用，而且这种作用一直持续到今天。但这并不是说，职业教育作为文化再生产的目的只能以教育机构为载体提供教育。

然而，这些社会期望的因素与这一重要的文化再生产进程有关。这些期望包括对从事特定职业的人员能力水平的确定，他们需要有国家行政机构管理的认证和资格证书。由于文化需要去维持专业技术工人的供应，而职业教育在这方面发挥着重要作用。因此，职业教育的一个基本目的就是通过文化再生产的过程，以满足社会重要的、必要的和可取的需求。这只能通过几代工人传承的文化习俗而获得的文化遗产来实现这一成就。职业教育的目的是确保人类文化的延续性，尽管是通过文化再生产、重塑和转变职业实践的方式。

经济和社会的效率和效益

如果技术劳动力能得到有效地利用，那么我们将可以更加高效地开展工作活动（Mincer，1989）。这是职业教育人力资本要求的关键之处。因此，无论从个人角度和还是社会角度来看，职业教育都有以经济效率为重点的目的。毫无疑问，对于那些代表特定行业和企业内部员工的人来说，这通常是很有意义的。也就是说，他们需要确保雇佣的工人技能符合他们的要求（Billett & Hayes，2000）。这些要求有时涉及工作场所的盈利能力和（或）其高效地提供服务的能力。这些关切涉及私营和公共部门，并反映了人们对经济和社会效率的关注。正如有效的私营机构致力于满足客户需求的方式提供服务和商品，并维持组织和工人的就业能力一样，对于那些提供社会服务（如医疗保健）的人也是如此。然而，这个特定的目的引起了争议，并引发了人们对教育体系受益方的严重质疑。例如，尽管杜威（1915）大力地倡导职业教育，但对建立独立的职业学校提出了批评。他认为这些策略将会导致学校变成公立的培养特定行业技能的地方，同时也有可能牺牲许多核心教育价值。因此，对职业教育的哲学批判在于职业教育侧重于培养个人作为生产单位，而不是使其本身具有价值方面的作用，也就是说，职业教育有时被视为不关注智力和道德的培养（Elias，1995），因为它们往往没有直接教授这类知识。事实上，杜威提倡的职业教育强调"以科学和认识社会问题及情况为基础获得专业技能，而不是在机器管理方面获得专业技能。"（Dewey，1915，第42页）。他担心教育越来越注重商业效益，而不是满足学生的需求和期望。

当然，如果教育目的被认为是狭隘的，并限制了学习者的选择和可能性，那么它是值得怀疑和批评的。然而，这样的批评很少是针对大学里进行的职业发展（例如医学、工程学和法学）。这种选择性说明在高等教育和最具声望的职业中，教育目的的狭隘性是不明显的，并且它被

184

认为是一种以专业化形式存在的优点。然而，杜威的担忧可能是很有道理的，例如，行业发言人在职业教育的决策中处于优势地位，而且实现这些目标的许多目的和过程可能是不明智的。也就是说，杜威所担忧的并不是行业发言人所代表的行业利益，而是他们所做的教育决策，以及所采取的管理和制定教育制度的方式可能是无益的、幼稚的，且常常与自身的目标相矛盾。同样，这种说法也是有道理的，特别是在职业教育被用来提供一批技能熟练但失业工人的情况下，他们可能会削弱这种工作形式的工作地位和就业条件。例如，专业医疗机构对医学毕业生数量的限制，以及维持其稀缺价值的限制，在职业教育体系所服务的职业中并不存在。事实上，一些国家（例如澳大利亚）鼓励雇主资助学徒，却导致了学徒在完成契约后失去了工作。也就是说，政府、行业和工会已经达成一致，一旦学徒完成了契约，他们学徒时期的工作就终止了。当然，许多工作场所都选择重新雇佣勤奋且有能力的学徒作为自己的工人。

开发高效工作所需的能力

因此，有必要提供教育，以支持和维持社会所需商品和服务的生产，以及提高产品和服务的效率。这可能包括随着期望的提高，使资源更广泛地得到使用，或者仅仅是最有效地利用现有的和可能是稀缺的资源。当然，虽然在成为西方社会关注的焦点之前，中国就已经有了两千年的大规模生产产品的需求和能力（Ebrey，1996），但是工业化进程及其后续发展已成为当代西方社会的主要特征。因此，经济效率和国家教育之间建立了密切的联系。事实上，从一开始，公共教育和职业教育在效率方面就有着经济基础，即使在实践中并不总是明确的（Bowles & Gintis，1976）。实际上，大部分学校教育的侧重点是间接地分配有经济基础的机会，并以效率为原则。此外，教育水平和薪酬水平之间存在着清晰而一致的相关性（Grubb，1996），且赞扬高薪作为效率的奖励以及工作的要求。随着文化需求的扩大或变得更加具体化以及人口不断增长，因此必须有效地配置资源以满足其需求。然而，虽然这种观点强调了社会对此工作形式的看法，但也倾向于淡化职业教育对个人可能产生的作用，如自我意识、身份认同和物质利益，即个人有效地、熟练地掌握技能，能够长期维持体面的生活。然而，正是经济效益极大地激发了人们对职业教育的兴趣。教育与经济效益之间的关系也许是科学管理运动及其对行为主义的教育类比而著名和发挥作用的。Garrison（1990）指出，在机器生产时代，Frederick Taylor 的科学管理原则的地位等同于牛顿的物理定律：

就像物理性质一样，有一种最有效、最经济的方式来移动物体。如 Taylor 所说，"总是有一种方法和一种工具比任何其他方法更快更有效"，即一个最有效的系统，而且"只有通过对所有使用的方法和工具进行科学的研究和分析，才能发现或开发出一种最佳的方法和最佳的实施方法"。（1990，第 392 - 393 页）

Taylor 的思想在这个时期的美国最受欢迎，在其他地方也很受欢迎。Garrison（1990）指出，在史密斯 - 休斯法案的前几年，美国的职业教育体系就形成了，Taylor 效率原理得到了大众媒体（例如《星期六晚报》和《妇女家庭杂志》）、教育管理的领导者（Franklin Bobbitt & Ellward Cubberly）以及行业家的大力支持。其中一位实业家 James Monroe 曾任国家工业促进协会的主席，他确信地宣称"国家和社会对学校的要求是效率。"（Garrison，1990，第 393 页）。然而，批评者认为这种做法有着社会控制的意图，是社会凌驾于其成员之上。根据 Garrison 的叙述，Ross（1896）认为这种凌驾力是不会产生的：

……直到感受到力量和方向发生了变化，直到许多欲望的交叉和捆绑消除了对立的冲动，并实现了一种人为的意志并行，我们才可以断言社会的存在及其所有的特征性行为。（393 页）

因此，Ross 清楚地阐述了这段文字所表达的观点：在考虑工作和教育时，需要考虑社会和个人事实之间的相互依存关系。也就是说，正如

Garrison（1990）的妙语所言，人类的力量（如情感和意志），就像物理力量一样，只有通过认识牛顿的第三定律才能被利用：每一个行动都有一个平等的、相反的反应。事实上，Ross（1896，引自 Garrison，1990）认为，一个有效的教育系统的前提是"个人和社会生活的事实"。

发展企业的持续性能力

除了对效率的价值和形式及其获得保障的前景有更广泛的看法外，人们还对教育在多大程度上实现与经济效率相关的目标表示关切。两个相关目标如下：（1）确保特定的职业需求（2）发展企业所需的能力。令人惊奇的是，这两个概念往往是截然不同的。职业性要求或行业要求通常是与促进职业发展相关的要求，它们是具有某些共同含义和一套规范知识的实践，所有实践者都应该去拥有这类知识。这些相关利益由机构（如专业协会、工会）和协会以及代表该部门或职业发言的行业咨询机构去行使。然而，这些声音似乎与企业内部声音有不同的焦点（Billett & Hayes，2000）。真正雇用、从事生产性或者服务性任务的企业，可以对是否赞助员工职业教育和培训的问题做出决定。而"行业"的观点与技术工人的数量及其质量有关。这些关切包括提供全国一致的课程，使之能够发展知识，使那些受雇于行业部门员工的能力不仅能满足企业要求，也可以超出该领域企业的要求范围。业界关注的是维持和发展特定行业所需的整体技能水平。然而，企业希望雇用的技术员工能够应对企业现有的和新出现的挑战（Carnevale，1995；Rowden，1995；1997）。

实际上，为了满足他们对经济效率的特定需求，企业希望对职业教育课程进行两级定制。首先，他们希望通过创建一系列可以与工作场所相关的模块来对课程进行定制。其次，他们希望模块本身能够更加适合工作场所（Billett & Hayes，2000）。在这所有情况中，对个人的身份形成和自我意识的考虑很容易被边缘化。然而，特定的企业可能会产生截然不同的结果，它们很可能在某些方面与"行业"或反映职业需求（如专业协会）的想法有所不同。或者反映了职业需求（例如专业协会）的想法。当然，经济效率的风险在于，追求教育目的的针对性将与那些适用于行业或职业的目标相反，甚至可能会违背学生和工人有适应性知识的需要。参加职业教育的个人需求很可能会面临被别的安排而取代的风险，而这些安排只专注于某种特定经济的需求。而且，存在这样一种风险，即这种特别注重经济效益的要求很可能会损害长期效率，因为这些要求可能会发生变化或变化非常快。从事职业实践的个人现在被视为要具有个人和职业目标，就需要有足够强大的知识，而这些知识可以使他们能够找到工作并实现这些目标。自从终身学习被塑造为适用于整个工作生活以来，情况变得更加如此（OECD, 1996）。在这个终身学习的说法中，工人们应该承担更大的责任来维持其就业能力。也就是说，个人层面上去考虑经济效率并不总是被科学地理解，往往也不像企业那样被容易地表达出来，而且满足不断变化的需求能力将部分取决于个人能力及其适应变化的能力。

　　然而，在这些利益中，劳资双方的声音（即雇主和雇员代表之间的声音）是政府推进其观点和政策实施最受欢迎的声音。然而，这些声音并不总是明智的或精明的。通常，政府之所以能得到他们的利益，是因为他们声称自己能够最好地代表整个行业，并能为相关政策和实践提供信息。相比之下，他们认为教育工作者不能充分了解工作和工作场所的要求。如果这个命题是正确的，大概也是如此（Billett, 2004）。也就是说，行业代表可能并不充分了解教育的过程和成果。在试图从教育中获得经济效益的想法中，其中一个就是发展和制定通用的就业技能。美国［秘书委员会（SCANS）关于获得必要技能的报告，1992］和澳大利亚（Mayer, 1992）采取的策略是识别和教授一套通用技能，并乐观地认为这些技能普遍适用于各个工作场所，而且认为这些技能是经久不衰的，从而使个人能保持其职业实践的通用性。这种通用能力的观念已经在一些国家和政府中得到了发展，旨在制定一套与工作场所要求有直接关系的教育目的。因此，无论学习课程是非特定类型（即普通教育）还是特定职业类型，其内容、教学和评估都需要考虑到这些教育目标。Ghost（2002）提出，学校必须让年轻人做好"职业准备"。当然，在年轻人的职业选择仍然处于起步阶段时，这是一项艰巨的任务，且企业的特定要求往往是相当特殊的，所以需要在工作准备就绪之前就得理解和处理该问题。然而，这些通用能力被视为实现职业教育成果与经济效率相一致的一种途径，它强调个人的能力。也就是说，如果所有年轻人都具备这些能力，他们将更容易胜任工作岗位（即更有可能就业），并且具有更好的就业能力（即更有可能在工作中有效率，因而继续受雇）。

例如，在澳大利亚，Finn（1991）、Mayer 委员会（1992）以及澳大利亚商业理事会（2002 年度的教育科学与培训部）确立了"关键能力"，以尝试在工作活动中建立广泛的能力范围。这些能力或成果被认为是一种可以应用的一般性能力或成果，无论环境如何，都可以应用于工作。因此，这里关注的是如何确保这些能力，以及职业教育在培养学生知识转移能力方面的作用。也就是说，这些能力使学生的学习能力足够强大，不仅可以从教室转移到工作场所，还可以在工作场所中进行转移。这些关键能力是由行业提名的，如果培养学习者这些能力，将使他们能够在工作场所成为有效的参与者。例如，梅尔的关键能力如下：（1）收集、分析和组织信息；（2）表达想法和表达信息；（3）计划和组织活动；（4）与他人和团队合作；（5）使用数学思想和技术；（6）解决问题；（7）使用技术（Mayer，1992）。其他人也纷纷效仿，但梅尔能力和其他国家使用的能力表达了类似的关切。企业已经反复提出通用能力路线作为一种培养能力的手段，这些能力被认为在所有工作形式和要求中都可以通用的，并且可以满足工作场所不断变化的要求。Ghost（2002，第 63 页）告诫教育工作者要"认识到行业不断变化的技能要求"。今天的企业技能要求可能与五年前的企业技能要求无关。然而，他并没有提出方案来解决教育工作者如何实现这些严格的教育目标。

当然，很少有人表明，上面概述的一般性能力将会满足这些目的（Beven，1997）。在"认知革命"期间（认知心理学家对人类行为进行仔细观察的一个时期）识别通用技能的兴趣是为数不多进行的研究之一，它影响了当时的政策。然而，这是一个愚蠢且不明智的选择。一些认知心理学家（如 Ericsson 和 Smith，1991）的一个关键目标是确定通用性解决问题策略：无论环境、情境或学科如何，都可以普遍应用的启发式方法。然而，除了最广泛的层面（如三思而后行），这些策略并没有被发现是成功的（Evans，1993）。事实上，"认知革命"的一个关键成果：即个人的记忆力而不是其处理能力，支持了良好的业绩或专业知识（Glaser，1989）。个人需要学习特定领域的知识，即与某一特定领域活动（即特定的有偿职业）相关的知识，与政府和行业推广的通用性技能方法形成了鲜明的对比。它是对一系列特定活动的深刻理解，这些活动将有能力的工人与不称职的工人区分开来（Glaser，1984）。此外，最近对胜任能力的讨论中强调了对情境性绩效的理解（Billett，2001b；Engestrom & Middleton，1996），批判性地了解这种能力如何在特定有偿就业中体现，将会对我们有更大帮助。也就是说，这种职场能力的表述被嵌入了两种层次的情境，即职业和工作场所的实践。

因此，人们把社会效益和经济效率作为职业教育的目的是可以理解的。对工人、雇主、行业和国家经济的发展来说，工人技能的有效使用及其有效应用，显然是一个理想的结果。因此，过度强调政府的核心经济利益，其风险在于狭隘地关注经济效率，不仅会破坏及歪曲实现这一目标的手段，而且也会扭曲职业教育的目的。然而，如果这些措施过于针对企业，仅反映了国家对职业者的要求等，则可能不符合个人或行业的利益，也将不符合企业的需求等。因此，虽然经济效率是职业教育的一个可理解和重要的目标，但它需要从职业、工作场所和个人层面分别去理解，而不是假设相同的经济目标适用于所有这些层次。

190

社会延续与变革

考虑到文化习俗的延续性，以及行业和企业对效率和效能的要求之后，有一些特定目的与职业教育要实现的社会延续性相关。正如之前几节关于职业教育目的阐述，职业教育的一个重要贡献是社会的延续性，以及它是确保社会稳定的方式（Thompson，1973）。例如，在犹太国家，父亲有义务教他的儿子法律和贸易知识。Bennett（1938）指出，犹太社会中的传统是让儿子早上去犹太教学校，下午去学习父亲的行当，这些具有指令性的法令都是为了社会的稳定。

没有教儿子行当技能的人会被当成强盗，不遵守这条法令的人会受到蔑视，因为这样的行为会威胁到所有人的社会状况。[Leipziger（1890），引自 Bennett（1938，第3页）]

对柏拉图来说，教育是国家的一个主要关注点，因为它需要延续性。他提议个人应根据国家需求和自身天赋来接受教育（Elias，1995）。然而，根据国家三个不同的阶级：工匠、军人和统治者，提出了三种不同的教育形式。

人们应该根据自己的优点接受教育和培训，这也是确保社会利益的做法。身体、军事和道德教育适合于战士或护卫者，学徒制的职业培训适合于工人阶级，而充分的智力教育应当给予国家的统治者。在柏拉图的观点中，人们应该一辈子待在他们适合的位置上。（Elias，1995，第166页）

因而，柏拉图在这里提出的观点是，社会利益是最重要的，是否优先考虑个人的发展并不重要，除了自由的希腊男性之外，这种观点很可能是不受欢迎的。因为，这种社会利益观点，是为了保护精英者的利益以及维护现存的社会秩序。当然，在一个奴隶社会中，有这样的观点并不奇怪，而且等级制度有利于那些统治阶级。此外，有些约定俗成的观点，例如认为思想高于身体，以及假设从事低级工作的人能力有限，被视为塑造了分布在三个阶级中的教育种类、质量和范围。亚里士多德对这些问题的看法与柏拉图相似。亚里士多德认为，一些人从出生起就被认为是奴隶，而最高形式的活动是用头脑来思考的。这些观念再次反映了奴隶社会中的社会安排，奴隶们用双手劳动，从而使其他人（例如精英）可以尽情地从事沉思的追求。

因此，虽然农民和工匠在国家生活中是必要的，但不应享有公民的权利。（Elias，1995，第167页）

因此，关于职业教育应该满足社会或个人需求程度的探讨，还需要包括对社会构成的重要性进行评估，以及如何行使其成员的利益和如何带来改变。重要的是，对自由的希腊公民来说，现在被称为职业的工作形式同样被认为是不值得追求的工作。因此，社会延续性带来的理念可能会被教育重现，有时它们是强大而持久的。例如，来自古希腊的古典传统：将思想教育（即休闲）与职业教育做出明显区分，是整个社会观念的一部分且贯穿于这一时期，并延伸到了当代。特别是，这些区别（即自由教育与职业教育）和二元论（即脑高于手的特权）"困扰着西方社会"（Elias，1995，第168页）。因此，这些社会观念使一些工作享有优先权，包括所需技术的发展和对整个人（即他们的思想）进行教育的需要，但并不是针对所有人。

当然，在这个教条范围内，有种观点认为许多职业都不值得提供教育。此外，从事这类职业的那些人不太可能从教育中受益，因为他们天生就无法获得这样的利益（Farrington，1966）。这一理念类似于某些国家（特别是美国）在职业教育考虑范围内，如何提高社会效率的核心内容。例如，David Snedden认为，许多来自低经济社会阶层的人根本无法参与包括抽象知识在内的教育。所以普通的义务教育对于这些人来说是一种资源浪费，最有效的方式是建立一种培训制度，为他们特定的职业发展做好准备（Bellack，1969；Kincheloe，1995）。杜威在与Snedden的辩论中反对了这种观念（Dewey，1915/1979），这可能坚定了他对职业教育目的的看法。这样一来，教育不仅被定位为无法进一步发展这些学习者固有的有限能力，而且还把它定位为一种手段，通过这种手段，有限的知识容量以最好的形式给学习者提供非常特定的技能，从而使他们在有薪劳动力中处于最低阶层（Kincheloe，1995）。

职业教育之所以被教育哲学家们相对忽视，可能是因为其明显的功利主义（Elias，1995）。事实上，哲学文献中对职业教育的大部分提及都集中于特定职业教育的提供在多大程度上是合理的。通常，讨论的内容是将职业教育与所谓的自由教育进行对比，而后者不可避免地会比前者受到重视。此外，这样的讨论对于没有特定且应用重点的教育内容，并不特别具备思想性。例如，Bantock（1980，第26页）声称，十九世纪的自由教育事业之所以强大，是因为它反对了人们对公共教育实用性的关切。Bantock（1980）认为，如果它含有实用性则应该去避免。但是，这种自由教育在精英教育中却尤为明显。例如，在整个欧洲，良好的自由教育模式可以通过英国的文法学校、德国的高级中学和法国的中等学校来实现，这些学校与蓬勃发展的义务教育不同。然而，这些形式的教育是间接的职业教育，因为它们为职业提供了职前准备和发展途径，从而间接地实现了特定的职业功能。

因此，虽然传统教育在西方社会中一直存在，但在它的教育中始终存在着职业教育的因素。例如，Elias（1995）提出，尽管在古典教育（即自由教育）占主导地位的中世纪大学，它们实际上是为社会培养牧师、教师、律师和医生而组织成立的。

虽然这种教育很少有实践部分，但其目的无疑是职业性的，而且被更多地用于医学和法律的实践。因此，中世纪大学摆脱了古代没有高等职业教育机构的状况。（1995，第168页）

有趣的是，Elias继续指出，与中世纪大学有明确的职业教育目标相比，当时的低年级学校却并非如此。它们旨在教授基础素养、形成道德品格和滋养精神生活。"在这个层面上，社会谋生所需的实际技能，是从不同的学徒安排中学到的"（1995，第 169 页）。这种分离体现了一种双重性，这种二元论支撑了关于教育促进社会延续性的观点，包括职业教育以及当代教育（Lum，2003）。

职业教育的发展主要是基于家庭活动产生的职业能力，然后，作为社会组织的教育部门来发展社会所需的技能，并让年轻人参与到与社会相适应的活动中去。如上所述，这种教育对社会延续性的贡献至少有四个部分：（1）确保社会需要的职业能力范围；（2）培养公民获得就业和抵制失业的能力；（3）满足特定社会群体的教育和职业准备需要；（4）为公民的普通教育做出贡献。Skilbeck 与上述部分有类似的观点：

一方面，对职业的准备是终身教育的一个层面，其中以某种形式的工作是一种通用属性。"职业教育论"是一种过程或活动，传授和获取广泛的技能和知识，这些技能和知识与生产工作所需的能力和对工人期望的能力有明显关系，现在和将来都是这样的情况。另一方面，职业教育是一种功能，即教育系统为经济的运行提供服务，从对经济的需求和要求中得出其目的和理由，比如培训劳动力市场需要的劳动力。这两个方面都在提醒社会对职业教育重要性的关注。（Skilbeck et al，1994，第 5 页）

事实上，如前所述，法国、德国和美国等国的职业教育发展，以及其他国家的职业教育发展，至少有三个目标与社会的延续性相关（Dewey,1916；Gonon,2009；Hyslop–Margison，2001；Troger,2002），具体如下：（1）满足社会和行业需要的技能；（2）吸引年轻人，使他们避免陷入懒惰、犯罪或革命思想；（3）培养他们有偿就业的能力。这样做也是为了试图实现关于参与社会的重要民主理念。为了详细阐述这些特定目的，现在去探讨每一方面目的，它们也反映了职业教育的历史发展。

确保社会所需特定职业的能力范围

从最早的表现形式来看，社会所需技能的作用和持续发展是推动职业教育存在、发展和形成的关键因素。这些早期的表现形式也经常受到地方性因素的影响，因为这是大多数社会中人类组织的基础。由此，地方性因素影响往往表现在家庭层面上，它导致人们为了维持家庭生活而获得技能的发展，无论是作为一种职业，还是作为一种服务（例如碾磨工、木匠、兽医），或作为商品生产者（例如农民、铁匠、金匠、造箭手、制桶工）。在大多数西方社会工业化之前，当地社会的需求和家庭手工作坊一直是发展职业技能的关键要素。直到相对较近时期，在西方和许多东方国家中，这种学习大部分依然是在家庭中进行的。几乎所有的职业技能发展都是通过家庭的学徒制实现的，在这种学徒制中，成年人教导并培养孩子的特定技能。然后通过直接付款或某种个人财务负债制度方式，接受其他人子女进入这种学徒模式。在很多情况下，这种学徒制中，学徒需要生活在技工老师的家庭里，这种模式仍然存在于东方和西方社会。似乎在中国"文化大革命"之前，仍然有技术工人通过支付过程或受人恩惠来照顾其他家庭的孩子（Butterfield，1982）。此外，与中国一样，在欧洲工业化进程之前的两千年里，手工艺品大规模生产的方式，至少在某些情况下强调了以当地和家庭为基础的技能发展。例如，如前面章节所讨论的，著名的兵马俑都是由工匠队伍分别承包制作的（Portal，2007）。不过，这些队伍似乎是来自不同地区，监督人员在每个兵俑身上标出这些工匠的名字和地点。因此，这些工匠能力的发展可能发生在地方一级。

然而，随着工作性质和组织形式的转变，特别是工业化时期工人离开自己的作坊进入工厂的转变，职业教育的形式和模式发生了变化，它反映了一种社会变革。然而，德国和法国等国家的职业教育体系是对工业化的一种响应，Hyslop- Margison（2001）指出，美国的职业教育是被有意引进的，以便从农业经济转移到工业经济。事实上，随着市场的日益开放和制造业能力的集中，许多新兴行业需要发展不同类型的技能。随着工业化的发展，家庭作为经济生产单位的解体以及许多西方社会中行业协会的解散，导致社会需要其他部门发展这些技能以维持和发展其经济活动。所以，这些社会变革与发展职业教育体制和机构的需求相一致，而这些制度和机构是与以家庭为基础的教育模式截然不同的。鉴于需要应对不断变化的职业需求、行业需求和经济竞争力日益增长的需求，职业教育迫切需要在提供符合新兴社会要求的技术劳动力方面发挥重要社会作用。这一形势已经得到加强，并扩展到包括大学在内的各类高等教育部门。注培养高效的从业者已成为这些机构的关键驱动力，以专业机构、行业团体和政府认可的标准和要求进行指导。此外，正如下一节所述，对于社会福祉甚至是生存威胁的担忧，许多国家把协调和聚焦职业教育，作为国家在日益全球化和竞争激烈的经济环境中的有效手段。

开发确保就业和抵抗失业的能力

在欧洲和北美地区，影响职业教育形式和宗旨的关键要素是促进公民就业。随着职业技能供给需求的增长，许多欧洲国家建立职业教育体系是因为希望失业人员避免成为他人负担和陷入不适当或不良活动，从而减少社会和国家利益的损失。即使在中世纪的英国，政府有责任对每个社区的穷人制定灵敏的回应政策，以避免他们的失业成为社会负担（Epstein，1998），这样一些措施会给失业人员提供易于保障就业的机会。然而，正是在德国等新兴的社会民主国家中，失业青年的威胁加速了职业教育体系的建立，从而确保青年人参与工作和公民社会活动（Gonon，2009b）。法国也出现了类似问题，但职业教育的首批模式之一是为 Grande Armie 的儿童和孤儿提供一种教育形式。这种教育旨在培养职业技能以及与勤劳敬业相关的情操和能力（Trogon，2002）。同样，美国第一次世界大战结束后，大批失业青年从欧洲返回，加速了职业教育体系的建立。而且，由于美国工业被认为缺乏成熟的学徒制度（Gonon，2009a），因此对更加制度化方法的需求，促进了现在被称为社区学院的发展。在这里，人们对强调职业的专业教育的关切，受到普通教育的强烈影响。但值得注意的是，这些社会反应会随着时间的推移以及社会需求和特定的社会问题而发生变化。例如，澳大利亚在第二次世界大战之后，为退伍军人制定了提供职业教育的计划（Dymock & Billett，2010）。当时的依据是，这些士兵中的许多人很小年纪就开始服役，因而没有完成任何的职业准备，如果要重新回归澳大利亚的文明社会，需要对他们进行稳妥安置以避免他们长期的失业和对社会的不满。有趣的是，澳大利亚这项在战争中培养所需技能的早期计划，是各州和地区联合起来与联邦政府合作开展全国性职业教育的第一个范例。当国家面临安全和生存的重要威胁时，职业教育不仅是各州各地区的基础，也是整个国家范围的基础（Dymock & Dymock，2010）。

此外，青年失业率的周期性危机导致强调职业教育要满足雇主的要求，以提高雇主对毕业生的接受度。这里的特定例子包括提供团体学徒计划，政府在该计划中设立雇用学徒的公司，然后当企业和个体商人需要学徒时，政府向他们提供短期贷款。此外，这些企业提供基本的技能培训和熟悉行业的工具。然而，虽然这些企业在很小程度上降低了青年失业率，但它们可能会破坏雇主对学徒培训的承诺，而且，当个体商人或企业需要额外劳动力时，它们将学徒作为合同劳工而出租。因此，在应对青年失业率的迫切需求方面，职业教育供给的充足性变得有些扭曲，因为它着重于追求就业率，而不是有价值的职业准备。所以，在之前章节中提到的加强社会延续性之间的联系时，许多国家在以下方面的举措明确表示了对社会延续性的关切：将国家对职业教育的协调和重视作为一种经济手段，使各国在日益全球化和竞争性的经济环境中发挥经济效力。

然而，除了青年人的初级教育和就业之外，还有一个，也许是其中最大的社会目的：就业能力——职业生涯中职业技能和能力的持续发展。随着工作要求的不断变化，需要在整个工作生涯中去解决就业情况的转变和工作场所的特殊需求，职业教育也需要在维持劳动者就业能力方面发挥作用。很少有人会声称，在特定职业工作中，最初的准备足够胜任一生的工作。相反，即使是从事同一职业的工人，也有必要拥有持续发展的机会来保持自身的职业能力。此外，在工作生涯中，个人将不得不从事一系列职业，并需要得到支持，以发展从一种职业转移到另一个职业、一种工作场所到另一种工作场地所需的能力，以及发展同一个工作场所中不同工作性质所需的能力。随着人口老龄化和工作年限的延长，也许许多国家对目前的这种关切正在增长。然而，许多职业教育制度是为特定职业的初级或初步准备而进行的。那些寻求继续教育的人所需要的教育制度，可能与专注于初级培训的职业教育体系不一致。因此，与就业和就业能力相关的目的范围并不局限于年轻人向工作和工作生涯的过渡。相反，实际上有一个更大、更持久的目标，如在整个工作生涯中保持就业能力。

正是通过这些方式，职业教育才有了与社会延续性和变革性相关的目的。值得注意的是，随着现代民族国家的形成及其对社会凝聚力和延续性的需要，这些目的在国家的安排下得到了越来越多的重视。就像其他形式的公立教育一样，职业教育在满足国家政治、经济和社会目标方面也发挥着特殊作用。

个人的适合性和工作准备

确保个人适应特定职业并培养他们的工作准备是职业教育的关键目标。事实上，培养个人能力并使其准备好从事自己喜欢的职业是职业教育的一个重要目的。这些目标包括（1）确定和指导个人感兴趣的职业以及适合的职业；（2）发展个人从事其所选职业的能力；（3）了解和满足他们的需求和意愿；（4）提供真实的工作经验，以从事和理解工作中的职业；（5）吸引不情愿的学习者。

除了包括工作、职业和为学习者提供课程及经验的体制事实之外，职业教育的根本前提是个人对工作和学习的需要和兴趣、个人所了解的知识、对自身职业的认同，以及他们发展和使用职业能力的经验。也就是说，这些个人事实因素应该被职业教育着重考虑。因此，在考虑职业教育目的时，考虑到个人需要和目标是很重要的。杜威（1916）确定了一个明确的教育目的，它与学生的职业抱负相关。

职业是平衡个人独特能力和社会服务的唯一因素。找出适合做的事情，并抓住机会去做这件事是幸福的关键。没有什么比不能发现自己真正的事业或者由于环境所迫进入一个不合意的职业更悲惨的事了。（杜威，1916，第 308 页）

他（1916）提出，个人与自己真正事业的错位会对个人和社会造成严重影响。他用一个奴隶的例子来说明这种形式的劳动最终是多么的浪费，而且没有充分激励出奴隶的力量。此外，由于奴隶只限于特定活动，他们对社区的潜在贡献仍未实现。他还宣称，当个人职业被轻视时，他们不太可能会实现自身目标。因此，特定职业的价值观可能会对个人和社会造成影响。事实上，试图在个人和他们所选择的职业之间取得契合，以及何种职业适合自身，在个人层面上是一个重要的教育目标。而且，普通教育和职业教育都会优先考虑这一目标。20 世纪 70 年代美国职业教育的重点在于试图利用职业教育来改革普通教育，人们认为这并不是为了高等教育或工作场所而培养这么多年轻人的。这里的一个关键目标是：

……所有的教育经历、课程指导和辅导都应该为每个人的经济独立、个人成就和工作尊严做好准备。（Marland in Spring & Syrmas，2002，第 154 页）

此外，这种考虑是职业教育项目的核心。例如，人类应该受到尊重，因为每个人固有的尊严是平等的；也就是说，所有人都值得尊敬，不是因为所拥有的特殊才能或特点，而是纯粹因为他们具有人类的特性。Lukes（1973，引自 Quicke，1999）对个人主义进行了描述，包括四个相互关联的基本理念：尊重人的尊严、自主权、隐私权和自我发展，是自由和平等的基本要素。这与希腊人所表达的观点相反，这一概念是现代社会民主价值观的核心，并延伸到了以某种方式来表达个人自主权的自我决定能力。

当人们的行为是自我决定而不是别人决定和选择的结果时，那么他们被认为是自由的。自由也包括自身处于不被他人干涉的位置；而且有足够的个人隐私空间完成自己的项目而不受中断。（Lueks，1973，第125页）

这里重点反映了杜威（1916）提出的最值得关注的问题，即职业教育的最初目的是帮助个人确定适合自己的职业。在此过程中，需要考虑个人更广泛地参与教育和社会的能力，以及如何通过适当的方式来加强这种参与。杜威提出，职业教育的第二个目的是帮助个人培养所需的能力以实现和实践自身所喜欢的职业，即个体被提供经验使他们能够有能力高效地从事他们所喜欢的职业。这些能力可能包括实践所需要的概念性知识（即了解什么）、程序性知识（即如何了解）和意向性知识（即为何了解）。这些知识形式构成了职业规范的概念、程序和性质，以及在特定工作或实践环境中有效执行任务所需知识的特殊变化。这表明不仅要确定实现的教育目标，还要确定特定学习者可以实现目标的手段。在卢梭的（Boyd，1956）文章中，Emile 必须知道这些工艺品背后的机械原理。然而，卢梭坚持认为：

……教育更多的是实践而不是原理。他还看到了技术教育和思想教育之间的联系，认为工作中的实践有助于思想的发展。（1956，第90-85页）

人们声称除了提高这些知识形式的重要性之外，还应该了解这些知识是通过实践来学习的。这种发展包括产生所谓的职业美德（即对于大多数人来说是最有效的和合乎道德行为的性格品质）（Winch，2002）。事实上，Oakeshott（1962）在他的技术知识概念（即对特定活动的规则应用）中提到了这一点，它区别于通过与有经验的从业者一起参与获得的实践知识。尽管重要的是要划定和识别需要学习的知识类型，以便能够对个人选择的职业做出明智的决定，但学习者的准备状态问题也需要得到解决。准备状态包括学习者参与体验和学习他们需要知道或做事情的能力。

从发展心理学角度看，准备就绪状态有时被视为具有进入下一个发展阶段的心里成熟状态。然而，这里的"准备就绪"被视为个人有能力从提供的经验中获得富有成效的学习。正如第5章所讨论的，George Birkbeck 的经验是，虽然他试图发展卢梭所提到的知识（即支撑性能的知识），但他的许多学生由于基础教育和理解有限而无法有效地获取经验。也就是说，他们无法有效获取这些学习经验，因为他们缺乏准备状态。所以，在考虑个人要学习的重要知识种类时，以便他们就如下问题：（1）希望选择的职业；（2）本身是否很适合工作的特殊要求，做出明智决定，那么是否准备就绪的问题就显得尤为突出。例如，年轻人对提出的职业所做的一些决策是基于对这些职业的有限了解，但也可能与他们作为男性或女性的身份有关。因此，如大量年轻女性选择成为美发师、牙科助理和护士，因为这一职业符合她们作为年轻女性的身份。然而，她们对这些职业的了解甚少，在这些职业中工作的程度将满足她们的需求并适应她们的能力。因此，准备就绪状态不仅仅是个人能力本身也包括她们做出决定和确实准备做出这样决定的依据。所以，有必要考虑哪些经验可以提供个人对职业做出明智决定的能力，也可以培养他们在职业中发挥作用的能力。

个人的发展

任何形式教育的关键问题在于如何帮助个人在生活中取得进步，实现自身和社会的目标，并确保个人的发展。上述讨论的许多职业教育目的都与社会目标和延续性有关。此外，人们对个人是否有准备和愿意参与社会活动而担忧，如职业和与其持续发展相关的教育课程。当职业教育与个人发展相关时，考虑职业教育的目的是适时的，包括考虑哪些目的可以促成个人发展及其价值，以及个人发展是如何被职业教育所支持的。正如在职业教育的阐述中所指出的那样，将个人的需求与社会的需求完全分开是不可能的，也是不可取的，因为两者有着不可分割的联系：两者既相互依存又相互关联。然而，在本节中，个人和个人的发展将是讨论的中心焦点。

Quicke（1999）区分了道德哲学和政治哲学的观点。他这样做是为了提供一种观点，承认个人与社会之间的相互依存关系，而不是将它们定位为对立面或二元论。在道德哲学观中，人们被视为有能力做出道德选择，而政治哲学观中，自由、平等、正义和民主等思想是社会理论的核心内容，并肯定了教育在其中的作用。例如，Halliday（2004）提出，职业教育具有确保分配公平的潜力，因为它培养了与有偿工作相关的能力，从而促进了个人发展和国家经济增长。不过，他指出，个人在教育课程上的时间和金钱的投资回报率并不均衡，学历较低的人要么没有获得回报，要么只是获得了最低限度的回报。因此，它是相关的。然而，个人发展的目标需要从个人和社会因素以及贡献的角度来理解。Quicke（1999）认为，社会和个人因素不是相互对立的，而是相互依存的，两者都是重要的和必要的。后者如果不是在道德和政治价值观的框架下，将是无方向的和不连贯的；而没有后者的前者将是抽象的，有被视为乌托邦的危险，而且脱离了具体的社会环境。因此，他采用的一种个人主义道德政治观主要是以平等和自由的政治理想为前提的。如其他地方所述，个人主义包括四个相互联系的基本思想：（1）尊重人的尊严；（2）自主权；（3）隐私权；（4）自我发展，它们是自由和平等的基本要素：

> 例如，人类应该受到尊重，因为每个人固有的尊严是平等的；也就是说，所有的人都值得尊敬，不是因为拥有特殊才能或特点，而纯粹是因为他们具有人类的特性。（Lukes，1973，第125页）

与此类似，Rehm（1990）表明，不能因为个人生活在以职业为导向的技术社会，而压制他们对更高原则和长远方向的追求。除了反驳早期观点，这些理念表明，无论阶级或环境如何，所有人都应获得充分发挥潜力的手段。因此，该理念反驳了根据职业等级和类别分配不同类型教育和机会的观点。事实上，上述限制被视为妨碍了所有人发挥其个人潜能的民主进程。"个人不应受干预"是以平等和自由为基础的个人主义的核心思想。该观点认为，只要能够实现自己的潜力并控制发生的过程（即自我决定），那么个人就是自由的。

> 当人们的行为是自我决定而不是别人决定和选择的结果时，他们被认为是自由的。自由也包括处于不被他人干涉的位置；而且有足够的个人隐私空间完成自己的项目而不受中断。（Rehm，1990，第2-3页）

这些思想符合更广泛的民主概念，即民主是一种生活方式，也是个人积极参与社会生活实现其潜力的基础（Halliday，2004）。Quicke（1999）认为，在民主学习型社会中，学习者是具有或有能力做出道德选择、自主行动和理性思考的人，他们的学习是关于个人的发展，使个人作为独特个体在民主学习型社会中成为积极的参与者。他还认为，个人越是有自主性，就越能利用他们所了解的知识去创造和实现自我发展的目标，也越能在他们所致力的学习型社会发展中发挥更大作用。在强调自主个体的作用时，Quicke 借鉴 Macmurray（1961）对人与人之间关系的思考，提出了职业教育的一个重要教育原则，即它的核心是帮助学习者实现自我指导、激励和监督：

> ……我对你的关心只有在它试图保留你作为一个公民的自由时才是

道德的，这就是你相对于我的独立性。即使你希望依赖于我，但为了你本身价值的缘故，我也有责任去阻止它发生。（Macmurray,1961，第190页）

因此，这里表明的是，实现个人进步的过程一定程度上是为了培养个人能力，以避免依赖他人，包括那些教书的人。他还提出了一种教学实践，自我反思性过程，即个人、团体和组织自食其力，批判性地审视自身合理性和价值，并在必要时有意识地重新安排或重塑自身特性和格局的过程。然而，要实现这些成果，需要教育的支持以培养道德选择、自主行动和理性思考的能力—学习是关于个人的发展，它使个人作为独特个体在民主学习型社会中成为积极的参与者。在"民主与教育"中，杜威（1916）提出民主不仅仅是政府的一种形式，也是一种相互关联的生活方式：共同的交际生活。最后，他认为在这些观点下，客观性是主体间性的，没有什么能比民主更好地促进对主体间性的认识了。

实际上，正如在前面章节中反复强调的，考虑到行业及个人对职业的需求，职业教育的一个关键目的是个体发展。也就是说，协助个人在童年校园时期到成年校园时期的发展，协助他们选择和从事适合的职业，包括从事有偿工作形式。从更广泛意义上讲，这些都被认为是民主的核心。正如Carr和Hartnett（1996）所提出的那样：

……民主社会是一个教育社会，公民享有平等的自我发展、自我实现和自我抉择的机会。（第41页）

重要的是，它们认为教育能够协助实现这一理想。根据Chapman和Aspin（1997）的观点，教育活动产生了三种与民主目的相关的益处。首先，教育被视为可以提高人们在各种不同观点中做出理性选择的能力，在假设他们的认知能力和实践能力扩展的基础上。其次，教育活动有助于增强社会凝聚力和民主参与度。第三，教育被视为可以提高从事有偿工作的能力，从而促进个人成功和国家经济增长。在这些益处中，强调自我实现和确保就业。

然而，这种观点的发展并不总是那么简单。有些人能够很容易地找到自身感兴趣和适合的职业，获得了解并从事该职业的机会，然后在工作中取得进展，直到它成为他们的职业。然而，对于许多其他人来说，这些步骤中存在不确定性和不连续性。此外，对于从事职业的兴趣和能力，有时是以个人预料不到的方式发展起来的，并且还促成了自己的职业。正如第三章中所述，老年护理工作者逐渐认同和接受自身的工作，并以护理工作作为自身职业。然而，这种发展方式是通过从事非首选的工作产生的，而不是产生于最初希望从事的工作中。Chan（2009）提出了类似观点，一些学徒通过培训成了面包师。然而，对于大多数学徒来说，烘焙并不是他们理想的职业。但是，环境为他们提供了从事烘焙工作和面包店学徒的机会，通过参与面包店的工作，他们开始认同面包店及烘焙师的职业。因此，虽然个人发展可能是职业教育的主要目的，但它并非总是以系统的、计划的或甚至是职业教育重点的方式出现。此外，正如 Sianesi（2003）所指出的，要实现 Chapman 和 Aspin 的一些目的，远不是直接或仅仅基于提供职业教育所能解决的。参与社会的可能性以及个人教育投资的回报所带来的经济利益可能是相当不均衡的，而且往往不对称地分配给个人的才能和天赋。似乎较高级别的职业资格比较低的职业资格更容易获得这种益处。然而，获得职业资格却并不总是以平等和民主思想为前提的。

因此，通过之前的讨论，职业教育至少有四种不同目的来支持个人一生的进步和发展。它们是：（1）支持职业生涯的发展；（2）协助工作过渡；（3）协助有需求和能力转变的学习者的发展；（4）确保个人解放和发展。下面将简要讨论这些目的。

支持职业生涯的发展

支持个人在职业生涯的发展是职业教育的基本目标。这里的教育目的除了培养从事有偿职业的初级能力之外，也期望在职业生涯中继续提高这些能力。职业需要学习的知识会随着时间的推移而产生，并根据特定的社会需求自行转变。由于这些需求是在社会层面产生和存在的，所以通常会有一套与特定职业相关的共同期望和做法，这些都是那些希望从事该职业的人需要学习的东西。此外，正如 Winch（2004b）所述，作为雇员，发展某一职业范围内而不仅仅是某一特定工作的能力符合个人的利益。他补充说，这也可能是对工作更满意的来源，并增强了自身就业能力。因此，有价值的教育重点似乎是在职业层面培养工作能力。考虑这些知识的一种方法是把它看作该职业的规范，也就是那些从事特定职业的人都希望拥有和证明的知识。这些知识将包括与职业相关的概念，从简单的事实信息到丰富的概念性知识，这就是所谓的深层知识特征。此外，还需要采取必要的程序，以便有效地进行一项职业，无论是以特定的还是更具战略意义的形式进行，这都可能是必要的。而且，也有需要生成的品质，如价值观、情感和态度，也许是所有工作形式的核心（Winch，2002），但特定工作环境中需采取特定形式。例如，老年护理工作人员可能会对衰老过程有一定了解。但是，他们也需要了解这个过程在人群中的不同表现，以及临床护理所需的不同种类和形式，还有老年人可能需要的不同形式的个人支持和护理。另外，他们需要适当的照顾，包括尊重年长者、处理他们的自由裁量权，并以恰当方式守护他们的利益。此外，可能还会有一系列更具战略意义的要求，以了解其作用的限制以及其他形式的援助何时需要或应避免。事实上，正是这些非常规范的知识形式往往是职业教育中职业标准和课程开发的重点。通常，提供教育目的是试图获取职业的规范知识（即所有从业者需要了解和证明的知识）。

然而，正如所提到的，在规范实践水平之外也会有一些与实际工作实践情况相关的要求，因为它们会受这些社区实践所影响（Gherardi，2009）。这些目的是重要的，因为虽然需要规范的职业知识，但上述目的是在特定环境中参与、有效和推进实践的能力，对工人的有效实践至关重要。这也可能与他们作为有效实践者的自我意识有关，因为在实际情况下，个人实践自己的职业时，会运用自己的知识，收到对其表现的反馈和判断，并确保他们工作表现的满意度。因此，一个重要的教育目的是帮助学生了解并获取他们所进入职业领域的多样性。过去有一些有效的模式，比如实习护士在医院的不同类型病房里获得工作经验。然而，这些经验需要被确认、考虑和制定。

个人在工作生涯的持续发展，对于他们的公民身份和与工作有关的目的也很重要。如上所述，随着工作实践要求的变化、新需求的出现、新技术的运用以及新的和不同类型工作任务的出现，需要教育为个人的工作生涯提供持续发展，以维持就业能力。然而，这种职业教育的目的和形式可能与初级的职业准备截然不同，因为它是一种不同的规模或形式（即不适用于全日制的学生）。因此，有必要明确这些学生参加职业教育专业的目的和途径，以便继续发展他们的能力。Lakes（1994）提出了两种能力可以帮助个人继续发展：（1）功能性能力；（2）批判性能力。功能性能力帮助个人学习工作的技术或应用方面，以便执行各自或将来的工作任务和职责。Lakes（1994）声称，职业教育很好地通过职业教育体系和大学提供实用的、应用型的职业科学技术研究。批判性能力是帮助学习者塑造工作文化政治能力，通过共同行动，工人可以在一定程度上实现个人尊严以及参与式公民身份的社会责任。然而，他认为这种批判性能力在很大程度上被主流职业教育所忽视，在教学中处于从属地位，并且服从于功能化、合理化的成果，以确保道德和伦理教育目的的效率和可衡量。他提到了杜威的职业教育理念，即朝着创造学习者"勇敢智慧"的目标前进，并使它们为更加公平和开明的社会秩序做好准备（Dewey，1916，第319页）。这一点很有道理。社会对确保职业能力有效发展的兴趣和压力可能是以其他与工作有关的教育目标为代价的。Lakes（1994）认为，这些目标经常被教师列为次要事项。然而，除了教师之外，一些组织和选择课程内容的人也很可能对这样的教育目的不感兴趣。事实上，在许多方面，这些都与职业教育所支持的更广泛的目的正好相反，以确保个人和谐地参与社会。

　　然而，奇怪的是，实现 Lakes（1994）和杜威（1916）的倡议可能会有另一个障碍：即学生参与这类事宜的能力。学生们并不总是乐于接受这些批评，然而这些批评很可能是源于学生自身的工作经验（Bailey，Hughes & Moore，2004；Billett & Ovens，2007）。这些目的可能需要学生在实际工作中面对问题的经验来实现。因此，一项旨在确保获得批判性能力的教育很可能需要包括使学生参与到这类教育目的的手段。以这些方式支持工作生涯发展的能力，需要学习特定的职业能力和维持就业能力所需的更一般的职业能力，并进一步发展个人能力，以便在工作生涯中面对选择时做出明智的和关键的决定。其中一个核心就是工作和职业的过渡。

协助工作过渡

　　职业教育必须将与工作过渡相关的问题作为一个中心问题来考虑。个人在其工作生涯的部分发展途径，包括职业和（或）工作形式和方式的过渡、转变，这些对于他们来说是新的东西，因此，向新的环境和业绩要求的过渡也可能是新的。当个人需要或想要进入到一个新职业时，这些过渡是十分重要的，当仅仅是从事的职业转换到不同的环境时，那么这种过渡的重要性相对小些。虽然有时有人建议，个人在整个工作生涯中需要五到十次改变职业，但这种说法可能稍微有些偏差。当然，对于那些面临职业有巨大变化的人（如在印刷业或者当一个产业转移到海外时），有必要发展一套全新的职业能力。然而，对于其他人来说，也许大多数的工作转换都是不同类型的。这可以是在其职业范围内或与其相关工作形式之间的移动，他们的需要是协助他们满足这些不同形式的工作要求。许多在特定职业中开始工作的人将会以不同的方式来从事该职业。例如，我在服装制造业的经验遍及该行业整个工作领域，我的工作重点是生产女装、男装、戏剧服装以及大规模生产休闲服装。所有这些工作形式都要求我以完全不同的方式运用我的职业知识。

然后，有些人的转换是在他们现有专业领域内两种不同工作之间进行的。这里的例子包括从技术或工人角色转变为技术职业或行业中的管理者或教导者。两个例子中，这些移动仍然与同一职业领域有关，但需要发展有效监督、管理或教导他人的能力。这里的要点是，个人在职业生涯进行两种类型的工作过渡时，可能需要教育支持。当过渡期主要包括学习新知识领域（如从一个职业转移到另一个职业）或需要发展一套新能力（如管理或教学）时，这些要求可能会大得多。这些转变也可能对个人身份认同和自我意识构成重大挑战（Smith & Billett, 2006）。从个人熟悉的工作形式转变出来，而且，也许是从个人能力受到尊重的工作中转变出来，这可能是个人所面临的挑战。

因此，与这种转变相关的考虑需要超越职业知识的规范和情境形式的发展，并需要延伸到个人经验的价值和尊严问题上。例如，在长期职业生涯中，当经验丰富、技术熟练的从业者开始成为职业教育工作者时，出现了一种常见而持久的关注模式。这一过渡过程要求他们在教学中完成大学学位。然而，这些人中有许多人虽然具有很强的职业能力，但并没有经验或为高等教育的要求做好准备，也没有为评估他们的表现做准备和编写作业。这可能导致蔑视的言论、嘲笑他人的企图，以及表面上的参与。这些反应中有许多似乎是出于对自我的担忧以及如何应对这些问题。这里重要的一点是，职业教育不能简单地与技术知识有关，即使是为了一项职业或是为了诸如准备和编写作业之类的策略。它还需要包括与理解和响应个人相关的目的，并寻找方法，使他们能够学习他们所需要的从业者能力。

因此，职业教育不仅仅是初级的准备和专业发展或继续教育，它的目的是帮助个人有能力从一种工作形式过渡到另一种，从一种职业过渡到另一种职业。

协助有需求和转变能力的学习者的发展

协助个人进步的第三个要素是提供教育的重要目的，其持续时间超出任何的初始的准备工作。回到杜威的第一个目标——帮助个人确定他们适合的职业——但职业的适合性可能随着时间变化而改变。也就是说，随着其他因素和经历的发生，对于形成年轻男女身份意识的兴趣和适合性可能会随着时间的推移而发生变化。例如，许多年轻女性决定成为美发学徒或护士，当她们形成一种年轻女性的自我意识时，她们生活中有时就会出现这样的决策，这些职业似乎与性别认同很一致，但她们对这种工作的经验非常有限。然而，也许后来她们意识到这并不是她们适合的工作，也不能满足她们对特定性别身份的需求。因此，最初的职业决定和基于早期适应的轨迹很可能需要重新审视和改变。这里需要注意的是应避免第二个不适宜的轨迹，因为这不仅对个人有一系列私人和经济影响，也对那些协助他们发展的人产生影响。

还有一个残酷事实，即个人能力也会随着时间的推移而改变，因此，他们并不总是能够继续从事他们喜欢的工作。据了解，运动员、一线急救员和军事人员都有相对较短的职业生涯，当他们的身体能力不能再维持这种职业时，将需要找到替补人员替代他们。同样的问题也涉及其他职业，如餐馆里的厨师和那些从事市场营销和广告等高消耗行业的工作人员，更不用说那些对身体要求很高的建筑行业了（Dymock，Billett，Martin & Johnson，2009）。某些职业中，这些因素是可以理解的和接纳的。在一些紧急服务和军事职业中还有替代的途径或工作，这些途径或工作使他们离开前线职责，并可能是更适合现有年龄的工作形式。但是，并非所有的工作都有这种应急安排。这时候，个人可能需要获得一些教育以支持他们过渡到新的职业，或者过渡到与他们所知和能做的相关工作中去。其次，有很多工人受到身体伤害的影响，或者由于工作对身体的损耗，需要选择其他的职业。如上所述，那些正在寻求全新职业的人，也许正在离开高度消耗的工作形式（如战斗、急救、高端广告），很可能会对他们从事其他工作或自我感觉的能力丧失信心。例如，在一项研究中发现，对矿工来说，随着机器人采矿设备的使用，让他们的工作发生了彻底的变化，这消除了许多矿下工作的必要性，而将他们转变为地面工人的调整是相当困难的（Abrahamsson，2006）。他们经常继续戴着他们的采矿安全设备，即使这并不是现有采矿方式所要求的。也就是说，这些工人依旧认同地下采矿工的实践和工作，包括服装和相关设备。

这里的要点是，要确定他们的兴趣和能力之间的契合点，并可能成为他们的职业，这并不局限于发生在向成年期的过渡中或为职业的最初准备过程中。由于工作变动和个人能力、兴趣的改变，它也可以发生在成年中和成年后。因此，职业教育可能需要确定他们喜欢的职业，并在这一职业中做好有效的准备。这些教育目的可能需要被这些人所追求，但其方式要符合他们的需要、要求和兴趣。

个人的解放和发展

期望通过教育实现社会公正的核心是确保个人解放和发展的能力。与其他教育部门一样，这种期望同样适用于职业教育。Elias 提出：

……职业教育远不是剥削性的，它需要满足个人的需求，以个人所拥有的才能和能力在社会上谋生。（1995，第 185 页）

特别是为个人提供能力，使他们能够不断发展自己，无论是突破他们出生环境的限制，还是弥补义务教育中不满意或不成功的经历，是职业教育的一个明确社会公平正义目标。的确，正如本书中所述，所有的教育都可以被看作是职业教育，因为它应该总是帮助个人充分发挥自身的潜能，包括克服个人发展中的不利因素和不必要的障碍。正如其他教育部门都有关于个人解放和发展的目的一样，职业教育也是如此。此外，这不应被视为一件难得的事情，而应该是任何教育部门的一个基本原则。例如，Quicke（1999）认为，民主并不是局限于投票能力，而是一种与生活方式相关的更广泛理念，由于它的原因，个人可以通过积极参与社会生活来实现自身潜力。只有当个人有能力参与并反映其利益和知识时，才能实现这一点。此外，Quicke（1999）在前面的章节（第三章）中详述了一个要点：职业和教育长期以来都是由"他人"而不是由实践者决定的。

人们可以自由地实现自身潜力，并对这一实现过程加以控制。（1999，第 2 - 3 页）

通过这种方式，并通过截然不同的途径，职业教育的目的与确保个人解放和发展有关。这些目的对于个人来说可能会有不同的形式，从培养学生对自身潜能性的认识，到建议他们如何实现自身目标，再到培养他们实现目标的能力，都是职业教育的核心要素。值得注意的是，在人口是基于他国移民的国家，如澳大利亚等国，职业教育一直是移民人员能够获得受人尊敬工作（如律师和医生）的途径，并且通过这种教育，在社会中发挥了重要作用。

通过对职业教育五个主要目的的阐述，可以看出，这些目的是多维的、复杂的、相互重叠的，但对个人、社区和社会的问题，每个人可能有不同的目的。因此，显而易见的是，普通教育（即通识教育）和职业教育之间的差别并不容易区分，而且职业教育不只是技术性的、狭隘的、特定的教育，也并无限制参与者的成果。相反，有人认为，职业教育目的对个人成人生命历程、所生活的社区、所就业的地方和所定居国家的发展都是至关重要的。这样的阐述为职业教育的实施开辟了前景和期望，职业教育将根据个人具体情况和制度上的特定要求，以不同方式去实施。然而，采纳这些目的的方式是需要有意识指导的。

职业教育目的的总结

总之，职业教育的目的显然并不是单一的。相反，有些目的在某些方面是十分不同的，而且，有时往往以复杂方式相重叠，特别是在解决社会或个人期望的具体问题方面。这些目的也可以反映特定的方向或价值，例如，它们是否应该强调经济或社会变革的成果。总之，从以上讨论来看，职业教育的目的可以被视为与下列相关：

- 文化延续性，以维持和进一步发展职业能力；
- 在执行职业情况下，维持经济效率和效益；
- 维持社会（即国家）的延续性和变革；
- 针对个人职业和行业进行个人建设，从而确保个人需求；
- 通过初始准备和工作中的持续发展，确保职业需求；
- 确保对社区和（或）国家有用的目的。

很明显，在这些不同的目的中，有相当不同的方向，而不仅仅是满足个人或社会的需求和目标。整个过程中，强调贡献是发展职业能力的核心，且这些能力很可能会成为个人的职业能力。所以，在考虑职业教育的目的和目标时，重要的是要说明这些职业需求的来源、它们的情景表现以及随着时间推移发生的变化。因此，对于职业教育来说，目前还没有明确统一的目标。相反，这些被认为是为了满足不同的文化、社会、社区和个人需求而达成的目标，以及每个民族的国家的目标都会随着面临特定的问题而发生改变。所有这些目的及其产生和形成的因素都是职业教育课程要考虑的重点。也就是说，这些目的决定了职业教育所要达到的目标性质，还决定了教师和其他人如何实施职业教育，以及个人如何参与职业教育。

第七章

课程与职业教育

214

当工作教育建立在规范尝试的基础上时，它的教育价值便丢失了——理解这一事实并不需要概念上的重大飞跃。（Kincheloe，1995，第 28 页）

职业教育课程体系

正如前文所提出的那样，在职业、工作以及职业教育的构成方面存在着社会和个人两个维度。而对职业教育课程构成的解释也必然需要对这两个维度进行说明。事实上，正如第 3 章所提出和界定的那样，虽然受到社会上各种潜在因素的限制，但职业是个人亲自建构、实施并赞同的。相反，工作则主要在文化、社会和制度体系方面有其自身的起源和变革。所有这些都意味着，需要从社会、情境和个人层面理解职业教育的构成以及如何才能最好地实施职业教育。而且，个人层面的职业和社会层面的工作都是相互依存的：每个职业都或多或少地依赖于另一个职业。因此,社会、情境和个人领域内的决策型塑着这两组因素之间的关系，并由这两组因素之间的关系所型塑。所以，旨在实现个人职业以及职业的连续性和转变的教育供给受制于社会的、社会情境的和个人的需要以及有关这些需要的既相互独立又相互联系的决策。这一结果意味着，除了考虑社会和个人因素之外，有必要将它们视为一个复杂的而不是一系列独立的因素。

前一章列出了职业教育的系列目的，同样地，这些目的所反映的是社会、环境和个人层面的特定理想和决策的重点。在讨论了这些理想之后，本章旨在勾勒职业教育课程构成的主要层面。首先，它讨论了课程的各种概念及其对职业教育的适用性。作为促进职业教育课程讨论的一种手段，本章考虑了三个维度：预期的课程（即主办者和其他人打算如何实施以及应该实现什么目标）；实施的课程（即决定课程设置的因素和为学习者提供的经验）和体验的课程（即学习者如何参与预期和实施的课程内容并从中学习），从而作为一种获取决策基础和决策要点的方式：不仅决定预期的内容，也决定实施和体验的内容。

除了提供思考和评价职业教育课程供给的范畴（即预期、实施和体验的课程），本章还试图区分构成这些课程维度的特定种类的决策过程。如前几章所述，我们认为，通常对工作和教育供给进行评价、提出意见的，一般是有权势的和享有社会特权的其他人，而不是那些实践或了解特定实践的人。这些其他人也在社会层面塑造了关于职业教育的公共话语。这种代表性模式似乎不仅是特定工作特权的产物，而且是那些从事相关工作的人的观点，这些人能够讲清楚这些工作的特点以及该如何学习这些工作。值得一提的是，自从职业教育供给成为民族国家的利益，正如通过政府机构所实施的那样，这些影响在指导职业教育计划制定和实施途径方面发挥了很大的作用。

然后，在考虑课程定义、课程意图和课程开发模式时，与实际参与实践和教学的人相比，这些其他人的影响和决策通常效果是更明显的。这种影响在指导教育供给的各种课程文件中反映强烈（即教学大纲、成绩报告和教育成果）。然而，当个别教师或培训师决定为学习者提供经验时，以及当个体学习者决定如何参与所提供的学习时，也会发生决策。也就是说，他们决定了如何参与这些安排，出于什么目的以及为此努力的程度。因此，在对整个课程进行综合研究时，重要的是要明白，除了其他人的预期之外，这些意图是如何被真正实施它们的人所落实和型塑的。这种落实也受到特定环境、资源以及限制其实施的历史年代的影响。然后，最终实施的内容是由学习者体验的，他们决定了他们为自己决定的体验的内容和方式，以及体验如何转化为他们构建和学习的内容。根据 Morrison（2001）的观点，亚里士多德会把这看作是在三个不同层次上的权力（或政治）的行使——尽管这是一种不太容易被察觉的行为，包括：公认的规范和惯例、情境要求和个人需求。 因此，三个层次的决策都不能仅仅视为是一个脚注，而是职业教育中必不可少的决策。

在考虑了课程定义后，第二部分开始讨论课程的三个概念，这有助于理解课程组织、实施和实现的过程。 这些包括预期的、实施的和体验的课程，并反映出三种课程参与决策的水平。

课程概念

在教育文献以及关于教育的公共话语中，术语"课程"的使用方式是多种多样的。 因此，作为一个起点，这里讨论课程的含义似乎既有帮助又有必要，这种讨论出于三种直接的原因。 首先，课程一词被广泛使用，人们以非常不同的方式论述了它的含义。这是因为每一种用法和含义都根植于一套信念和意识形态之中（Smith & Lovatt，1990），这些信念和意识形态决定了对课程讨论的方式。因此，有必要理解和考虑这里使用这一术语时给出的特定含义，以及为什么选择了这个特定含义。其次，这些用法通常包括使用它们的人的立场或观点的简化形式（Skilbeck，1984）。这种问题变得非常突出，因为像"课程"这样的术语不仅渗透到教育话语中，而且渗透到公共话语中，并且由于这些话语中的假设而产生强大的影响。因此，清楚并把相关问题置于一套特定的概念规则中似乎是必不可少的，特别是考虑到职业教育实践之外的人在职业教育中的作用。此外，由于许多在职业教育领域使用课程这一术语的人都是从特定的理解中进行的，因此将课程研究中的这些概念背后的意图与公共话语中的课程用语进行比较非常重要。 第三，该词的不同用法和含义也表明了许多对课程本身性质至关重要的问题，因为考虑到正在讨论的课程的具体解释，这些术语可能具有不同的侧重点。这些问题包括课程的目标、目的、重点和概念。

　　课程讨论的这些原则中的任何一点都可以应用于任何教育领域，但是，它们在职业教育中具有特定含义。也许与任何其他教育部门相比，关于职业教育的更多的差别在于观点、讨论和决策都是由广泛的，但往往是有影响力的受众参与的，——尽管在不同的民族国家以不同的方式进行。这并不是说职业教育在某些方面完全不同于其他教育部门。当然，家长和政府都关注义务教育（即学校教育）中发生的事情，这一切在很大程度上都受制于公开讨论和公共话语。此外，政府对高等教育的兴趣越来越浓，并倾向于在制度层面对其进行干预。但是，职业教育似乎是更容易受到政府一时的兴致或政策波动影响的教育部门，这可能是因为它与包括就业在内的经济活动密切相关。此外，因为职业教育经常涉及特定的实践领域（即工作）、代表那些实践领域发言的人（即专业团体、工会、行业协会和雇主联盟）、受雇于这些职业的人（即从业者）、雇主和寻求促进特定经济部门利益的人，往往对职业教育的目的、实践和结果不仅感兴趣而且也有能力对此表达他们的观点和看法。此外，由于高度重视应用，对职业教育的成果进行监督、比较和判断，其方式往往十分清楚和外显。雇主在潜在雇员中进行选择，工作场所的主管对他/她监督的人的教育准备情况进行评价，他们的依据都是这些刚刚毕业的学生对工作场所生产提高的贡献度。此外，如果青年失业率过高或技术工人短缺时，就会做出职业教育应该如何解决这些问题的判断，有时这些判断是那些对教育过程不了解的人做出的。前一章已就职业教育要求的多样性进行了阐述，然而，与其他任何教育领域相比，职业教育有着诸如举办者、发言人和多个政府部门等领域之外的利益相关者，因此，非常有必要廓清概念以理清其课程的构成、理解和实施课程的方式以确保其目的的实现。

课程的定义

关于课程定义有很多的声明，本身就几乎和定义一样多。诸多的定义似乎可以被看作是近来课程论学科尝试建立理论前提的产物（Tyler，1949），以及与学校教育或更确切地说是义务教育的过度密切联系的结果。近来对课程构成的关注成为一个值得详细考虑的课题，因为教育，特别是学校教育已成为各国关注的重点。因此，随着学校教育成为国家目标、活动和支出的主题，找到组织教育供给的方式以最好地满足国家需要变得越来越重要。因此，课程论研究中一些对课程的定义起初指的是学校目标，也就是说，在不久的过去以及当代，对课程一词的考量发生在义务教育和大众教育时代，并且大众教育引入了义务教育和职业教育以实现特定的社会目的，对于教育的强调就不足为奇了，因为它变成了一项社会工程。然而，随着时间的推移，人们越来越认识到，对这一术语的认识以及它所代表的含义都发生了变化，它所努力捕捉的复杂性变得清晰可见，正如表7.1所显示的那样。在总结这些定义的时候，可以看出课程概念随着时间发展所发生的改变。被许多人作为课程研究领域中的开创者的泰勒（1949）所关注的重点是教育机构的目标，"课程"的含义已经从特定经验的提供发展到为这些目标的实现提供支撑。

表 7.1　课程的定义

作者	定义
Tyler（1949）	被学校计划和指导以达成教育目的的所有学生的学习
Kearney and Cook（1960）	学习者在学校的指导下获取的所有经验
Wheeler（1967）	通过课程一词，我们指的是在学校指导下为学习者提供的被计划的经验
Foshay and Beilin（1969）	学校目标的操作说明

续表

作者	定义
Hirst（1974）	设计的系列活动，以便学生通过学习获得某些可列举的目的或目标
Eisner（1979）	一所学校，一个项目或一间教室的课程可以被设想为一系列有计划的活动，旨在对一个或多个学生有教育的结果
Skilbeck（1984）	课程是指学生的学习经历，它们被表达或预期的范围包括：目标、目的、计划和学习设计，以及在学校环境中实施这些计划和设计
Print（1987）	课程被定义为由教育机构提供给学习者的所有计划的学习机会和课程实施时学习者所经历的学习经验。这包括老师为学习者设计的经验、以书面形式被纳入课程文本的经验
Quicke（1999）	课程提供了一个学习框架。它表明，所有的可以被学习的事物中这些特殊的东西是最有价值的；它参照学生的教育需求、教学和学习发生的社会和政治环境

　　同样地，随着时间的推移，还有这样的一种理解：除了这些目标，还需要考虑包括教学以及学习者在内的课程实施的问题。透过这些定义，可以看出对于教育机构内学习经验进行有意地组织，以此作为达成学习意图的重要手段的一贯的和强烈的强调。

　　在这些定义中，同样还存在一个决策框架。考虑到这些界定的种类以及在公共话语体系中它们所强调的重点，也许这并不奇怪，课程已经变成了一种以书面形式进行开发，并且被用来对学习者经验进行计划和规范的文件（也就是教学大纲）。然而，课程绝非一系列决定和决策者所达成的种种意图，它是由教育机构中的教师、实践者以及教育实践发生背景下的其他人共同实施的某种东西。课程也是学习者所经历、获取意义和从中学习的某种东西。

　　所有这些定义以及对它们的特性和优点的考虑都是有用的。除了对这些定义中特定的重点进行考虑外，思考一下它们对于职业教育的统一性，走出课程定义，比如使用在受教育方面更有加适用的话语，是非常有益的。这样做的最起码的原因是大部分职业教育都是在教育机构以外的环境中进行的。课程概念的发展所强调的重点在儿童的义务教育上，这对于考量非义务教育的课程供给未必完全有益。事实上，课程这一术语的含义可以在拉丁语"currere"中找到，它指的是奔跑、快跑、飞行，但也指跑过或穿过，它也被用作中性名词，意思是进程或一圈。但它也有跑步或比赛的意义——"跑道"——学习过程（Marsh & Willis，1995），甚至是"生命历程"。

职业教育课程的范围

职业教育课程概念的范围的构成是相当大的。这个词的起源和原始用法是指个人进步发展的路径，而这种进步可能不会受到教育机构经验的限制。这一界定在许多方面相当有用，因为它表明课程产生于社会世界，而社会世界提出了个人必须进步的具体途径，所有这些很可能由社会规范和准则所确立。因此，课程的概念和要求既是社会的，也是个人的，尽管是相互关联和相互依存的。这种用法也承认个人将以不同的方式和不同的速度前进，因为他们具有特定的能力；因此，也就需要这样的课程和相关的规则。当然，"人生历程"的定义表明课程不仅仅是包含个体旅程的个人概念，正如我们所参考的"跑步"（torun）的概念。然而，与讨论决策密切相关的是谁设定了跑道，出于什么目的，个人如何选择沿着跑道前行，又是为了什么。

对教育机构之外的有意学习过程的描述与课程的这些概念非常类似。在人类学的解释中，发现通过参与职业实践的学习发生在非教育机构的各种环境中（Jordan，1989；Rogoff & Lave，1984）。在这些情况下，学习过程并不是学习者通过一系列科目进行的，相反，在完成越来越复杂、要求越来越高的任务的过程中，学习者需要成功地学习和实践序列化的工作任务,这些任务对于团队的延续和生存是至关重要的(Pelissier,1991)。而且,技能发展的这条道路,正如在特定形式情景和规范中所发现的那样,需要学习者知识的学习和实践的维持。因此,学习者依次学习的实践活动是确保其所在的社会性机构延续的前提。这些解释与学习过程中两方面的要求有关:首先是解决新手技能发展的需要,这是其所在企业能够正常发挥作用以生存和繁荣的需要;其次是以不危及工作场所或共同体生存的方式开发这些技能。尽管没有通过大纲的形式表述,但这些作为课程的发展路径有其特定的目的(即意图),它们以与教学大纲相似的方式发挥作用:设计要完成的活动和目标以及确保目的可以达成的方法。通常情况下,新手的学习过程是基于他们身份的,直接的指导很少发生或者根本没有,只有关于他们从事相关实践工作的一些教授。中世纪欧洲的公会也有与课程概念高度一致的固定模式。这些组织不仅监督着要组织起来进行培训的工匠工人的标准,而且确定了新手工匠工人和有经验的工人的技能发展的阶段,这个过程从雇工到工匠,然后成为公会组织的全职成员,这一身份将让他们有资格去培训未来的工匠(Greinhart,2005)。培训未来工匠的过程发生在老板的作坊或者家里,老板在年轻的学徒培养过程中具有父母的权威,这期间的发展过程是以老板和学徒之间的直接指导关系为基础的,它包括相关工作技术知识的学习以及工匠工人如何指导自己开展相关的实践。在这样的组织中,公会发挥着协调组织的作用。成为公会接受的全职会员,并且能够保持这种身份不仅意味着工匠技能的有效性(Greinhart,2005),而且工匠们可以以公会认为是合适的方式指导自己和学徒学习。然而,在这些人类学的解释中,个体发展过程主要是基于他们自己如何决定参与这些任务然后沿着这条道路前行。

例如,Lave(1990)发现,学徒通过参与工作场所活动来学习剪裁工艺,这些工作以持续增加的责任和复杂性进行安排。这种参与途径——currere——逐步地提供了学习工作能力的路径。学徒起初的活动是结构

222

化的，以提供相关工作全部目标的实现路径和发展特定任务所需要的业绩能力。开始的时候，他们负责熨烫完整的衣服，这为他们提供了解完整衣服的标准和衣服构成的整体情况。这些活动为学徒的实践提供了可以观察的、清晰的目标。按照这样的顺序，学徒们学会了制作衣服的特定程序（例如缝制服装接缝、腰带和褶皱），尽管是通过观察和模仿，而不是直接教学。学习经验的路径是通过犯错风险的不断增加来建构的。这包含了学徒完成的多种任务，从开始时候犯可以容忍的错误（比如制作童装或内衣的任务）到可能会造成经济或成品质量受损的严重后果的任务（比如制作礼服）。通过参与日常的工作活动，完成任务的要求和通过观察进行的间接指导都是容易理解和便于学习的，学徒们在"currere"上不断地进步。通过这种方式，即结构化的实践，依据教学目的的安排，通过经验的学习，工作场所的规范和实践为学徒提供了课程路径。这包括为学徒提供他们要完成目标的最初通道、从事可以犯错的任务的机会以及发展和磨砺技能的实践以不断从事要求更高的活动的机会。然而，进步和学习是以学徒的积极参与为前提的，因此，学习者决定的还有他们从事这些任务以及在任务中进步的方式。

也许令人惊讶的是，在古希腊声望很高的医学和建筑职业的准备工作中可以找到同样的课程的例子及其变体（Clarke，1971）。据记录，虽然医学与大多数其他职业不同，需要在教育机构进行职业准备教育，但大部分学习发生在家庭和父子之间。

他们通过观察和与主人在一起而获得医学知识：经验上的，而不是采用自由民学习自然的方式——他们科学地学习那些他们科学地传授给学生的内容。他们是经验上的医生，他们在没有科学的情况下实践医术。（Laws-720ab，875d 压缩-如 Lodge 所引，1947，第 42 页）

看来，家庭以外的孩子有时也被接受为医科学生，尽管是收费的。在接受了普通教育之后，学生们从 14 岁起就开始了专业学习。根据当时的记录，这些学生将从了解手术开始，并使自己在手术中发挥作用

（Clarke，1971）。然后，学生们将参与观察，并在医生工作的过程中去模仿医生的工作。这些工作可能包括单独与病人相处以确保医嘱的执行，以及监督病人的康复过程等。正如中世纪案例以及上文 Lave（1990）所呈现的，这些学生与医生生活在一起，并与医生保持着家长与孩子的关系。当需要指导的时候，他们也会得到书面的正式指导、口头的教育和训诫（也就是直接指导）。与今天的教育相比，也有有关实践机会不足的抱怨，同时有人提出，因为以家庭为基础的医学培训实践不能提供有效教育需要的系列经验，解剖课程的引入就变得非常有必要，因为离开足够的实践经验，这种知识是没办法学到的。的确，有证据表明教科书作为一种教学方法的出现部分地是与家庭为基础的医学培训的消失相关的。同样，建筑看起来也是驻家学习的，而且，像医学一样，这些学生在开始建筑专业的学习以前需要有基础教育的准备。这种参与模式在很大程度上可以参考古希腊学徒制对年龄的要求，即理想的开始年龄是 18 岁。同时，对学术和实践能力两方面发展的要求与医学也是相似的（Clarke, 1971）。而且，这些例子中明显的一点是早期的实践已经变成今天大肆宣扬的现代学徒制（也就是双元制），在现代学徒制中，学徒被置于学校教育和工厂实践两种经验环境中，而且，让两种环境的贡献产生联系的努力是显而易见的。相关解释提出，只有当师傅或父亲不能传授社会所需的所有重要技能的时候，教育机构才是必要的（Thompson, 1973）。因此，教育机构提高了实践环境中获取经验的效果，这些实践成为在专门设计的教育环境中可以以最佳方式实施的重要内容。

支持新手学习的课程概念的价值在于它们阐明了特定的路径，它们以知识的运用为基础，以那个时代突出社会价值的学习为基础，这一点一直延续到今天。它们在很大程度上也反映了当代文献的观点，提供了适用于实践的知识学习领域的解释性说明。认知的（或个体的）（Anderson, 1993；Shuell, 1990）和社会文化（Rogoff, 1995）建构主义

224

心理学都明确地将目标导向互动参与与个体学习联系起来，而后者更强调心理交互的过程——发生在参与社会形塑的活动以及社会同伴所支持的活动中的个体与社会资源的互动，比如在工作场所可能发生的活动。同样地，参与工作场所的日常活动也被认为是对个体知识的强化、提炼和拓展（Gauvain, 1993；Rogoff & Lave, 1984）。Lave（1993）的结论是，当你检视你所学习的实践的时候，你就让自己参与的社会实践，比如工作，与学习结构产生了关联。认知主义的观点也表明，个体工作活动的新颖度或单调性影响着新知识学习的机会以及对已掌握知识的提炼和磨砺（Anderson, 1982; Van Lehn, 1998）。因此，参与工作实践本身不仅仅是一种目的，它促进个人在学习方面能力的变化。这种学习得益于参与新工作任务和提升工作技能时的帮助与指导（Collins, Brown & Newman,1989）。经验和学习者参与工作场所任务的顺序通常情况下与学校中的教学实践是相似的。诸如认知学徒制（Collins et al, 1989）、交互教学（Palinscar & Brown, 1984）以及用来减少认知负荷的半工问题（Renkle,2002）等教学方案与这些过程都具有可比性。此外，对学习而不是教学的强调在以建构主义原则为基础的教学模型中得以广泛地应用（Vosniadou, Ioannides,Dimitrakopoulou & Papademetriou, 2002）。学校环境中的同辈学习过程（Fischer, Bruhn, Gräsel & Mandl, 2002）与人类学对于共同体学习的有意识地组织的课程与教学实践高度一致（Pelissier,1991），它们可以以属于参与主题的范畴。

在其他工作和更加现代北的背景下，同样也发现了类似的课程路径以及它们所具备的教学特性。在美发沙龙中，学徒们执行的任务和他们通过这些任务所取得的进步是受到沙龙美发的方法制约的（Billett, 2001b）。在一个沙龙中，几位美发师共同来服务顾客，学徒们首先完成"倒茶与保持整洁"的任务，即为顾客端上热饮并且保持沙龙的干净整洁。这些任务对学徒理解和参与美发工作是重要的构成部分。通过这些任务，学徒们学习并且练习确定顾客需要、卫生和清洁要求的步骤。比如，识别顾客需要，为他们提供茶或咖啡以提高学徒与顾客沟通的能力和自信。然后，学徒为顾客洗发并清理由于造型或者染发而留在头发上的化学药品。这些任务进一步发展了与顾客沟通和交流的能力。自始至终，学徒通过与有经验的美发师的直接的人际互动和更多间接的参与（也就是观察和倾听）而进行心理交互的学习从而可以理解和练习每项任务的重点（比如，清除顾客头发上所有化学物品的重要性）、任务在美发过程中的位置以及其重要性等。随后，学徒与有经验的美发师一起把卷发棒和卷发夹放在顾客的头发上，在允许为女性顾客剪发以前，他们先为男性剪发，因为这相对容易且责任较低（也就是更低的错误成本）。学徒沿着这条实践的路线不断进步，一直到他们可以独立地为头发进行造型。因此，在这些沙龙里面学徒学习是有轨迹的，沙龙为学徒提供难度不断增加的任务（也就是新的学习），然后在这些任务中练习（即提升）以不断促进学徒工作场所实践能力的发展。这种活动的轨迹构成了工作场所课程的重要原则（Billett，2006），是维持工作场所活力的基础。然而，值得注意的是每一个工作场所中都有着不同的"currere"以反映不同背景的特定要求。同样，还发现尽管沙龙的美发活动提供了多种任务，但是美发师在为他们的顾客服务时是有自己偏爱的方法的（Billett，2003）。也就是，学徒和美发师在进行美发过程中自己会进行判断。因此，尽管这样的环境下学徒可能都很好地达到了美发工作所需要的标准的技能要求，但他们通过实践的参与也学到了特定工作场所的具体要求。而且，他们的判断包括了他们完成任务的方式——这是以偏好为基础的，优先于经验和对顾客的判断。因此，关于课程的这种解释的一个必要的维度是，学习者所做的决定，这些决定包括他们分析任务的方式以及建构一个可以执行任务并且选择特定方式完成任务的知识空间。

226

职业教育课程的概念化

对上述讨论来说更重要的是，职业教育需要更广泛的课程视角，而不只是局限于实现与教育机构预期课程相关的目标。这不仅是因为构成课程的大部分内容也包括了教育机构以外的经验，而且也为了更清楚地理解和阐明是什么构成了职业教育课程的维度。例如，即使有高度组织化和统一化的课程意图，学生也将有一系列不同的经验，并将以不同的方式进步。所以需要考虑的是接受不同类型职业教育的学生在遇到国家认可的职业方案或课程时可能会带来的各种经验和属性。据推测，在参与这一活动的学生群体中，他们的体验将是完全不同的。例如，许多国家的学徒在工作场所就度过了3到4年契约的大部分时间，并且做法是不统一的，且即使是发生在同样工作实践场所中的事情也可能有很大的不同，因为受影响的情况因素会包括所从事的工作种类、组成工作人员的种类，以及工作在不同情况下的相同或不同程度。一个常见的区别就是，在大型工作场所工作的学徒，他们的任务可能是高度专业化的，而小型工作场所的工作任务可能要多样化得多。因此，学生虽然参加了相同的学习计划，但也有可能有不同的经历，从中学到的也是相当不同的知识形式。然而，其他职业教育专业的学生可能很少或根本没有时间在他们的课程学习中开展工作任务，而且他们的经验完全是建立在教育机构的基础之上的，这些经验与之前在教育方案中取得成功的课程之间的差异将会影响他们如何参与这一教育活动。因此对于所有的学习者来说，不管发生什么，将要实践的过程都会不一样。

所以实际的情况是：只能是预测。尽管这是系统、教育机构和教师精心规划的产物，但当学习经验被实施时，所发生的事情是不可预判的，甚至是不可管理的。也就是说，意图和结果之间很可能存在差异，这就是实施的结果。事情并没有完全按照计划进行（Smith & Lovatt，1990），这是因为经验并不是完全一致的，对许多人来说，也不是完全按照预期发展的。例如，在获得这些机构的实际经验、与教师和其他人互动结果的质量、教师的价值观和方向以及与学生分享评价和方法的程度方面，可能存在明显的差异。最后，学生们对他们经验的解释也会有所不同，这些关键因素不能因为要让所有学生都能获得统一的体验而预先规定或被管理。此外，在这些考虑中也强调，除了预测之外，教书者和其他人在教育机构或教育机构之外制定的，最终也会是学习者所经历的，也就是体验的课程。因此，课程的定义除了要侧重于实现赞助者或提供这些经验的机构的目标外，还必须包括对学生不同经验的考虑。然而，在公众或政府话语中很少有这样的考虑，除非学生被督促承诺并积极参与了因为他们才开展的课程。因此，在终身学习促进经济重点形成的全球努力中，经常有人建议，成年人必须主动并亲自积极参与其工作生活和学习［经济及文化发展组织（OECD），1996］。然而，这类规定很少得到真正的支持，它强调教育需要了解什么对成人终身学习很重要，以及如何才能为他们提供最佳的学习机会。因此，仅仅从意图的角度来看待公共或政府话语，且通常是作为一种文件（即教学大纲）是不够的。

事实上，教学大纲通常只包括要评估的内容领域的清单（虽然有时扩大到包括若干目标和学习活动），它只是课程的一个要素或维度。虽然公共话语倾向于将课程和教学大纲看作是系统的文件，甚至在教育系统中，编写这些文件的地方有时会被称为课程开发单位，但其中有四个关键的区别是将教学大纲的作用限制在课程要素的一个层面（Brady，1995）。

第一，课程和教学大纲之间的联系往往是以科目为基础的，然而并非所有的学习都是基于独立学科的（例如小学、学前教育和基于问题的教育）。例如，在我教澳大利亚职业教育体系中的时装研究期间，我们用一系列服装来组织学生的活动。也就是说，围绕着一系列服装的生产，

228

组织了图案制作、服装制造、设计和纺织课程。首先，学生们做了一条简单的裙子，并且为了做到这一点，在图案制作课上，他们学习了关于裙子的图案、裙子的测量方法以及"大步房间"等概念。服装制作课程的重点是制作裙子的技术；纺织课程的重点是可用于制造裙子的纺织品；设计课程的重点是设计裙子。从设计这条裙子出发，学生们通过制作一系列越来越复杂的服装，最终实现了我们自己设计和选择服装的目标。而这里的要点就是，所有的活动和主题都应该集中在服装这一艺术品上。

第二，将课程与教学大纲联系起来就忽略了隐性课程（所有那些在教学大纲中没有明确说明的经验），这些都是由于经验的制定和学习者对经验的建构而产生的。教育规定在过程或结果上都是无意中发生的，这包括社会因素的后果（例如，大多数时装学生是女性或男同性恋），以及教育工作者和行政人员所做的假设（例如，时装学生并不真正需要适当的工业设备，而不像工科学生，因为这只是缝纫）。第三，与教学大纲的结合也否定了有效课程的概念（教师的属性、学习环境和学习经验）。职业教育规定的特点之一往往是教授该课程的人在其教学领域具有很高的技能。因此，它们给学习过程带来了重要的构想，而这一过程并不能被纳入教学大纲的文件中。第四，从根本上讲，课程应该是学生能体验到的东西，而并不只是一份文件。相反，他们实际所体验的却只是已经为他们提供好的各种经验。

因此，课程显然不仅仅是一种可预测的概念而作为文件表现出来。设置不同的课程，就需要考虑在那些集中于文件或教育机构中的说法基础上更多地扩展一套概念。课程论专家以不同的方式和类别推进了这些概念。例如，Glatthorn（1987）将不同的课程概念分类如下：

- 理想的课程——由学者提出，以满足特定需求
- 权利课程——应该教授什么的社会观点
- 预期或书面课程——通常以课程提纲文件的形式陈述的内容
- 可用课程——可以通过学校资源教授的内容

· 实施的课程——教师实际教授的内容

· 实现的课程——学生通过实施的课程学到的内容

· 达成的课程——学生学习的测量

同样，Print（1993，第 5-7 页）提供了一套同样多样化的课程概念，包括：

· 课程作为主题——要教授的内容

· 课程作为经验——学生在教育环境中经历的一系列经验

· 课程作为预期——学生应该从课程中学到什么

· 课程作为文化再生产——反映和再生产社会文化

· 课程作为 "currere" —— "跑步比赛"，提供持续个人意义的过程

这些不同的课程概念和特点，为课程的规划、组织和评价提供了不同的依据。Glatthorn（1987）的清单包括期望（例如理想、权利和意图）以及课程要素（例如所教授的内容和所学的内容）。Print（1993）的清单包括课程内容（例如经验）以及目标（例如文化传承意图）。此外，从上述情况可以明显看出，不同的人会如何体验课程（即"课程运行"）的前提是他们以前在从事教育方面所获得的经验，以及形成这些经验的情况处境（例如工作场所或教室）。这些经验不太可能是统一的，也不可能有同样的发展。还有一些意图可能来自课程规划，这种规划可能都并不了解实施该计划的各种不同情况。另一种办法是由教师个人或小组，特别是职业教育机构进行规划，其前提是他们的经验和理解有相当具体的本地化特征。此外要考虑实施的结果是什么，以及由于类似的一系列地理因素，这种情况如何以不同的方式取得进展，还需要考虑让教师参与制定要教授的内容和原因。当然，正如下文所讨论的那样，以教学大纲形式集中制定的内容是否将由那些必须以与其提议者相同程度的热衷来执行或对其意图有类似理解的人参与，这并不是确定的。在执行当地或中央提出建议的能力方面也不可避免地会存在差异。

所有这些都表明，仅仅将课程作为中央或地方要求发展的概念并以

教学大纲文件的形式表现出来是不够的，关键是我们并不能直接触及或看到课程，这是因为课程也包含了为学生提供的经验。有句老话说："给1000名教师一个相同的课程表，1000节不同的课就会发生"。因此制定课程的考虑范围应扩大到如何具体的实施。此外，有必要考虑到学生是如何理解他们的经验，如何从经验中建构知识并参与其中，以及他们从中学到了什么。这些维度或要素中的每一个点都应由它们构成的决策来描述，也就是说，确定课程的目的、目标和方法，包括评估和评价的依据，就决定了如何选择和利用资源与机会。

因此，课程可以被视为具有与实践和经验相关的品质：有什么是被打算或计划的（即预期的课程－教学大纲、学习目标和结果、教师的计划），包括课程实施时发生的情况（即颁布的课程）以及学习者因实施课程而经历的情况（即体验的课程）。在表 7.2 中，Glatthoron（1987）和 Print（1993）所提出的课程概念就是基于构成课程的这三个维度的框架而汇集在一起的。

课程的这三个组成部分共同为理解和阐明职业教育课程的全面内容提供了基础。此外，它们还提供了一种了解不同类型课程的手段。例如，政府及其行业伙伴的关注点往往侧重于意图或结果（例如职业标准），这可能与必须实施或颁布课程的人（如教师和培训人员）不同。此外，预期结果所产生的经验质量是参与职业教育方案的人及其赞助者所关心的，当然也包括那些作为学习者参与的人的关注。因此对课程决策的这三个维度进行了简要的概述。

表 7.2　作为预期的、实施的和体验的课程概念

	Glatthorn 的范畴（1987）	Print（1993）
"预期" 的课程	理想课程 权力课程 预期课程	计划－预期 再生产

续表

	Glatthorn 的范畴（1987）	Print（1993）
"实施"的课程	可用课程 实施课程 有效的课程	主题事项 再生产 – 非计划的
"体验"的课程	实现的课程 达成的课程 潜在课程	经验 Currere（跑道）

预期的课程

预期的课程是这样的：需要明确它的发起者或开发者的意图是什么，并且其意图应该在课程实施的结果中得到实现。课程通过规划其过程变得真实和具体，这些进程的结果往往就是编写一份文件（即教学大纲），以此说明要实现的教育目的和目标（往往是目标）、应教授的内容、应如何教授和如何评估以及达到何种标准。这些意图可以包括制定教学大纲的人确定的总体目标、个别单元（即课程或单元）的目标，以及指导教学和评估的教育意图（目标）的详细说明。鉴于各国政府对利用职业教育实现其重要经济目标的兴趣越来越大，因此，以详细教学大纲和与之相关的行政程序形式的预期课程已成为其机构所重视的一个关键问题。如下所述，这一过程也经常涉及参与行业制定这些标准和指南的预期课程以及它们的颁布。为此目的，在全球范围内对职业教育使用了若干监管措施（如国家工业能力标准和认证程序），而这些措施是在设法确保预期课程的努力中制定的。包括他们对国家课程的统一执行，其中统一确定的文件已被用于实现职业教育工作者所期望的内容。在澳大利亚等一些国家，这些安排已扩展到认可全国性的教学大纲文件、认证职业教育提供者的安排、向能够提供政府支持的人提供职业教育机会、对于那些在国家授权的职业资格以及教育文凭方面立法进行教学的特定要求。也就是说，这些术语只能作为专有名词（如证书、文凭和副文凭），且当它们遵守所要求的规定、标准和人员要求时才能使用。其中许多举措是 20 世纪 90 年代澳大利亚职业教育改革进程的一部分，基本上是为了控制"预期课程"的宗旨、目标、目的和内容。政府的一个主要关注点似乎是从职业教育系统和教师手中夺取对预期课程的控制权，并通过咨询机构将这一控制权交给工业界，以确保更好地满足工业需要（Skilbeck et al, 1994）。还有人认为通过这样的做法，颁布和学习的课程内容将契合政府及其行业合作伙伴的要求。换言之，有一种相当天真的信念，即在对预期课程的控制中也将会对学生所实施和经历的课程进行控制。通过这些方式，各国政府及其相关机构将重点放在管理职业教育学生的学习经验和成果上，并试图通过预期的课程具体规定他们的经验和成果。该策略的明显局限性就在于课程也是被制定和需要经历的，而不仅仅是有意行为。

"预期课程"的概念还应包括经验教师为学生规划的内容，尤其是当他们能够塑造甚至决定课程的意图和内容时，情况尤其如此。以学校为基础的课程开发模式（例如，Skilbeck, 1984）为教师提供了这样的自由裁量权。在一些国家，以及在某些职业教育项目中，这样的本地化安排仍在实行之中。奇怪的是，它们最有可能是在政府和其他方面并不关心的情况下颁布的，因为他们认为其不够重要。例如，当我开始职业教育的教学生涯时，我的教学对象是由全日制学生组成的，他们都参加了能获得证书的职业准备课程。这项计划是有组织的、合理的，并且其主要是由在政府部门工作的公务员组成，包括听取了一些行业代表的意见。而我在教学中的自由裁量权受到教学大纲所规定的内容和结果的限制。在晚上，我还教授了一门娱乐课程，重点是学习特定行业的发展过程，在这门课中，我设计并制定了一个方案，并就该方案的教学内容和结果做出了自己的决定。然而，这种经验是一个例外，因为从那时起，我所教授的所有课程都有由他人制定的教学大纲，并逐步增加了应教授的和应如何评估的具体内容。今后，如果脱离高度管制的国家程序的运动发挥了作用，也许是因为需要更有效地满足当地的需要，那么很可能会要求那些教书的人同时制定出符合这些需要的课程和学习经验。也就是说，在教师就已制定的课程做出多项决定的同时，亦有一个前提：让教师为预期的课程做出贡献，而不只是为学生开展一个学期的教育经验课程。

实施的课程

实施的职业教育课程实际上包含了复杂的内容，而这些内容的存在取决于现有资源、教师和培训人员的经验和专门知识、他们对意图的解释、他们的价值观以及决定学生经验的各种情境因素。除了教师的能力和教育阶段可用的资源外，这些因素决定了可在这些环境下开展的活动，以及颁布的课程。这些因素包括方案所在地学生可利用的工作场所或实习场所的种类，这些学生可在这些场所获得的支持和指导，以及获得特定类型的经验。例如，在大都市和偏远社区，可能会有完全不同的机会，这些机会影响着学生在每一种环境中所能拥有和了解的那种经历。"实施的课程"还包括"隐藏的课程"的一部分，虽然这不是教师想要的，但还是发生了。并且重要的是要了解形成"实施课程"的因素，因为在计划和正在实施的课程之间可能会有很大的区别。如果计划的课程是远离教师并不与其互动的话，这些差异可能是最大的（Billett，1995），因为教师将体现的就是赞助者和其他人的意图（Billett，1995）。例如，工业界和政府代表可能会就其目的所需的内容达成一致，并将其纳入课程文件。然而，如果这一过程是在没有咨询或与那些被提议去执行其他人已经达成的协议的人互动的情况下进行的，那么实施的内容可能会与计划中的内容有很大的不同。当然，这对于其他人来说，就会有一个长期而合法的角色来塑造应该教授的内容。

然而，如果要实现这些意图，就必须至少与那些将制定课程的人进行接触，如果没有其他原因，则需要明确说明意图是什么，以及如何在地方一级最好地解释和管理意向。此外，许多教授职业教育的人是根据其职业专长受雇的，因此他们有与职业实践相关的理解、能力和价值观，而那些组织预定课程（即教学大纲）的人可能缺乏这些知识、能力和价值观。如上文所述，有人试图通过监管措施来控制职业教育中"实施的课程"，目的是确保其意图得到实现。然而即使是争取正确执行课程的最艰苦努力也不太可能会成功（Print，1993），因为会制约学生经验的影响因素包括：

（1）教师的专业知识和经验，以及对计划的付出；

（2）学生的能力、意愿和兴趣；

（3）提供经验以支持学生发展的现有资源；

（4）社会人士的支持和帮助，包括工作场所规划的专业人员提供的各种支持。

因此，就学习者的经验与文件中所述的情况相比，以现有资源、教师的能力、信念和专门知识以及学生的特点为前提的就是，为学习者制定同样的，甚至是更多的条件。这些本地因素很可能会影响到原本打算实现的目标将在多大程度上得以发展，而教师在选择和实施课程时的具体方法以及做出的决定在这里就是最基本的条件。也就是说，制定课程的形式和决策是由那些为学生选择的学习经验付诸实践的人确定的。

因此在学生的学习方面，除了已制定好的课程外，最重要的课程概念其实是学生的实际经验。

体验的课程

体验的课程是学生在参与制定的课程时所体验到的，无论这是否是在计划和意图之中，对一些人来说，这是课程唯一合理的定义（Smith & Lovatt，1990）。也就是说，如果学生的学习情况是对教育规定最突出的关注，最终唯一真正重要的就是体验的课程，也就是学生是如何从制定的课程中理解和建构知识的。这种观点，以及强调教育的民主本质，也得到建构主义观点的广泛支持。简单地说，个人是积极的意义制造者，而不是像行为主义者常说的那样，仅仅是从其他地方接受刺激的人。杜威（1916）很早就提出，课程应以人的活动和相互关系为基础，这是一种把课程看作是学习者和世界之间的互动的观点：经验是活动的相互作用，是行动、反思和体验。也就是说，课程其实就是个人参与为他们计划的活动和互动时所遇到的东西。例如，作为一种集体学习的经验，可能会导致一次以少数人占主导地位的群体相遇。对一些学生来说，这种经历将是关于在群体中表现权力，以及那些思想被边缘化的人的挫折感，并且其他人可能已经学会了如何组织和推进他们的想法。

以类似的方式来考虑在教育机构全职学习的学生与将大部分时间花在工作场所的学徒在学习经验上的差异。与学徒不同的是，那些上大学的学生可能从来没有经历过期望他们去利用通过课程学习知识的工作场所的情况，他们也没有机会通过从事真正的工作场所活动来学习职业技能。当然，这些学习者在职业技能的发展过程中会遇到不同的途径（例如，一种是在大学里，另一种主要是在工作场所）。然而更根本的是，这些学习者可能会以完全不同的方式来构建这些经验，因为他们的特殊经历为他们提供了从事职业教育和从其职业教育中学习知识的非常不同的基础。

学习者仅仅接受来自社会世界的建议的假设已经被一系列的学科观点所驳斥，相反，个人似乎会在过去发生的各种经验和学习的基础上建构意义和知识。这被 Valsiner 和 van der Veer（2000）称为他们的认知经验，另一些人则提出了一些类似的概念来解释人类的意义创造过程。此外，哲学（Lum，2003）、文化心理学（Valsiner，2000）、社会文化理论（Wertsch，1993）和社会学（Giddens，1984）的叙述都以合理一致的方式提出，个人参与社会世界中的各种行为的过程是一个在很大程度上以他们所知道的内容为前提的过程，这包括他们的认知基础和以往的经验。因此，就算是没有信心被计划或制定的东西，也真的能在过程中学到。

例如，即使是在职业教育中使用的教学策略也可能产生完全不同的参与效果（Posner，1982），所以需要考虑职业学生可能会遇到的自主学习的机会，并且这些经验可能满足一些（但不是全部）学习者的需要。对于一部分学生来说，这些经历为他们提供了一个可以出类拔萃的机会；对于其他没有准备好的学生来说，这些要求超出了他们在没有帮助的情况下能够达到的能力目标（Billett et al，1999）。因此，学习很可能是学生去体验已经实施过的课程内容的结果，而"有效课程"的关键就在于学生所经历以及实施的过程。总之，是学生决定了他们如何参与教育方案、事业或工作场所等其他环境中为他们提供的服务。因此，构成体验课程的决策就产生于那些被定位为学习者（如学生、学徒和工人）的个人偏好、经验和能力。

职业教育课程

从上文可以看出，职业教育课程需要考量包含源于社会的，同时又是个人建构的概念体系，它们复杂并且是多维度的。不仅仅是学校目标的达成，还有与作为社会期望、地方需要和要求的预期的课程、通过系统经验学习的可能性，以及他们最终的学习结果。所有这些当中，决策的水平是不同的，它们是不易相连的。这种决策受到不同要求，不同优先权以及特定假设的影响。而且，除了决策，还有课程中经验的重要性。一个清楚的意图是提供一套特定的经验，期望学生特定类型的学习会发生，然后，就有了学生可以获取的教师传授和实施的经验，最后，还有这样的一个基础，即学生经历所实施的和从中学习的经验。

这些复杂的因素和概念就讨论到这里。下一章将更加细致地阐述决策和经验是怎样形塑职业教育供给、实施和经验的。

第八章

职业教育的供给

正确地使用职业教育将会对智力和兴趣产生影响，以便在立法和行政方面，改变现行工商业秩序中令人厌恶的社会特征。它会把越来越多的社会同情变成建设性的思考，而不是使它成为一种盲目的慈善情绪。它将给予那些从事工业劳动者职业期望和能力，去分享社会控制力，并有能力成为产业命运的主人。它将使他们能够在技术和机械特性上达到饱和，这是我们机器生产和销售系统的显著特征。（Dewey，1916，第320页）

我们在成人教育领域所做的工作，是所有教育形式都应该联合起来的工作。教育过程的主要目的不是掌握特定的学科或特定的技术。它的作用是对我们所有的遗产进行开放。它是为了让人们看到城市和城市本身的不足之处。它必须在同一时间培育建设性的质疑和信仰。它必须为实际地发展知识提供帮助。教育不能停留在对生活的特定诠释上，也不能停留在只有少数人能进入的活动中。教育必须是为所有人而准备的，其基本目标必须是使每个人都能丰富平凡的生活，以增加对自身对社会的贡献。（引自世界成人教育协会，1931，第124页）

职业教育：决策、规划、实施和参与

职业教育的内容、职业教育的实施，以及从中学到的东西，从根本上看，是由该教育领域内外不同的个人和机构做出的决策而决定的。这种决策包括它所形成的价值以及确定其预期的目的、内容、过程和成果。正如前几章所述，国家对教育的参与，尤其是对职业教育的参与，很大程度上可了解到，这些教育意图是由教育部门以外的利益攸关方所影响的。随着职业教育越来越多地被视为与重要经济目标相结合：如（1）社会所需技能的质量和数量；（2）公民就业能力与抗失业能力，它已被视为国家职能重要的调节工具。然而，其贡献的重要性往往被解释为是决策的作用，而关键的决策常常是在远离职业教育的情况下进行的。虽然到目前为止，这些利益和决策的大部分内容都是针对国家的各类职业教育部门，但越来越多的高等职业教育和学校职业教育也受到了同样的外部授权管制过程。无论这些利益和集中决策如何，组织和实施教育方案和经验的人员，包括行政人员、教师、工作场所培训人员和从业人员，同样也会做出制定职业教育的决策。也就是说，这些人会对各种教育供给（即特定情况下取得进展的情况以及会取得预期成果的情况）作出判断和其他决定。大部分决策都是在有限的专业知识、经验和资源下进行的，当然，也会考虑到局部因素，如学生能力和准备情况、最重要的决策者、课程的参与者；他们是否决定参加；如果参加，以什么方式和目的，以及何种程度的努力和意向性。简单地说，虽然对计划的课程（即应该取得何种进展和成果）有相当大和越来越多的关注，但是也有一些决策是关于学习者如何参与这些过程的。

为了阐述决策及其对职业教育的启示，本章运用了前一章介绍的三种课程概念：计划性、实施性和经验性课程。通过讨论这些概念范围和考虑其内部决策，提出了作为职业教育基础的课程过程和先进职业教育的解释性说明。因此，在考虑了课程的定义和方向之后，现在将决策视为课程过程和职业教育的一个关键部分是恰当的。通过本章对计划性、实施性和经验性课程的考虑，从而对职业教育有了更成熟的思考。

计划的课程：范围和决策

计划课程（即赞助者和设计师打算实现的事情）的范围和决策对其预期目的、形式、内容和成果来说越来越重要。因此，考虑计划的课程范围和决策所带来的影响是值得的。根据 Tyler（1949）所言，课程的关键要素是成果、内容、方法和评估。事实上，在许多课程开发模式中都使用了这些要素或它们的变体。阐述计划的课程内容以及它是如何以不同方式表现出来的一种方法是利用这些要素与计划的课程进行对比，即（1）这些课程要么是为那些将实施课程的人制定的；（2）要么是与实施课程的人接触并使其参与。这些被用来对比的方法，有时被称为"自上而下"和"自下而上"的课程组织方法。对课程成果、内容、方法和评估的分析，包括在阐明计划课程的文件的具体说明中，提供了一个关于课程的计划程度、内容侧重点的衡量标准，以及资助者在何种程度上设法管理课程过程，包括将其扩展到学习者评估模式和内容规范中。因此，有必要考虑和对比这些不同方法中决策的依据、种类和范围，以了解计划课程的方向和范围。这些利益攸关方本身不应该被视为对教育供给的不利或无理的侵扰。需要提醒的是，教师和教育机构并不是唯一对教学内容和教学方式有合法权益的群体。职业教育中，也有其他群体对课程感兴趣。除了教师和培训师以及他们的工作和（或）教学机构外，还有其他群体对课程感兴趣。具体如下：

·政府——关注职业教育的重点、方向、成果和成本；

·行业——对能够满足其需要的技术工人的数量和质量表示关切；

·企业——无论是公营企业还是私营企业，都关心是否可以获得能满足其产品和服务目标并为企业活动提供支持的员工；

·个人——如学生和工人，他们把时间和精力投入课程和学习经验中，以努力实现自身的目标和抱负；

·社会——对所教授的课程种类及其对社会的贡献，以及它们支持社会的方式表示关切。

然而，正如本书所提到的那样，纵观人类历史，社会特权阶级的声音对职业教育的地位和价值有深远影响。他们的影响在职业教育供给方面发挥了特别强大的作用，而且这种情况似乎也越来越多。在那段时期，社会特权阶级（即贵族、神权政治家、富豪和官僚）对于职业的准备和持续发展所做的考虑和决策，大部分都是为了服务于他们的特定利益。
这些早期利益的行使所留下的遗产包括一种职业等级制度，根据脑力劳
动或体力劳动程度、构成文化的理想活动和实践所需的知识种类来划分
职业等级。这个决策包括，职业教育现在所服务的许多职业是否应受到
教育供给；如果是，应采取何种形式以及应如何组织。另一项遗产是一
种传统观点，认为其中的许多职业需要较低的人力水平，而且从事该职
业的人发展能力有限。这些观点显然会对教育供给的目标、形式和种类
产生深远影响。

　　正如前面几章所述，一些规则和传统并不总是符合从事该类职业人
的利益。事实上，它们往往旨在限制和束缚这些职业的范围，或者利用
它们以反映统治精英阶层的目的。这种现象甚至延伸到了行业协会的活
动中，旨在提高特定职业的地位和利益。例如，由于近代行业协会的衰
落，以及现代工业化经济体国家对技术劳动力需求的日益关注，政府和
企业对职业教育的兴趣越来越大。这种兴趣大部分与三个持久的目标有
关：首先，确保在国民经济中心的职业有充足技术工人；其次，确保青
年人获得足够的技能以便就业；第三，以维持现有形式的方式，确保年
轻人参与民主社会。这些目标的一个组成部分是向社会上灌输优秀的品
质和能力，如个人的勤勉、诚实和正直。

　　如第六章所述，职业教育与劳动力的供给、劳动力的能力密切相关。
强大且有影响力的经济团体，如行业、雇主和雇员代表（即工会或专业
协会）对职业教育也感兴趣。它们已成为关键的"利益相关者"。许多
国家的政府往往热衷于接受它们的建议，以解决有关职业教育的问题，
特别是特定职业教育体系的问题。下面的澳大利亚案例研究提供了这方
面的实例。利益相关者的利益和影响力与历代贵族、神权政治家、富豪
和官僚是一致的。也就是说，社会特权阶级的声音不仅影响了工作的地
位，而且还影响了对从事这种工作的人的看法，也影响了提供这类工作
所适合的教育。正如本书之前所提到的，1915 年，杜威和 David Snedden

在美国就职业教育应采取何种形式进行的辩论，是关于职业教育最著名的公开辩论之一。 杜威提倡采取一般性的职业教育形式，但其过程中会强调职业性。Snedden 提倡一种借鉴社会达尔文主义的社会效率理论。这一理论在当时很受欢迎，它有强大的社会支持（Garrison，1995），并且关注着一种非常具有职业特色的教育形式。Snedden 还认为，有些人除了最基本的工作任务之外，没有能力从事其他工作，而且除了任务导向和特定的工作培训之外，其他事情对他们来说，都是一种浪费。作为马萨诸塞州的教育官员，Snedden 倡导建立职业学校，培养具有特定工作技能的学生，来提升效率。但是，除了培养技能，教育还有更广泛的社会目标。他认为，学校必须培养尊重传统并崇尚美德（如顺从、遵守和敬重权威等美德）的工人。杜威认为，这种做法使得学生的需求服从于雇主利益的经济需求（Kincheloe，1995）。然而，Snedden 的想法受到一些行业利益方（例如全国制造商协会）和有权势人的积极支持，并且他利用这种影响力获得了政府的重要职位（即 Snedden 成为教育官员），进而推行他的理论（Gordon，1999）。此外，大众媒体都高度支持社会效率的方法，并对其对手如杜威，异常的抵制。这只是一个例子，在历史上，强大的社会特权利益集团有着强有力而一贯的模式，去推广他们对工作性质和职业教育的观点，包括其目的的看法。事实上，职业教育史的特点是，社会特权利益集团往往以一种不了解或误导的方式去行使他们的权益（Billett，2004）。

近来一些国家，随着工作要求的变化，人们越来越意识到在工作生涯中保持技能的重要性，以确保工人仍然有能力为经济做出贡献，并能够在工作生涯中继续他们的工作。许多国家劳动人口的老龄化和工作寿命的延长也使这一重要性得到加强。也就是说，工人们的年龄变得越来越大，工作时间也更长，因此，他们继续被雇佣（即有能力继续工作）的时间要更长。所以，现在有一种观念转变，即考虑继续教育和培训的范围比过去要广泛得多。然而，这些观点以及政府和利益相关方的利益在长时间内都有一些波动（White，1985）。有些人认为，这种利益的波动一般发生在经济活动时期。最值得注意的是，在经济活动低迷、高失业率，尤其是青年失业率居高不下的情况下，政府会对职业教育进行高度干预（Stevenson，1992），尽管主要是通过控制来解决这些问题，但仍会认为职业教育既是这些问题的原因，也是解决问题的办法。其他教育形式也有相似之处。例如，人们注意到，在经济和社会危机时期，政府对教育的干预一直处于最高水平。其中大部分都是经济方面的，但对美国来说也有例外，如当俄国人能够在美国人之前向太空发射人造卫星时。俄国这一成就表明，美国社会存在着一种弊病，其根源于无效的教育制度。因此，为了应对经济危机，政府常常试图管理教育供应，并强调语言、数学和科学以及可应用的成果。在这种特定情况下，美国政府试图引进一种高度集中和行为化的教育方法，并在教学过程中实现和评估个人绩效的行为措施。这种情况下，导致建立了一个机构，它产生了行为项目库，教师应该从中选择、实施和评估学生的行为。政府的参与和回应现在仍然存在，而且通常在国家经济和社会危机期间得到加强。然而，当代日益增长且持续的全球经济竞争意味着，政府干预的频率和强度现在是连续的，而不仅仅是对社会和经济危机的周期性反应。

　　职业教育的一个特别重要的教育重点是确保可应用的学生成果。当国家努力和财政支出越来越多地被用于职业或至少是工作领域的职业性教育时，这一教育重点也许并不令人奇怪。在一些国家，这导致职业教育被扩大到高中教育，特别是那些不太可能继续接受高等教育的学生中。然而，现在大学的高等教育课程也越来越多地具有特定的职业性重点，而与这些职业性不一致的课程往往难以生存。因为不仅政府和雇主要从大学课程中寻找可应用的学生成果，而且学生们似乎也越来越希望其学习成果能确保他们获得有效的就业能力。可以预期到，这种教育重点将导致人们对职业教育供给、制度、教师和机构的欢迎。然而，由于上面提到的遗留问题（如采用的决策过程和职业教育是次等教育形式的观念），政府和其他政党及机构的利益并不总是能达到预期结果（Lum，2003）。

事实上，这种利益表现在努力控制和规范教育的提供和经验以及对学生学习进行评估和认证的方式上。正是这些安排，或多或少地影响了许多国家职业教育课程的目的。然而，英国（Lum，2003）、瑞士、德国、芬兰和加拿大等国家正在执行的一些安排，有着高度的协调性，即自上而下管控的职业教育，按等级要求在三个目标层次上预先确定所需的教育意图，如教学内容、教学方法以及对职业教育价值的评估手段。不过，虽然有协调性，但值得注意的是，其中一些国家干预的频率远远高于其他国家，导致这些教育部门及其工作人员的高度不确定性、挫折感和丧失权利的感觉（Unwin，1999）。然而，Deissinger（2000）指出，德国关于技能发展的相关传统和社会观念，很可能会成为持续改革的壁垒（正如在英国和澳大利亚进行的那样）。他还认为，德国在没有充分理由或者没有经过广泛理性评议和磋商时，是不会推行改革的。因此，以上所讨论的计划课程已经成为政府和行业试图管理和控制职业教育的关键目标，从而实现国家大部分经济和社会目的。这种决策的一个特点是，多数情况下，人们认为这些问题太重要了，不能留给教师和其他教育工作者去参与决策，相反，来自教育领域以外的人需要就教育意图、内容、评估和认证提供建议。然而，对于许多发达工业经济国家来说，除上述之外，一个长期存在的问题是，雇主本身不会大量投资于劳动力的初始职业准备或其持续的发展（Crouch et al，1999）。企业利益方正在大力关注这方面的情况，但却没有承担与实现这些成果相关的责任。不管怎样，计划的课程及其制度结构已成为了解当代职业教育和推行职业教育的一个重点。但把课程看作是学习者最终体验的事情也有一定的盲目性。

自上而下和自下而上的职业教育课程开发方法

作为阐述和推进讨论计划课程内的决策范围的一种手段，将政府和行业主导的进程与地方一级组织的进程进行比较是有帮助的。20 世纪 90 年代的一个改革案例，澳大利亚职业教育体系中的持续做法是以一种自上而下的方式进行的。它还得到了不同政治立场的政府和主要经济机构（即反映雇主和雇员利益的工会组织）的支持。在一段时间内，许多作者已经谈到过这些问题。本文的目的并不是要全面说明澳大利亚的职业教育是如何转变和如何提供的，而是为了说明和讨论一些具有高度管制、自上而下和强制性的职业教育体系的特点、优点和局限性。这种职业教育组织方式与以往所谓的以学校为基础的"自下而上"的课程开发方式形成了鲜明的对比（Skilbeck，1984）。比较这两种不同方式的一种方法是考虑内容、成果、方法和评估。这四个因素通常被认为是课程的基本考虑因素。

自上而下的计划课程开发方法

从 1989 年开始，历届澳大利亚联邦政府一直致力于改革国家职业教育体系，以协助培养更具灵活性和适应性的劳动力，从而产生具有全球竞争力的商品和服务。当时，许多国家都需要进口和出口竞争力。这一教育目标与计划的工作场所改革并驾齐驱，它们被视为重要的微观经济改革（Dawkins & Holding，1987）。为了补救现有职业教育课程的缺陷，已经采取了一些对计划课程产生深远影响的措施。这些变革包括（1）拥有国家级别的课程、教学和评估方式；（2）坚持以国家行业标准作为课程开发和实践的基础；（3）去除仅仅表示学生成绩能力的分数通行制；（4）通过认证和体制框架强化安排的顺从性；（5）使用行为基准来评估学生能力和相关目的（例如金融信用和认可先前的学习）；（6）国家基于能力本位培训（CBT）框架下的模块化课程内容。这些举措是为了实

246

现国家统一和相关的政策目标而采取的。实际上，这些举措包括成立一个国家机构（即国家培训委员会），以制定国家职业行业标准，以及一个负责组织和管理国家培训机构的国家机构（即澳大利亚国家培训局），而不是以州和地区为基础的方案和标准。它还包括为职业教育计划的课程和提供者实行管制安排，并延伸到法律定义的教育裁定书（即文凭证书），以及采用基于能力的培训方法进行教育和评估。所有这些监管安排中，CBT 被提议作为一种工具，可以（1）量化和提供准确的行业需求技能；（2）解决与职业教育和培训安排相关的问题；（3）职业教育的组织和管理紧扣行业需求，特别是通过行业协议改革工作实践（Dawkins，1988）。这种联合的微观经济过程包括将职业教育与重组的行业认证相结合，从而使职业教育处于劳资关系改革的次要地位。CBT 方法的建立是一个关键意图，并遵循了特定的方针。首先，如前所述，政府制定了国家行业标准，反映了国家行业证书的要求和劳资双方（即雇主和工会）的愿望。这些要求被扩展到国家行业委员会组织的国家课程资料（即教学大纲）。除了在国家最高政策和监管机构中的代表之外，双方利益集团还包括在国家和地方两级设立的行业培训咨询委员会的成员。

因此，各行业内，在国家和地方层面都有行业代表组成的决策机构，以制定职业教育的总体框架和程序。因此，这个过程通常被描述为"行业主导"。事实上，它们是由政府主导的，与劳资关系有很密切的关系（即用于谈判工作场所条件和工资的程序），这是由与劳资关系相关的政府政策制定的。实际上，当时澳大利亚的职业教育体系从教育部门中被剔除，并在劳资关系部门内重新安置。这一举措的前提是让职业教育体系对行业需求做出更灵敏的反应。因此，与之前的情况类似，职业教育从属于行业的利益和冲突。例如，20 世纪 80 年代末和 90 年代初，一系列初级培训方案没有取得进展，因为没有行业代表存在。也就是说，如果没有行业合作伙伴，这些课程将得不到赞助，因此也得不到政府支持。然而，提供咨询意见和做出决策的框架本身也受到政府授权的制约。例如，这些发言人被强制性不允许决定 CBT 是否是一种合适方法；按照国家标准的要求和格式，对先前学习和认证过程进行认可。因此，这些行业代表尽管得到了强有力的双边支持，但决策过程并不是由行业主导的，因为这些行业代表是在政府政策实施过程中被增派和串通一气的。最重要的是，聘请他们的行业培训委员会是由政府直接资助的。所以，我们进行了一次明确的、系统的、国家组织的尝试，即不仅要管理职业教育体系使它对行业的反应更灵敏，而且还要仔细管理教学内容、教学方法和评估方法，尤其是职业教育体系的成果。事实上，正是这些成果成了政治、公共和政府话语的焦点。鉴于这一重点，提供这些改革进程中的核心要素是统一实施以能力为基础的培训。然而，这些条款中的大部分都是为了重新制定他人决策的前景、范围和适用性。从本质上讲，这些措施是为了使课程中教师成为合格的教师（即不让教师参与课程开发和建设，导致的直接结果是教师只考虑"如何教"，而很少考虑"教什么""为什么教"以及"教到何种程度"），并为学生们提供学习和评估的基础，但是这一时期的广泛磋商中，有 1300 个这样的磋商，不过只有两组人群几乎完全被排除在外，即教师和学生（Anderson，1998）。

因此，1989 年国家实施统一的 CBT 方法的决定是基于政府和行业的信念而形成的。它强调必须集中化决策，而教师仅仅是执行者，学生是他人决定的接受者。即通过中央控制的一种方式发展一支熟练的劳动力队伍。行业要求全国统一提供职业教育应当是职业教育部门的首要重点。政府在其双边合作者（即雇主和雇员的代表）的支持下，提出这样一个举措将提高澳大利亚职业教育体系的质量，而且由于行业支持，企业对职业教育承担的义务将会增加，因为这与他们的需求相关（Dawkins，1988）。在政府使用授权的行动中，当时的联邦工党政府援引了财政安排，从而使各州和地区的资金依从于国家对职业教育的统一安排（Lundberg，1994）。因此，对职业教育统一采用这种方法，以实现提高职业教育数量和质量的目标，并根据实现的目标分配资金。正如预期的那样，这些措施为职业教育的供给带来了重大变化，如地方、区域或州一级的课程机构和参与机构的解散。相反，国家职业教育管理局是唯一的授权机构。实际上，在这些安排中，"行业"一词指的是由政府组织的行业部门（包括公营和私营企业）的发言人。这些发言人反映了雇主（即雇主团体）和雇员（即工会）的双边利益。关于内容、成果、方法和评价的决策都是在这些安排中做出的。此外，它们是"自上而下"的方式，因为它们是通过与行业利益相关者的协商，由国家统一制定和授权的。职业教育体系的作用是实施已做出的决定。职业教育体系的术语也发生了变化。"能力"一词与基于能力的培训框架中的行为措施相关联，各种职业教育机构被称为"提供者"，它们被定位为仅仅提供他人已指定内容的服务机构。"交付"也成为一个术语，用于描述教学过程，几乎毫无疑问的是学习过程。也就是说，教师"提供"预先指定的内容，所交付的内容是学生学到的东西。

不足为奇是，评论家认为这些变化是出于对职业教育的控制和管理的关注，而不是对教育成果质量的关注（Jackson，1993; Stevenson，1995），改革体制做法的最初目的是为了全国统一提供职业教育。也就是说，它是关于改变职业教育的体制环境。事实上，政府发起的这种政策干预旨在重塑其他的体制框架（Stretton & Orchard，1994）。因此，随着体制框架（即规范和价值观）的转变，它们内部的做法也会发生变化。应该注意的是，鉴于这一驱动力的能量，各州和各地区达成的协议，以及企业双边关系的约定，反对或批评这些安排的声音是不受欢迎的。所以，研究人员的批评不受欢迎，那些必须执行这些安排的人也不敢抱怨。行业合作伙伴为政府、资本和劳工之间可能被视为集体主义的做法做出了贡献。然而，许多人被剥夺了这一进程的权利，特别是那些在职业教育体系中负有责任的人，以及那些执行这些安排的人。虽然许多做决策的人并不总是对课程内容领域有直接了解，但大多数教师可以声称在他们所从事的职业领域具有很强的能力。例如，澳大利亚职业教育体系中的一项标准要求，即教授行业或职业资格以及职业的重要经验是一项强制性规定。因此，许多教师对其教学内容和角色的强制性质感到不满，也对评估学生是否具有就业能力，而不是评估其教育成就的要求感到不满。

工会作为劳工代表的立场特别奇怪，因为他们在 20 世纪初反对泰勒主义。泰勒的观点类似于职场中组织的 CBT（Billett et al，1999）。更奇怪的是，为了支持集体主义的课程制定和实施，工会是试图消除工会成员（如教师）自由裁量权的同谋（Billett，1995）。如此看来，专注于微观经济改革的政府政策，似乎推动了所谓的"行业主导"进程，尽管它是由共谋双边利益共同驱动的，这表明与控制相关的制度性问题是教育实践质量的优先考虑问题（Jackson，1993）。那些具有教育专业知识的人在很大程度上被排除在政策咨询过程之外。因此，在三方决策过程中，忽视了实现政府目标所需的教育实践知识。教育工作者被认为未能提供适当的职业教育。需要行业领导，以确保建立一个反应迅速的职业教育体系，为行业界提供灵活和适应性强的劳动力。同样，政策咨询的过程似乎忽视了数十年来关于如何最好地培养技术工人的研究。相反，行业了解的更清楚（Billett，2004）。

鉴于这些改革的范围，有必要使用课程的关键要素：内容、成果、方法和评估来简要地总结其范围。课程内容由行业培训委员会负责。只有通过委员会认可为国家适用的内容才能在公立职业教育课程中提供。这一课程内容完全侧重于特定的技术能力，几乎使关于职业实践所需知识的关注重新回到了技术领域。然而，这种教育重点否定了关于职业实践的策略性学习，更不用说那些关于促进年轻人发展的普通教育知识了。因此，课程内容是由职业教育体系以外的人确定的，并经过行业培训委员会认证，然后在全国范围内批准，从而构成职业教育体系的全国性课程。如果有人想要在国家认可的课程之外教授内容，将很难获得任何公共资金的支持，而且这种教学也不能通过诸如证书、文凭或大专文凭等教育裁定书来得到认可或认证，因为使用这些专有证书需要遵守包括国家认可内容在内的法定要求。相反，职业教育课程的成果只能是在国家课程文件和标准中得到认可。这些都是以行为术语来表述的，这些术语预先指定了预期的学习成果。除了预先指定的成果之外，任何学习成果都不被评估或认证。这里特别关注的是行为措施和目标，而拒绝关注有效获取基本要求的过程。例如安全工作实践。这种方法大多局限于以能力为基础的特定培训和评估，这些措施包括要求教育"提供者"必须注册登记，才能被资助教授这些课程。值得一提的是，除了使用行为目标之外，还有其他教育目的。特别是，有些目的着重于教育过程和学习过程，即提供与学习过程相关的经验和评估成果。关于行为方法的一个主要问题是，它没有认识到专家们在工作中开发和使用的各种学习过程（即通过过程能力）的重要性。因此，考虑到这种注重成果的方法，评估课程的目的是否已经实现的手段，很大程度上局限于预先指定的目标，以及局限于特定的教育供给是否能达到这些目标。

总而言之，可以看出职业教育组织和决策的范围及深度高度集中在社会特权阶级手中，他们代表着资本劳动的利益。这一过程重复了其历史上一直采用的职业教育方法，特别是作为高等教育部门本身的做法。这个倡议的核心是，计划的课程是全面的和完整的，而其他人的决策在影响方面是微乎其微的和可忽略不计的。所有这些都否认了其他人参与职业教育的提供。这种方法是制定一个"防教师"（即不让教师参与课程开发和建设，教师只考虑"如何教"，而很少考虑"教什么""为什么教"以及"教到何种程度"）的职业教育体系，让学生参与和复制为他们选中的内容。例如，如 Estola 等人（2003）指出，这不仅仅否认了个人（如教师）的贡献、自我意识和职业意识；它的作用与这些还直接相反。当然，对于职业教育和教育工作者来说，根据行业和企业的需求迅速地开发课程仍然有相当大的压力。当然，这种匆忙可能导致国家职业数据作为课程决策的唯一依据，而没有充分考虑情境变量或课程开发的本土化取向。其决策结果可能是狭隘的、特定的、重复的计划课程，其时间范围有限，几乎没有兴趣和挑战性的成果，去帮助学习者的整体发展。这确实是上面概述方法的一个共同标签。因此，组织职业教育的其他方法是值得考虑的。

机构、学校或工作场景中的课程开发

与自上而下的课程方法不同，Skilbeck（1984）将校本课程开发（SBCD）模式称为对当地因素和要求做出反应的模式。然而，此概念已经直接应用于职业教育。过去，SBCD的概念有助于提出一种观点，即把课程决策的一部分责任从中央政府转移到机构和教学人员身上。它体现了一种信念，即一些课程决策应该由实施这些课程的教师来决定。因此，研究SBCD的概念，以考虑它与职业教育的相关性，并将上述方法与主要以决策为前提的计划课程方法（教育机构以外的人在决策过程中进行大量决策）进行比较，是非常有必要的。这些考虑因素延伸到实施职业教育的人（即职业教育工作者）应在何种程度上做出课程决定，应做出怎样的决定，以及这种决策如何对实施的课程产生影响。

重要的是，SBCD方法并没有赋予本地知情人开发课程的全部责任。相反，它建议从只有外部意见转变到提供给本地意见一个合法角色。因此，这不是一种以教师为前提的课程开发方法。相反，它利用了学校、大学、职业教育机构或工作场所内外的资源。根据当地需要和要求（如学生背景、准备情况和当地资源），并结合外部要求（例如国家、职业和核心要求）加以考虑和处理。相反，需要考虑哪些方法和技术的最佳组合，以提供具有挑战性和生成丰富职业知识的国家职业教育课程。这些过程不仅要了解职业目的和内容，而且还应了解这些职业和课程被实施的情况。通过这种方式，可以减少课程进程中"计划"和"实施"之间的差异和不一致，从而使它们变得更加一致。

　　与上一节所述的澳大利亚职业教育制度的改革相比，有必要考虑如何以"自下而上"的课程方法来处理计划的课程，如 SBCD，可能已经取得进展。在 1989 年澳大利亚开始对职业教育体系改革之前，由业界领袖、工会成员和政治家组成的代表团访问了德国和许多国家，据称许多实施的改革都是那次访问的产物。不过，德国的方法与澳大利亚实施的方法有很大差异。值得一提的是，虽然德国体系确实存在较高的国家标准，但这是以三方协商为前提的。也就是说，德国方法充分考虑到了当地的需要和要求，以及当地提供的职业教育（OECD，1994a，1994b）。在德国、瑞士和奥地利的职业教育体系中，关于地方一级的学习内容和预期成果进行的协商受到高度重视。这种决策能力的前提是企业、职业学院和行业之间成熟的关系。而且，不是所有的内容和成果都是预先指定的，而是对这些更详细的教育目的、教育内容方面的陈述进行协商。毫无疑问，有证据表明，不同工作场所中的职业，对职业实践的要求各不相同。这意味着，对良好绩效能力的要求具有高度的情境性（Billett，2001）。例如，本书中出现过的例子，乡村小镇汽车修理厂中技工的能力与大城市经销商中技工的能力截然不同。此外，小乡村社区医院的护士工作与大城市中心的大型教学医院的护士工作也有很大不同。

　　事实上，职业实践中有相当不同的专业，可能在大社区和小社区里都有，而且可能越来越多。因此，似乎需要确定更多地方一级的标准，并相应地组织教育供给，而不是试图在全国范围内预先规定某一职业的要求。这并不是要否认职业规范知识（所有从业者应了解的并且适合该职业的实践知识）的重要性。正是这种知识构成了国家课程、国家认证和职业认可的基础。然而，一些措施不应该否定地方层面了解的职业实践和变化的要求。因此，有人认为，课程的内容和成果要了解更多在地方一级的实践技能、学生需求和准备情况，以得到有效评估。此外，鉴于需要解决职业要求和学生需求之间的差异，所以在帮助获得最有效的

所需学习的方法或方式方面应该留有一定余地。例如，关于社区对职业
教育的需求及要求的研究显示，技能要求、社区参与以及社区需求等方
面存在明显差异（Billett & Hayes，2000）。因此，这种本地化的关注点
似乎是相当合适的，只要它处于标准职业知识生成的框架内，并提供被
认证的、合法的、值得获得证书的学习内容。

　　如下节所述，关于课程方法应该以自上而下还是自下而上的方式的
决定会对制定课程的进展产生深远影响。这里要指出的是，计划的课程
往往力求列出内容、成果、方法和评估。然而，在体制安排中严格和强
行规定的程度，使谈判协商成为问题，缩小了选择范围，从而以截然不
同的方式提供了职业教育。有一种观点认为，对不了解教授内容或自身
需求及能力的学生来说，计划的和狭隘的教育目的是无益的。考虑到计
划课程的范围和决策，就有必要考虑课程实施情况下所发生的范围和决
策。正如第 2 章所述，职业教育的特点之一是其实施的机构和环境的多
样性。因此，在考虑实施的课程性质时，重要的是要适应这样一个事实，
即这是发生在一系列不限于高等教育和职业教育机构及其他互动环境中
的事情。

课程实施：范围和决策

　　本书的大多数读者将生活在对教育有浓厚兴趣的国家，所有公民都
接受义务教育，许多人继续在大学和职业学院等教育机构学习他们的职
业知识。因此，毫无疑问，教育机构和中央机构中的教学内容、成果和
方法是被广泛接受的。事实上，很难想象人类历史上绝大多数的教育都
是由处于学习环境中的人所组织和进行的。因此，那些实施课程的人通
常也是对课程目的、形式和预期成果做出许多关键决定的人。如上所述，
"课程"一词起源于希腊，但并没有明确提及在希腊教育机构中发生的

事情。正如前几章所述，与其他类型的学习一样，许多职业的准备工作（即职前培训）都发生在家庭内部，横穿古代美索不达米亚文明（Finch & Crunkilton, 1992）、中国（Kerr, 2004; Barbieri-Low, 2007）和古希腊（Lodge,1947），以及整个欧洲历史（Greinhart,2002）。这种教育大部分是为了那些人们认为不值得接受正规教学的职业而进行的，因为人们认为学习所需的知识不需要专业的教学或教育形式。此外，正如 Clarke（1971）所述，这些以家庭为基础的职业教育扩展到了医学和建筑业。事实上，由于家庭医疗培训体系的衰落和局限性，只能通过教育机构提供医疗培训，以满足日益增长的需求。例如，由于家庭医疗培训体系中医学新手缺乏学习解剖学知识的机会，所以在教育机构中将解剖学的知识纳入医学专业学生的学习中。教科书的发展似乎也是如此，尤其是当那些执业医师不再能够提供学习医学概念和理论所需的直接教学水平时。因此，这些知识需要编纂并以更容易获得的形式去提供。当然，在过去的两个世纪里，大多数国家都实施了大规模的、国家组织的教育。在此之前，绝大多数的学习经验都是在地方获取的，主要是在家庭中进行的，并且是为了满足工作的和社会的目标。因此，确保增强和延续人类知识的教育基本上是教育机构之外的教育内容。

这里的意思是，在此之前，是那些真正组织并实施学习经验的人，他们在课程内容、成果、方法、目的以及对学习成果的评估程度上做出大多数决定。然而，考虑职业教育课程的实施，以及实施课程者所做的决定并非仅仅出于历史兴趣。那些实施课程的人所做的决定，对于提供的经验质量至关重要，并决定了学生们对所提供经验的学习方式。此外，那些实施课程的人（例如教师）也有助于了解课程过程和学习成果的质量。他们对自己所教的学生可能很熟悉，这会影响到教学的内容和方式。此外，教学进展方式也可能发生变化，因为这些因素是特定教学环境（如职业教育机构和培训设施）的产物。例如，引入以计算机为基础的或自定进度的学习方法，对与学生互动方式、教学活动的规划和学生学习的管理都会产生深远影响（Mealyea,1985）。此外，教师的素质和能力也不可避免地影响着他们对其他人认为重要的东西的反应（如计划的课程）。因此，每种教学情况中都有一些因素影响着课程的实施。

因此，那些实施课程的人（如教师）的能力是课程过程中必要的组成部分，而且那些防教师的课程是误导的和无知的。也就是说，课程决策要由执行者来做出，而这些决定需要以与中央机构决策方法完全不同的方式做出，这是一个合法而重要的角色。两者区别的核心是理解学生的重要性、他们工作和学习的背景、社区如何与机构和学生互动，以及他们所采用的教学实践，还有他们评估学生进步的手段。

课程实施：对实践的聚焦

如前所述,在古希腊社会,职业培训主要发生在教育机构之外。当然,铁匠、木匠、陶工或编织工等无法在学校付费获得相关技能教育，因为那时没有任何学校或技术学院，无论是公立的还是私立的。手工艺技能是世袭性的，它的技术由父亲传给儿子（Lodge，1947）。那个时代的课堂实践中，可能并没有太多的直接教学方式。正如人类学所阐述的那样，学习过程涉及大量的观察和模仿，并通过参与职业实践活动和相互作用而产生。从本质上讲，儿子通过在父亲家庭里长大，参与家庭活动，模仿父亲所做的事情来学习自己的职业知识。

起初，模仿会是玩耍性和幼稚的，用孩子可以操作的玩具进行。之后，模仿会变得更有目的性。在实践中产生具体的技术能力，成长中的男孩将首先作为他父亲的"帮手"，然后作为助手，最终成为一个家庭的负责人，随之家庭手艺方面的进一步培训将从该中心散发出来。（Lodge，1947，第19页）

柏拉图也提到过这一学习过程：

想要做好任何事情，首先要从少年时期起就加以练习，无论是娱乐休闲还是认真学习过程中，都要不断练习工作需要的特定动作。男孩要成为一个好的建筑工人，必须在玩耍中去建造儿童房子。男孩要想当木匠，就需要在玩耍中学会测量并应用尺线。他们使用模拟工具，学习少年时期的知识，当他们长大后将需要专业的实践。这些孩子通过接受培训，获得优秀的技能，这将有助于他们更好的发展（Lodge，1947，第18页）。

这种方式的课程或科目是在家庭生活中展开的，从儿童玩耍中开始，然后参与家庭承担的任务。这个过程往往没有直接的指导，并且从未参加任何教育机构。此外，获得这些学习经验的人也受到传授这些经验的人的监管。虽然这个学习过程大多数是保留给本家庭的孩子，但有时也向被邀请参加的亲戚、养子或其他家庭成员以及支付费用的非家庭成员开放，也许还会和本家庭一起生活，并学习这些知识（Clarke，1971）。中国古代有类似的过程，一些家庭教授别人家的孩子学习职业技艺，而这些孩子以承担家庭义务或支付费用为代价（Butterfield，1982）。然而，古希腊的专业手艺人几乎总是手艺人的儿子或女儿（例如吹笛手）（Lodge，1947）。不过，学习这种职业的方式与行业中发生的相似。事实上，柏拉图认为手艺人的职业训练和工匠的职业培训几乎没有区别。这种方法和途径与亚里士多德所说的相关能力是一致的：实现目标的途径是发展相关能力（Morrison，2001）。他举出的例子有，如果你想建造船只，就学习造船技术。如果你想促进公共利益，就学习政治才能，等等。他还指出，医生自身的不良健康经验为其了解他人的疾病提供了有力基础（见下文经验的课程）。

通过联想、模仿和实践，以及通过生活和使用"curre"一词的完整定义，来展开课程内容的学习。然而，除了通过感官和不断实践来学习之外，其中一些职业包含有公认的智力成分，即"不是凭感官而是凭理智来学习"（Lodge，1947，第20页）。这里有人表明，一些工匠具有执行这些要求的工具（例如测量仪器、机床）。然而，除了精确的测量操作技术，其他的技术依赖于感官的要求。例如，建筑行业中，为了达到支柱呈直线状的效果，就必须使柱子中间稍微厚一些。然而，尽管认识到这项工作以及它所需知识的重要性，但是，特定种类工作的特权性仍然存在。例如，工匠和技工都不是哲学家，相比于工匠和技工的活动，哲学在更高层次上得到了重视（1947，第21页）。同样，科学研究对智力能力的要求不同于技艺和手工艺。如前所述，建筑业和医学都涉及旨在发展科学基础的经验（Clarke,1971）。因此，经验是有效学习职业实践的必要条件。然而，这种经验的基础是一种科学知识，使从业者能够最大限度地使用它的智慧。此外，真正的医生被认为应该是实践哲学家。

如上所述，实施的课程可以简单地定义为，在特定情况下按照授课人员和具体情景的要求所塑造的课程。这一观点认为，教师和培训人员的可利用资源、经验和专业知识，影响了课程的实施，而且他们对目标、价值观和情境因素范围的阐述，决定了学生的学习经验。"隐性课程"（Anyon,1980）——教师不是有意的但却发生的课程——是"实施课程"的一个要素。例如，无论是在家庭内部还是在教师指导的教育环境中，个人都将以非故意的方式学习权力关系、等级制度和秩序。然而，无论以何种方式发生，无论是否实现了那些资助教育或其他成果的人的意图，组织和提供的经验以及它们被实施的方式都将是学习的核心。因此，重要的是要了解"实施课程"的影响因素，以明白这些因素的形式和动态性质，因为它们有可能发生变化，这些变化对实施课程时的经验有着显著影响。

不过，实施的课程并不完全取决于那些教授人员。如上所述，有一些因素影响了实施，而且也经常试图通过那些集权的作用来控制"实施课程"。 事实上，关于澳大利亚职业教育改革案例的研究表明，计划课程的细节性和规定性越强，那么在实施时就越具有控制性。然而，即使教师和其他人有真诚的意图去尽责地执行，也有一系列因素可能影响这种结果是否能实现。将预期目的转化为学习者的学习内容时，可用的资源、教师的信念和专业知识以及学生的特点都将影响预期目标的实现程

258

度。实施课程必须由教师、学生、资源和规划过程共同去决定。

因此，需要同时考虑到"可用性课程"（即可利用现有资源教授的课程）和"执行的课程"（即教师实际教授的课程）等因素对实施课程的影响。可以将它们分为（a）内部因素；（b）特定教育环境之外的因素（见表8.1）。外部因素包括所教授的课程种类、与课程相关的特定重点、与就业有关的工作经验等。例如学生准备情况（基于先前的知识对学习的熟悉程度等）将决定教学的进展。

只有在课程实施时，这些因素才有可能被理解。还有影响课程实施的内部因素（例如职业学院、学校、私人提供者和工作场所），这些因素包括资源的可用性和分配，如进行实践的设备、真实的实践机会；以及进行讲授的环境，如工作人员的资源和设施、讲授人员的专业知识。这些都是 Glatthorn（1987）提到的"可用性课程"。例如，教育环境中的资源可能决定了教学的内容和方式。如果可用设备数量有限，则难以进行全班性质的教学活动。一些课程只有得到充分的实践机会才能被实施。以医院培训护士为例，护士培训期间主要从事护理工作，在医院一系列病房进行轮岗，这可以帮助他们了解情况，如何针对不同患者和疾病制定护理流程。此外，如果在机构中没有专业设备可供选择，则可提供其他类型的经验，如行业访问或工作实习。这些访问或实习的可用性也远非一致。而且，员工的专业知识和价值观也将影响课程的教学方式。如下文所述，这些因素将影响计划课程的实施。

表 8.1　影响课程实施的外部因素和内部因素

外部因素	内部因素
文化和社会的变化与期望，包括社会的需求和设想、雇主的期望、学生的期望和价值观（例如，社区的期望标准和成果 – 雇主、学生、家长和企业）	学生：资质、能力和特殊的教育需求（如学生的准备情况、学生的同质性或多样性以及独立工作的能力）

续表

外部因素	内部因素
教育体系的要求和规定（如政策声明、资格认证、考试、行业要求、立法规定和教育研究）	教师的价值观、态度、技能、知识、经验、优势和缺点以及角色（例如，特定的专业知识、教育观念、社会角色以及对学生和内容的熟悉程度）
主要内容的性质变化及其对特定环境的适用性（例如新方法、技术、过时策略以及该地区所需要的内容）	教育机构的价值观、形象和政治结构：设想和期望，包括传统、权力分配、权力关系、达到规范和偏差的方法（如在机构中被认为是最重要的课程或领域）
外部来源的贡献（如行业建议、行业的课程研究机构以及雇主与企业的特定要求）	物质资源，包括工厂、设备以及维护和改善这些资源的潜力（例如可用的物质资源及其对课程要求的适宜性）
流入教育机构的资源（例如，对特定目的和课程提供资金支持）	机构内现有课程中的实际问题，及其取得的成功或不足之处（例如课程的地位）

如表 8.1 所示，构成提供职业教育的内容和方式的因素有很多。这里的关键是，即使没有详细的和预先指定的计划课程，作为认可的文件、标准或规定，也可以准备好适应、协商或减少这些因素范围。此外，通过其他途径而不是由当事人来制定这些因素的教育对策，这种做法似乎是不合理的。然而，正如早期和社会组织外部的教育那样，这种决策主要是由那些在课程中教学或提供经验的人所作出的。

教师的角色和决策

从上述情况可以看出，为学习者提供经验的人们必须就他们所教授的内容做出决定，如他们给予的进度和重点、内容的排序、为学习者提供经验的方式（即如何教导），以及对学习者进步的判断依据。如上所述，人类历史上，关于这些问题的大多数决策是由工作场所和家庭环境中为学习者提供经验的人做出的。随着国家对职业教育的不断关注，授课人员的大部分决策权已经被削弱，尤其是在国家监管、资助或管理的教育机构中。在上文中，有人指出，计划的课程已经扩展到管控教师所做的工作。而且，有些人认为，教师除了所做的工作受到管控之外，还可能会因为未达到社会的期望而受到惩罚（Stevenson，1992）。这就引出了一些问题，即教师的合法角色是什么，他们应该做出什么决定，以及产生什么样的效果。根据 Skilbeck（1984）的说法，教师没有历史的权利或传统成为教育决策的中心。相反，教师作为一种职业，传统上是作为国家、教会或其他机构提供教育的雇员进行教学的。事实上，很少有教师自身建立教育机构来从事他们的职业。此外，他还认为，教师不是唯一对课程感兴趣的群体，这意味着他们不一定要发挥主导作用。每个教育领域都有一些对课程决策感兴趣的利益相关方（例如政府、家长、行业和专业协会）。如前所述，过去的几十年，许多国家的政府已对职业教育产生了相当大的兴趣，以使该教育领域更好地回应行业的需求。的确，澳大利亚（Billett et al, 1999）、英国（Lum, 2003）和芬兰（Vahasantanen & Billett，2008）的这段时期，教师的角色和决策权被越来越多的规范性课程取代。政府、行业和企业的需求占据主导地位，并通过课程框架得到加强，这些课程框架包括指定性的教学要求、教学方式以及评估方式。

然而，虽然教师缺乏在课程决策中扮演核心角色的传统权利，也不是唯一的利益相关方，但教师似乎是非常有必要参与课程决策的。在课程实施时，情况尤为如此，而且对这一角色的承认和容纳也是计划课程的一部分。Skilbeck（1984）认为，课程实施似乎需要教师的高度参与。首先，不能遏制或规定教师的活动，在教师的个人实践中，教师将始终行使酌情处理权（Billett，1995）。正如 Brewer（1978）所言：

……最有力的规定也无法消除作为学习组成部分的起始、进度和解释过程。在某种意义上，教师一直是课程制定的一员，不管他们是否意识到这一点。他们一直致力于修改所编制的课程，使操作课程适合其特定的课堂。

其次，教师能够很好地（或许是最佳地）了解学生的需求，以及应对他们所教授的环境。正如引用 Skilbeck（1984）的观点，Schwab（1983，第 245 页）指出：

> 教师实践是一种艺术。选择该做什么、如何做、与谁、以何种进度进行，每天在学校都会出现数百次，每天面对不同组学生也会有不同的表现。没有哪种指令或规定可以如此精确地控制这种艺术的判断和行为……所以教师必须参与关于教学的讨论、审议和决策。

第三，教师由于其特定经验、偏好和能力，在课程教学中很可能会强调特定的内容，使用特定的范例，并采用特定的过程，使得教师与不同学生的互动方式有着显著差异。此外，教师对课堂中出现的自发机会所回应的方式也不同。这些差异对学生获取知识有很大的影响。例如，具有广泛职业经验的老师可能会比经验有限的老师更富有说服力。熟悉内容的教师能够与其他地方的教材建立联系，而新手教师却不能。此外，教师重视学生参与活动和互动产生的学习成果，与重视教学材料产生的学习成果有所不同。例如，考虑到特定的教育目标，这两种选择的适用性也将会不同。

这些说法并不意味着教师应在远离其他人关注和利益的情况下参与课程决策。即使强调情境贡献的课程开发模式，也仍然承认有必要考虑其他利益相关方的贡献。例如，在文学课程中很少提到教师主导的课程开发或决策模式。但是，仅仅将教师定位为其他人开发的课程实施者，且这种课程开发还脱离了教师的实践，是值得怀疑的（Billett，1995）。正如 Schwab（1983）所述，教师对出现的情况做出的反应，可能是无法计划的，许多教师对课程如何进行有自己的看法，这不太可能仅仅是其他人课程的复制品。

因此，课程的一个基本问题是教师参与课程决策的性质。政府所关注的与职业教育相关的一个关键问题是，行业的集中决策将会（或者应该）由教师忠实地执行。各州和地区建立的国家能力标准和认证程序侧

262

重于努力确保所教授的内容和有效的能力是与政府倡导的职业教育规范完全一致。

……政府管控的职业教育体系的决策机制，建立在一种信念之上，即规范教师的实践行为，以及通过高度规范性的教学大纲和相关的标准程序来规范学生的学习内容和方式。（Billett，1995，32 页）

Jackson（1993）提出，这些程序反映了强调责任制和管理权的取向。她认为这种强调主要是为了实现行政目标而不是教育目标。然而，教师的实践并不是由这些规定所决定的。相反，个人意识决定了他们的行为，尤其是在自身的实践方面。Brewer（1978）将实践课程与"表面"课程区分开来。他声称，文件和材料中课程意图的迹象往往是明显的，但是，"表面课程"和实际发生的情况之间有很大差异。例如，政府的政策声明、目标，甚至是非常详细和规范性的意向书，都很少在实践中得到落实。有多少老师真正读过，甚至是赞同那些认真准备的意向书呢？事实上，Brady（1995）的结论是，教师在教育课程中做出了大部分课程决策；包括他们认为在课程教材中有价值甚至是可信的内容。

在考虑职业教育工作者可能参与的决策类型时，思考他们的角色性质及其决策类型是很有益处的。根据 Marland（1987）的研究，课程开发过程中教师可以有四个层次的课程角色。首先，教师作为实施者。教师或行业培训师实施他人开发的课程，这种情况下，教师的角色对计划课程的发展起着最小的作用和责任。他们的职责是将教学大纲中既定的内容传送给学生。他们只是既定教学内容和方式的实施者。第二，教师作为课程改编者的角色。这个角色中，教师和行业培训师能够修改他人开发的计划课程。这一修改过程可能是为了满足学生的需要、特定的要求，或者在他们所能利用的资源和基础设施的条件下工作（即可用的课程）。教师的作用是修改课程使它适合当地情况的需要，而不是完全否认别人已经开发的课程。第三，教师作为计划课程开发者的角色。教师们参与设计和开发课程，通常作为小组成员，开发课程以满足本地或其他方面的预先决定的需求。教师可以使用情境分析或其他职业分析方法来确保所需内容和成果的信息，并选择最佳的能满足需求的评估方法和形式。第四，最后教师作为研究人员的角色。在这个角色中，教师可以参与确定和尝试新的教学方法、教材、新课程评估，测试教学策略和收集学生数据。所以，还有必要提醒教师职业的重要性（Estola et al, 2003），与其他人一样吗？

　　总而言之，不能假设职业教育的实施是按预期的方式执行的，即使是以最规范和管控性的方式进行的。课程的实施与课程实施者是不可分割的。从以上讨论来看，职业教育工作者在实施课程的决策过程中有明确作用。然而，这也表明，当新的做法和有价值的（例如社会公正的）举措对教师价值观提出挑战时，它们可能会被简单地拒绝或者不会按预期计划执行。例如，传统的男性主导的行业领域中，男教师们可能会拒绝女学徒，因为他们认为工作场所中没有合适她们的位置。因此，这些女学徒可能得不到所需的支持和帮助。同样，那些重视课堂教学经验的教师可能会拒绝使用独特的或灵活的教学方法，因为这些方法会威胁到他们的专业知识。因此，有必要考虑如何协助教师去克服他们所面对的"挑战"。因此，教师的专业能力和发展成为课程实施的关键问题。

　　在讨论实施职业教育的过程中，出现了需要说明执行这项教育情况的问题。包括那些教学人员的兴趣、能力和重点。这一考虑的核心是，这些教师从他们所经历的东西中产生自身的意义，并根据他们目前所了解的情况以及认为最有利的行动方针做出相关决定，无论是出于何种目的。然而，这种考虑并不是只适用于那些组织和实施职业教育经验的人士。最重要的是，也许这些自我相同的属性是学习者（例如学生、工作人员、学徒、实习生和有经验的从业者）在参与职业教育时所使用的特质。因此，不仅仅要考虑影响实施职业教育目的和手段的决策，也要考虑参与者对这些教育的相关经验和知识的看法。所以，下一节将考虑参与者的范围和决策：经验的课程。

经验的课程：范围和决策

经验的课程是学生在参与教育课程时，或在参与中进行思考和行动时，根据遇到的情况所分析和建构的课程（即经验和学习）。特别是，对于那些对学生学习最感兴趣的人来说，这是定义或考虑课程的唯一合理前提（Smith & Lovatt,1990）。也就是说，与学生的经验和学习内容相比，最终的目的和实施是毫无意义的。可能已经注意到之前章节所提供的定义列表中，只有一个提到了课程经验的人：学生。其余的都集中于机构和实践上，而不是最终的对象：学习者。艺术教育者（Eisner & Vallance,1974）提出了"学校课程或教室课程是一系列有计划的活动，目的是为了给学生带来教育上的影响"的定义，除了强调与教育目的相关的课程维度，Eisner 和 Vallance 似乎也考虑了课程对学生的潜在影响。他们示意它可能（或可能不会）对一些学习者有教育意义。他也提醒我们，教育或多或少是一种变革的邀请。但是，我们并不能对学生接受邀请的方式充满信心。Eisner 和 Vallance（1974）并不是唯一提醒我们考虑学习者重要性的人。来自不同学科的一些陈述令人信服地表明，教育方案的目标永远不会是教育意图之外的东西。尽管对学生实施的教育是在义务教育、高等教育或职业教育进行的，但学生如何接受邀请才是教育的核心内容。

这里的重点是，归根结底是学生决定如何通过教育计划和经验来参与所提供的教育服务。这包括他们在结合自己的经验时所努力的程度。所以，就像职业是个人必须同意的事情一样，个人因素最终决定了职业构成，也可以说，是个人如何从自身的经验中构建意义。即使他们的意图与所教授的内容相一致，分析和转化的过程也可能会支持或挫败这些意图。他们的丰富经验和参与质量可能是他们学习质量的核心。

柏拉图在《理想国》中特别重视实践者的个人经验：

最好的医生一般都治疗过最多的体质病例，好的和坏的都治疗过。从年轻时候起，他们就把自己的技术知识与疾病经验相结合。对他们来说，最好是自己的身体不健康，而且身上有各种各样的疾病。因为，他们通过了解自己身体里发生的情况可以推断出其他人的身体疾病。（Lodge,1947, 42-43 页)。

很可能，关于个人参与方式和学习内容的决策是基于他们个人的认识论——以现有知识和能力为基础去建构、理解和反应的方式（Billett,2009)。这些认识论最可能是以个人生活中依赖的方式出现。它们不是也不可能是一样的，尽管许多部分可能作为频繁交往的结果而被分享，导致了共同的意义或主体间性。这些认识论在它们内部也会有描述性的性质，它们是与兴趣、价值观和信仰相关的性格特质，这些特质有利于激励和指导他们参与和学习特定的经验（Perkins et al，1993a；Perkins,Jay & Tishman 1993b)。除了能力以外，还有个人的兴趣和意图，尽管这些因素也是由个人和文化偏好决定的。此外，除了个人认识论之外，还有人类的残酷现实，例如他们现有的知识、处理新信息的能力、听觉和观察能力以及应对疲劳的潜力。当然，这个世界已经给人类带来了奇妙的能力，它将我们与地球上其他物种区分开来。我们有强大的记忆，可以让我们发展理解、联想、程序和概念能力，并在应对我们的经验时能回忆起这些能力。然而，这些能力在某些方面受到我们的处理能力和疲劳程度的限制。简单地说，人类不是机器，从某种客观立场看，我们与世界的接触和反应并不总是完全一致的、连贯的，甚至是合乎逻辑的。

从建构主义的角度来看，上述情况基本上都是正统的。长期以来，人们都明白，个人是意义的制造者，当我们与他人交往和参与活动时，我们以特定的方式"感知"世界。因此，人类的经验以及他们对经验的分析和建构，是在他们现有能力和个人认识论的基础上进行的。在上述部分中提出，教师不能盲目地实施其他人开发的教学大纲。相反，他们应根据诸如满足自身需求和学生需求（例如他们的意图、兴趣和价值观）

等前提来做出判断。因此，同样的情况也适用于学生和包括他们参与其中的建设性过程，如教师和其他人实施的工作如何与他们目前的理解、兴趣和目标相一致。他们能理解为他们提供的内容，他们的经验是如何分类的以及他们的关注点和他们学到的东西。例如，在最近的一个项目中，研究如何在课程设置中整合学生的实践经验（即工作经验），许多学生在利用时间和精力方面都具有相当的策略性，而且只接触他们认为是值得的经验。此外，只有那些能解决学生切身问题的经验，学生才会努力地进行接触（Billett，2010）。与其说学生们"缺乏时间"，倒不如说他们"害怕失去时间"。也就是说，他们不只是缺少时间，而是对如何最有效地利用稀缺时间做出判断。因为他们在学业以外还有生活，而且大多数人从事兼职工作需要花费很多时间，这些学生批判性地评价教育机构为他们提供的经验的价值，并对这些经验的价值作出判断，如果他们认为有价值的话，就会选择与它们接触。也就是说，对于那些为他们提供的经验和目的，他们有很强的选择性。尽管这在最近的一系列研究中是显而易见的，但是寻找学生参与的依据已经持续很久了。事实上，Higgins（2005）提出，职业教育的真正意义在于，让学生根据自身目的（尽管由老师激发和鼓励）在课堂上（由教师安排，包括教师）有效地学习时，学习效果最好。

因此，这里的重点是个人的实际学习，它们源于个人参与和决策的活动，而这些活动与教师、机构或其他人所实施的经验有关。经验的课程着重于以下问题：学习者通过参与为教学提供的经验，实际取得了哪些学习成果？这些收获在何种程度上可归功于课程的意图，其实施手段以及学习者对这些经验的认识有哪些？

学习者作为课程决策者

从上面可以看出，个人的学习环境是由自身的兴趣和观念决定的，如自身的社会地位和资源配置以及社会建议。因此，正如本书所述，考虑职业教育供给和通过它产生的学习时，除了社会因素之外，有必要考虑个人、其机构、能力和职业等因素。Rehm（1990）认为，寻求或拥有职业是一种非常个人的意图，尤其是寻找意义的过程。但是，个人做出的决定，有时也会违背社会风尚、趋势和偏好等主流社会建议。因此，职业教育需要考虑到自我、主体性和个人目标（Rehm, 1990, 第 123 页）。在职业概念的考虑和探讨中，此观点得到了突出强调。然而，很少有人突出地考虑到课程中的学生因素，特别是在职业教育中，而职业教育往往被认为是为了实现与职业有关的社会目标和结果。因此，重要的是，不仅要把学生看作是职业教育的重要组成部分，而且要使他们意识到自身的重要性并相应地参与其中。例如，Rehm 认为：

……虽然内容专家在教育中发挥重要作用，但重要的是要让学生积极参与规划和发现自身未来的生活方向。（1990，第 123 页）

她认为，职业教育应包括分析工作的历史、工作的社会性质，确定与社会其他体系的工作关系，例如在家庭、社区和有偿工作中，分析劳动和管理冲突，以及练习技术和沟通能力。她还建议，职业教育必须将知识基础扩展到有偿技能之外，包括其他类型的生产活动，因为有偿工作与生活质量不一定相关联。然而，令人奇怪的是，这项建议虽然意义重大，但却有很大矛盾。也就是说，有人已经假定了学生的需求，以及如何满足他们的需求。例如，最近学生参与基于实践经验的工作表明，这些主题远远不够吸引人，因为它们不能满足当前的和新兴的需求。也就是说，它们不是学习者的优先选择。不管正确与否，试图让学生考虑这类想法的项目，只有在它们构成学生几乎立即接触到的问题范围内才会进行参与，或者与他们即将从事的活动领域有关才会参与。无论意图是什么，即使是善意的意图，都是为了让学生更了解情况，这些意图可能不符合一些学生（即有其他优先选择和其他兴趣且害怕失去时间的学生）优先考虑的事情。并不是说对教育采取一种"任何都可以"的方法，也不是说忽视几个世纪以来学到和发展的知识，而是个人建构主义应该占主导地位。这不是人们所争论的内容。相反，关键在于，有效的职业教育必须识别和回应一些学生（即害怕失去时间的学生）至关重要的需求。当然，集中和统一实施课程的理念，与不寻求参与、协助、识别和结合学生的需求与经验的开发过程是完全不一致的。因此，除了咨询代表行业、职业、专业协会或工会的声音外，同样重要的是，要接触、咨询和了解如何在考虑到学生和外部利益的情况下，有意识地组织学习经验。

当然，建构主义心理学视角对个体在意义的生成过程中所扮演的中心角色赋予了相当大的支撑，这也支持了上述的主张。如上所述，该机构立即在课程的预期目标和产生的实际学习成果之间建立了微弱的假定联系。Wertsch（1998）提出"掌握"和"学为己用"的概念有助于说明人类是积极意义的制造者。"掌握学习"指个人表面上遵守应该学习的知识，因为其他人正在催促他们学习这些内容，然而他们对这些学习内容并不太感兴趣。"学为己用"是指个人以一种更健全的"自我"学习方式学习，因为他们认为这是真实的或符合他们利益的。他以爱沙尼亚人为例，在苏联时代虽然他们能够以极大热情背诵俄国对爱沙尼亚近代史上的看法（即俄国人是解放者）。但是，这些爱沙尼亚人并没有真正相信这一观点，而是，更加相信他们认为真实的观点，即爱沙尼亚已被俄国入侵和征服。也就是说，他们接受的并不是他们被教导的观点，而是从其他来源所构建的观点。再举一个例子，超市里的收银员或其他服务人员，他们对顾客有规范的问候（例如：你今天怎么样？）。这些工作人员在多大程度上表现出"掌握"或"学为己用"呢？也就是说，虽然他们可能被教导要向每位顾客提供规范的问候，但通常情况下，他们的表现体现了对该行为的掌握，而缺乏预期的承诺。因此，即使是被迫学习学生不重视、不相信或不想学的内容时，他们也很可能会通过"掌握"的过程中来满足教师的要求并成功地完成课程，但不能保证的是，他们能否真正地相信或者接受这些知识。

这些观点认为，学生需要被看作是职业教育更重要的一部分，这在教育领域关键学科中得到了相当广泛的支持。从哲学角度来看，杜威（1916）提出，课程是建立在人的活动和人际关系的基础上的。他认为课程是学习者与世界之间的一种互动，其经验是活动的相互作用，受学习者的行为、反思和体验所影响。杜威（1916）强调知识是学习者学习经验的一种产物，同时也强调了学习者如何与提供这些经验的世界互动。这里的重点是，这不是学习者参与和学习的单向过程，而是一个由学习者协商并最终以他们如何理解自身的体验为前提的过程。同样，从教育心理学的角度来看，Posner（1982）提出，人们从事的任务很大程度上是从情境中选出的信息以及处理这些信息，因而也是学习到的内容。他表示，个人所从事的各种任务塑造了他们随后的经验。因此，改变个人的任务内容会改变其自身的经验。要了解学习者的经验，就必须认识到，学习者从事的任务不仅仅是教师为学习者提供的任务内容。也就是说，不应该假定学生会相应地理解和参与这些任务（Posner，1982）。此外，学生之前所拥有的经验可能会影响他们在教育中如何参与为他们提供的任务内容。Newell 和 Simon（1972）支持这一提议，并认为学习者会对他们被要求解决的问题（例如学习任务）产生理解或内部陈述。学习者对学习任务的理解以及随后他们的参与，决定了他们从经验中学到的东西。这些前提强调，我们不能完全相信计划课程发起人所提出的建议，因为他们有时与实施的情况相差甚远，而实际情况一般以学习者所预期的方式进行。

个人对特定任务的理解似乎取决于他们所掌握的概念以及参与特定经验的目的。此外，他们对任务的理解也将影响他们的经验和从活动中学到的东西。Valsiner 和 van der Veer（2000）将此称为个人的"认知经验"，这些经验源于个人之前的经历。大多数认知经验源于他们以前的个人历史或个体发展，从根本上说是社会性的，但却是亲身经历和建构的。也就是说，与社会世界的经验不一定会导致一套通用的理解和程序，因为学习已经由个人的经验所调和。因此，个人的经验和背景会影响他们所拥有的概念，也会影响他们如何看待这些概念，以及它们在特定使用环境中的含义。例如，就课程内容而言，一次相遇的结果是学生现有知识的产物，他们的目的是参与所呈现的东西，并理解其价值。这超出了技术概念的累积范围，并提高了他们的处置能力。例如，它延伸到了学生是否相信他们能够学到有价值的东西，无论智力是一个固定的实体，还是可以通过参与教育活动来发展的东西。所以，学生对任何学习情境所产生的概念和观念将会影响他们对这些经验的理解、解释、回应以及与它们接触的兴趣程度。

学生从教学中学习的内容主要取决于学生所从事的任务，而仅仅是间接地取决于教师所呈现的任务。（Posner,1982，第 344 页）

这一命题进一步质疑了预期实现的前景。这也表明课程的概念需要超出计划和实施的范围。重要的是，为了考虑课程的构成内容，学习者可以从事与教师意图不同的活动。例如，一个有意解决问题的活动可能成为学生反复尝试和猜测的过程。从这些活动中，学生可以发展出一种解决特定任务的方法，但他们可能没有了解教师的意图。学习者通过对现有与过去的经验、他们所能带来的资源、参与任务的成本和效益以及他们的初始目的等因素的理解来塑造自身的任务。从不同的概念角度来看，Goodnow（1990）提醒我们，人类不仅可以解决问题，而且还可以选择哪些问题值得解决。这类似于 Posner（1982）的提议，她认为学生将信念、知识和能力带入学习环境中是适应环境的产物，并形成了他们吸收新经验的参照体系。这对课程有一系列的影响，尤其是在概念化时，呈现给学习者的东西将被他们内化或学习。

然而，正如预言那样，学习者的决策也存在一些问题。显然，学习者带来的资源可以起到抑制或促进学习的作用（Posner,1982）。学习者可能倾向于以"不重要或功能失调的学习"方式来理解任务，或者他们会干扰参与潜在的生产性活动。例如，人们已经发现，职业教育学生的经验如果仅限于技术学院的课程内容，那么他们与有过工作经验的人相比，对课程内容的看法会有所不同（Billett et al,1999）。因此，没有工作经验的学生可能无法优先考虑他们的学习内容，因为他们没有依据来辨别自己的判断，而那些有丰富工作经验的同行也可能对职业课程的作用不屑一顾。此外，准备工作是学生参与学习的一个重要问题。如果学生被要求进行自主学习或缺乏直接教导时，他们可能无法调动充分的资源来处理新的情况，可能是因为他们看不到这种联系（Billett et al，1999）或在概念和其他方面缺乏准备。所有这些观点都表明，经验和学习的内容（1）可能不是执行过程中的意图；（2）而可能是依赖于个人的。也就是说，每个人可能以不同的基础来建构个人的意义。然而，学习者带来的特定认知经验可能是以无益的、不完全的或有限的方式发展起来的，从而限制了他们如何利用这些经验参与和学习。因此，这一事实有明显的局限性，即最终是学生对计划课程的体验决定了他们学习的内容和方式。

所有这些都对职业教育产生了特定的影响，这些教育旨在帮助个人确定他们所适合的职业，并培养他们在其中发挥作用的能力。

决策和职业教育

本章中提出，职业教育的供给需要考虑到至少三种不同的决策形式。首先，有关职业教育的目的、宗旨、形式和成果的决定。有人认为，这些决定往往是由职业教育领域以外的利益相关者所做出的。特别是，由于国家对职场能力和就业技能的发展产生了兴趣，政府及其提名的发言人反映了特定利益并越来越多地积极参与其中，而这些利益相关方影响了协商决策的结果。这与先前的传统相一致，统治阶层的声音决定了职业教育的预期目的、意图、过程和结果。而且，这种教育供给必须实施。这一实施可能比其他教育领域更广泛地反映在职业教育的各种机构和环境中。因此，职业教育的实施涉及教师、行业培训师、管理者、从业人员等。这些人对于如何推进实施做出的决策，是基于他们获得的资源、能力、专业知识、对学生的了解以及对学生适合的知识做出的判断。这一决策是必要的，因为任何规定或规划都不可能考虑到影响职业教育供给的各种环境因素。因此，无论是在机构层面还是在个人层面上，许多决策必须由实施职业教育的这些人共同商议。而且，那些参加职业教育的人（例如学生、学徒、学习者、实践者等）也会对他们参与的方式、目的以及精力和参与程度做出决定。这一决策最终决定了他们在职业教育中学习的方式和学到的内容。因此，鉴于这些参与者参与和学习职业教育的重要性，他们不能仅仅被视为一个"脚注"。相反，他们是职业教育供给的核心。这表明，了解他们的需求、动机和参与意愿，以及协助指导他们的参与，对于职业教育的供给和实现预期的学习前景来说，可能是至关重要的。而且对于如何实施职业教育也是至关重要的。

强调这些层面的决策似乎是很重要的，因为职业教育供给中越来越多地应用那些假定的计划学习成果，职业教育的实施方法大多是用于实现这些预期的成果。然而，本书中提出的是，在讨论职业教育决策时，那些往往被忽略、不被理解或不受欢迎的考虑，需要有意地去重视一下。

书中提到的许多内容涉及职业和工作的概念、职业教育的目的，以及它们是如何被安排和实施的。在此过程中，大部分讨论都集中于职业教育部门之外社会特权阶级做出的决策。他们的决策并不能很好地满足职业教育的利益，也没有促进作为社会、个人和经济中心的教育部门的自主性和重要性的作用。在下一章中，对职业教育的组织和实施提出了一些思考。这些思考来自于全文的讨论，并提出了一些解决职业教育主要障碍的方法。

第九章

职业教育发展前景

274

目前职业教育中存在的问题，在很大程度上是由于大众对职业教育哪些部分可以被学校有效地接管，哪些仍然属于行业、企业或家庭的各种争论而产生的。（Bennett，1938，第3页）

政策的制定需要考虑到职业教育和培训与邻近的社会子系统之间的关系，特别是就业系统和普通教育系统之间的关系（这种关系是因国而异的），同时也需要考虑到各国在这些领域中已形成的传统和思想观念。（Lettmayr，2005，第1页）

职业教育：现代定位与展望

在当代，广义的职业教育定位是模糊的。一方面，它被认为是实现个人、社区、国家乃至全球机构所期望的各种经济和社会目标的关键，这就使得职业教育现已在许多国家的专门职业教育部门、教育制度以及在其大学范围内被广泛地普及。然而长期以来，它也在其中发挥了重要的作用。因此，职业教育可以被视为一个日益重要的社会项目，它体现为一个教育领域的进步，并涉及教育、高等教育和高等教育的关键教育部门。此外，这一规定不仅限于工作生活的初步准备（即培养职业能力），而且日益侧重于确保延长工作寿命所需的技能种类和水平。也就是说，需要通过提供职业教育以维持个人的就业能力（不论其职业如何），因为对特定类型工作的需求变化不定，工作的表现要求也会发生变化，那么当在工作的环境中出现独特的职业需求时，工作的方式根据要求随即发生改变。因此，委员会通过了称为继续专业教育的规定，关注个人在整个工作生活中的发展。此外，在许多国家，职业教育是以个人生活发展为重点的教育，职业教育也使最广泛的学习者以其独特的能力、兴趣、轨迹和参与意愿参与其中。所有这些因素对那些组织和颁布职业教育规定的人来说都是一个重大挑战。

　　然而，在另一方面，它被认为"太重要"了，以至于不能将其提供给那些会实践和教人实践的人。并且随着这种利益成分的增加以及政府、工业界、雇主和专业协会等其他主要社会机构的期望提高，提供这些规定的教育部门以外的人的需要和要求也正日益影响着广泛的职业教育领域。因此，这些利益相关方群体往往寻求对这些规定取得更大的控制权。在某种程度上，这种外部影响一直是如此，而且往往是正确的。这始终存在着强烈社会特权的观点，这些观点塑造了职业的社会地位及其准备手段。然而，随着这种影响延伸到学校、职业教育机构和大学，似乎变得越来越强烈，甚至是不可控。此外，很少有教育机构的教学是由教师自己赞助和发展的，因为大多数教学都是在为特定社会目的而建立的机构内进行的。通过这些方式，教育规定与社区发展的连续性与其社会和经济目标密切相关，并对其至关重要。职业教育也不例外，这也许并不令人惊讶，因为它的许多目的与教育机构和社区之外的利益直接挂钩。然而，这些外部利益日益影响着通过学校、职业学院或大学提供的职业教育，并对这些规定的目的、形式和结果产生越来越大的影响。因此，做出决定的人需要充分了解他们正在审议的教育目标、过程和结果。然而，实际情况并不总是如此。

　　正如本书所建议的那样，职业教育项目的独特性和广泛性很可能对任何形式的外部控制、授权和管制的有效性都有明确的限制。如果不对当地因素有细致入微的理解，就很难提供符合其颁布内容的教育（包括了解学生的需要并有能力继续做出回应）。事实上，治理职业教育的一些最持久和最有效的模式就是在一系列利益相关方之间进行高度参与和审议的模式，以及实施这些模式的人之间的酌处权（经合组织，1994a，1994b）。也就是说，北欧和斯堪的纳维亚国家采用的伙伴关系做法似乎在实施中最为成熟，并在其进行的手段上十分谨慎。高质量安排好这些的关键是努力确保关键利益相关方在关于目标、进程和结果的决策中积极参与并达成共识。此外，这类安排似乎也不具有规定性，因为不能排除制定这些安排的人（即职业学院、机构和学校的教师）的酌处权。然而，这种安排并不是普遍的。在其他地方，如英国、芬兰、澳大利亚和新西兰，采取了自上而下和规定性更强的办法，中央政府的不断调整以及不断变化的需要所形成的动荡、外部咨询和利益相关方都使得职业教育的规定产生了相当大的问题和破坏性。这一问题在很大程度上似乎产生于这样一种观点，即职业教育的目标及其进程过于重要，以至于不能授权给领域内的人（即了解职业教育目标的人）。然而，如果这种决策是以协作和本地化的方式进行的，而不仅仅是自上而下规定的，那么就会有更多的参与程度和对实践的重视程度，而这种做法是专业实践所必需的。因此，对职业教育的组织采取高度管制的办法越来越多，因为职业教育的决策是自上而下的，甚至是立法和授权的，以确保职业教育以外的人的利益可以占主导地位，这就更需要有一个更加成熟、包容和积极参与的决策基础。

事实上，这种加强管制和控制的趋势是职业教育目的和规定方面的重大困境与矛盾，而不仅仅就是将了解工作及其实际做法和教学的人与就这些问题做出决定的人分开。从事某一职业并在其内部教书的人似乎越来越少参与确立总体目标，更不用说详细说明如何最好地学习这些做法了。相反，这些问题也是需要由代表从事和教授职业的人发言解决的。然而，要有效地提供职业教育，不太可能通过远离其实践和教学的人的前提和假设来组织、颁布或体验，更不可能仅仅从学习者那里得到。因此，职业教育需要采取包容性和参与性强的课程规划和实施办法。这些方法包括了解需要学习的知识、学习的方式以及丰富学习过程的手段。课程规划人员还需要有经验，可以告诉他们如何有效地理解学习者的素质，这是因为在课程制定的情况下需要处理各种情境因素。这些因素中最重要的是理解和实现学习者的期望、需求和操作的能力。长期以来，这种定论的假设一直是以学校为根本的课程开发方法为基础的（Skilbeck，1984）。

　　然而一种明显的趋势就是，全球化的机构、国家官僚机构以及代表雇主和雇员的机构都知道什么对职业教育和在职业教育中学习是最好的。但实际上，这些意见往往被证明是不知悉实际情况的（Billett，2004）。例如，主要的全球机构建议：无论国家是否有实施这一制度的体制基础设施，某些职业教育形式（即德国的双重制度）是可以适当在发展中国家发展的，这就更不用说确定教育规定所依据的职业标准与能力或如何实现这些教育规定的操作方法了，并且通常被指出的是要由来自实行双重制度的国家的顾问参与并确定这些规定的手段。所有这些都没有考虑到这种模式实际上是否最适合发展中国家。然而，即使在发展了广泛的教育基础设施的国家，也不能保证国家标准是连贯、全面和完整的（Billett et al，1999）。例如，这类标准往往侧重于可观察到的行为表现，而不涉及（更不用说促进）作为专家工作者所要求的业绩基础的能力。此外，外部机构往往要求有权对这些教育机构的设施和专门知识进行审计（并且是使用类似的行为标准进行审计）。然而，这些标准可能是相当错误的。或许在许多方面，部分要求合理，特别是当它们在外地得到同意或接受时，但是这些安排往往不是通过协商和谈判达成的，而是作为硬性要求，也并不是以健全的教育做法和原则为基础的。此外，正如历史上所表明的那样，那些处于强大社会地位的人在提到其他人从事的职业时，一再表现出特权行为和自我利益，而且往往是对职业教育项目无益和不知情的情况。当代的情况也与此大同小异。

　　因此，如果要体现职业教育的发展潜力，无论它是作为一个广泛的教育领域还是作为一个具体的教育部门，都需要制定更广泛的参与、酌处权和决策基础。在制定职业教育规定的所有方面，这种参与是必要的：

　　（1）确定和说明通过这些规定要达到的教育目的（即目的、目标和期望）；

　　（2）选择和执行为学习者设计的实现这些目标的经验和方法；

　　（3）衡量其成果和需要达到的贡献。特别是，在具体情况下，需要给予颁布职业教育规定的人更大的酌处权（即教师、培训人员和工作场所监督员），其次，需要更深入地与其对象（即学生、学徒和工人）接触，以了解如何才能最好地实现和制定职业目标。

也就是说，制订预期课程的过程必须包括更广泛的教育目的，以便纳入教书育人和雇用人员的意见。此外，必须将酌处权的概念纳入预定的课程，以便在地方一级政府形成合理教育意图和参与过程。并且提供职业教育的人应获得自由裁量权，既能满足当地的需要，又能以生产性的方式满足学习者的能力、意愿和兴趣，并以实现学生的职业目的为目标。而且这些素质很重要，因为职业实践的要求并不一致。相反，它们是由于特定工作场所、地区的需要和这项工作的变化而产生的（Billett，2001a）。此外，不同类型的学习者都要求通过统一或标准的实施程序，这不太可能真正理解和确定教育规定，更不用说得到满足了。因此，必须由在地方前线教学和以其他方式支持学生学习的人做出决定，以解决具体的职业做法以及学生实现这些要求的意愿和能力。此外，还要求制定和实施这些安排的教育工作者本身也有能力有效地发挥这些作用。也就是说，与来自其他教育部门（例如小学和中学）的教育工作者一样，职业教育工作者需要有专业的准备，使他们有能力对他们必须执行的高要求项目做出回应。虽然许多国家一直坚持对职业教育工作者进行充分和有效的专业准备的要求，但实际情况并不总是如此。因此在一些国家，这种筹备工作的要求甚至以成本效益的名义受到了侵蚀。如果这是一项战略的一部分，使教师仅仅是其他人所设计和希望颁布的方案的执行者，那么，正如第8章所述，这种做法既不切实际，也没有帮助。

事实上，企业和工作两级所要求的具体期望最有可能由了解这些要求并据此加以解决的教育工作者实现，而不是通过统一提供经验和使用往往不满足这些需要和要求的统一标准来完成。也就是说，职业教育的提供必须包括对学生的需要、愿望、意愿和兴趣的了解，而这并不是反对对雇主的利益、要求和目标的追求。相反，它是更彻底地了解雇主的需要，并以同样解决学习者的准备、需要和要求的方式对其做出回应。然而，大多数利益相关者可能会迎合这样一些目标：

（1）发展有效的职业实践所需的能力；

（2）能够以不同的方式在各种职业任务中应用这种能力；

（3）有机会不断发展和提高职业知识。

在不同类型的职业任务中应用知识的能力很可能是个人在工作场所需求变化时利用其知识的能力的预测指标。也就是说，他们的职业能力并不完全取决于学习和实践这种能力的环境。虽然在这些目标的细节上不可避免地会有一些争论，但它们的内部有很大的一致性。也就是说，这种知识将会与包括学生想要学习的知识，他们的雇主也希望学习，并与行业声称想要学习的知识保持一致。然而，即使这些职业要求不容商榷，职业所需知识的规定也很严格（例如为了安全和安保目的），仍然有必要了解学习者的需要，包括他们愿意参与学习的知识。这些理解使教育工作者能够为学生组织经验，以确保他们参与和有目的地学习这些知识，以取得相对一致的结果。也就是说，需要与学生进行协商和了解，以帮助他们实现其他人为他们规定的那种学习效果。归根结底，职业教育是关于个人的学习。没有任何其他人的处方能够最终控制个人的学习过程（Wertsch，1998），尽管它可以以特定的方式形成。职业教育的提供不仅仅是针对成文的职业说明要求，还需要与那些最初学习职业，然后在整个工作生活中继续学习的人接触。这种长期的参与是必要的，以帮助学习者获得多种类的知识（包括历史类知识），并形成特定的文化因素和环境要求，他们将需要在其中完成他们的工作任务。这种本地化的安排（例如磋商和调查）还需要报告：

（一）预期课程的目标和宗旨，以及这些目标和宗旨如何与学习者的需要、准备状态和能力相匹配；

（二）所颁布的课程如何为这些目标提供经验；

（三）如何协助个人从事和学习他们最喜欢的工作，而这些工作很可能成为他们的职业。

正是由于这些原因，才有必要考虑在这本书中讨论这个基本问题。了解职业教育在特定国家的地位，特别是了解各个职业教育部门在该国的位置以及它们与其他教育部门的关系的重要性，在很大程度上说明了它们的作用和地位。如第二章所述，这种定位在很大程度上支持并颁布了职业教育的规定，包括调节给予为学生规划、组织和制定学习经验的人的酌处权的程度。显然，将职业教育部门内的医学教育和职业先修教育方案作一比较，每种方案的尊重程度、所从事机构的地点、其教育目的以及为学习这两种职业提供的支助程度都有很大差异，且这样并不总是清楚职业和支持职业的教育规定是否实际上以对这些属性的仔细和客观分析为前提（包括以何种方式最好地发展从事这些属性所需的能力）。

同样重要的是要理解作为独立个体反映个人利益和期望目标（即个人事实）的职业与第3和第4章提议的作为社会产物的职业（即社会事实）之间的区别。在讨论职业教育时，这两个概念都很重要，因为它们代表着两套截然不同的义务，它们在个人和社会关于参与和学习这种教育形式的决策中不可避免地相互关联。在不同的方面，每一组必要条件都是有效和合法的。几年前，我在职业学校中教授服装设计和制造专业，学生对这些课程的需求远远超过服装制造业和时尚业的现有职位要求。在这些情况下，工业界对课程的需求低于希望从事这些课程的学生的潜在人数，这些情况导致人们对提供这类课程的价值产生疑问。那些将要成为时装设计师或服装业工人的人，比其他人更了解就业和晋升的前景，提供教育的目的是帮助他们实现自己的职业目标。然而，许多来自工业界的人士声称，这些计划过于注重迎合潮流，而并不针对特定行业的需求。相反，学生们不想从事的是他们的代表所阐述的工作种类（例如生产机械师）。因此，有了两套各不相同的要求（即个人利益和行业需求），就可以考虑产生对职业教育的作用、价值和合法性的不同看法。虽然可能有很强的经济和社会需要才能采取特定的行动，但不情愿的学生不太可能是最投入的学习者或最有效率的工作人员。

当然，职业教育所发挥的重要社会作用不足以使强大的社会特权声音以不知情、缺乏平衡和不考虑那些为学生组织和教授学习经验的人以及学习者的需要、兴趣和意图的方式发挥其影响力。职业教育的目的、目标和总体规划过于重要，不能任由这些领域的利益来决定。要实现职业教育的潜力，需要的是有效与熟练的领导和决策，而不是外部利益的支配。

实现职业教育潜力

在对各州关于职业教育采取的诸多行动进行了批评之后，必须强调指出，它们可以做很多工作来提高职业教育所处的地位，并赋予那些寻求实现职业教育目的人权力以及使他们有能力实现职业教育的目的。也许可以有三种关键的方式来提高其地位和合法性：

（1）将教育平等的观点纳入其中；

（2）在其伙伴之间建立成熟稳定的关系；

（3）为那些能够为组织方案、学生的经验以及在地方前线学习做出贡献的人腾出空间（包括教育工作者、在工作场所内提供学习支持的人和那些是学习者的人，也就是学生、工人、受训人员、学徒等）。

现在，我们将简要地讨论这些问题。

一个社区拥有其固有的重视技能工作并有效执行它的人，可以在很大程度上支持教育和工作场所需要的有效经验。如果继续对技术工作的地位和价值以及从事技术工作的人做出更大的承诺，而不是不断地、细致地管理和授权职业教育机构、工作场所和从事职业教育的人的活动，那么其中的大部分可能是不必要的。德国、奥地利和瑞士等国所报告的各种社会观念表明，其对这项工作的评价有别于其他国家。

这主导并形成了各种成熟的关系及安排。例如，学徒和受训人员接受较低的工资水平，因为他们被保证得到一个高度有效和彻底的培训。因此雇主在向这些学员和学徒支付低工资的同时，也必须提供高水平的培训。学徒和受训者的父母意识到，由于工资较低，他们可能不得不在此期间抚养子女，但他们会这样做，因为与学徒一样，他们意识到这是对自己未来的一种投资。当这类职业概念被广泛接受时，这些安排中的每一项很可能是可实现的。这就是说，整个社会对技能的发展有着实际的承诺，因为人们承认这些技能是重要的，它们的发展是一种基本的社会行为。因此，国家可以发挥的一个关键作用就是在其社区、机构和公民中产生上述职业概念。

此外，国家也可以采取行动，在参与提供职业教育的各种伙伴之间建立成熟的工作关系，而不是使工业部门和教育机构相互对立而形成不同等级的概念。在这种关系中，很可能更需要与实践和教书的人以及关心职业教育成果的人进行真正的接触和协商。此外，由于有效职业教育的许多要求是在地方一级进行的，并且是通过当地企业和教育提供者之间的谈判产生的，所以它们也可以建立成熟的工作关系，其前提是不采取那么严格的安排，这就会鼓励和发展这些方面之间的持久合作。而且这种安排最好是在参与者之间有共同的目的和相互尊重的情况下做出的。因此，这类安排也可能一方面以上述职业概念为前提，另一方面，这些促进和奖励合作以实现共同目标的组织安排也与职业教育有关，并且其中最主要的可能是关于个人、工作场所、社区和工业界都想要的知识内容。

第三，在此更应详细讨论的是职业教育必须以各种方式取得进展，进而为组织、颁布和参与职业教育的人提供空间，使他们能够做出贡献、了解情况和做出明智的决定。正如前几章所提议的那样，关于如何实现职业教育收费的一系列目的，我们已经知道了很多：我们非常了解职业教育要实现的学习类型，实现这些目标的过程，以及学习者需要如何参与以获得构成这些目标的知识。这包括这些形式的知识如何能够满足个人、其工作场所和社区的需要，并在这样做时还涉及关键的国家和社会经济目标。而关于什么是有效职业实践所需的能力（即专门知识），这其中存在着大量的知识。而概念、程序和处理能力的特定种类与集合共同构成职业的知识领域的方式（Ellstrom，1998）也得到了合理的解释。此外，人们还了解到，在从事职业的特定环境中，这一特定的知识领域是需要以不同方式进行传授的（Billett，2001a）。因此，结合特定领域的知识及其应用的变化，对于指导职业教育规定的目的至关重要。此外，除了这一领域的特殊性外，更多战略性的处理方式、程序和概念允许个人实现其工作生活目标，这些形式的知识包括了在就如何开始工作生活做出一系列决定时必须有效地实施的各种能力，并且它们与有效识别并解决问题以及以适合特定工作环境的方式有效地与他人沟通和工作的能力也息息相关。

职业所需的各种能力及其变化和有效工作表现所需的战略能力对于有效实现职业教育的目标来说十分重要。这一观点对于了解如何实现职业教育的潜力非常关键，即目标应该指向职业教育供给的努力和方向，以及发展这种能力的手段。重要的是，这些理解有助于向个人提供关于特定职业的建议，以及提供如何满足他们的需要和兴趣的方法。它们还可用来确定旨在培养学生职业能力的教育方案的目的、目标和期望，并协助他们在毕业时能真正投入该职业。而且这些目标通常被用来考虑需要提供的经验种类（例如课程）以及如何丰富这些经验的问题（例如，在教学上）。此外，这种理解也可以帮助组织并制定整个工作生活中的学习经验以维持个人的职业能力，从而保证他们拥有就业技能。它也可以用来确定在设计和颁布有效的教育经验时需要考虑的各种因素，这包括考虑在教育和实践环境中最好应学习哪种能力，以及如何有效地将这些经验组合在一起的方法。此外，它们还可用来确定制定具体教育干预措施所需要的知识和能力形式，因为部分内容并不容易学习（例如，不透明或象征性的知识），或需要反复实践和各种经验才能有效发展的知识（例如，复杂的程序）。因此，上述课程内容都必须由那些决定职业教育组织和为学习者提供经验的人参与、预定和颁布。因此，那些负责确定学习的知识内容，然后构建与学习相关的教育意图的人需要具备相应的能力，这一能力就包括延伸到对学生特定类型经历的种类、顺序和持续时间的决策。简言之，要决定职业教育的课程就应由了解这一知识并能够就所要的课程做出适当深思熟虑的个人来提供有效信息。

然而，除了对这些教育目标的考虑之外，人们对于如何在学习者内部发展这些形式的知识也有很大的了解。也就是说，什么样的课程和教学实践相结合最适合确保所需的学习内容（即培养职业专门知识）。课程实践可以提供经验，以帮助个人更多地了解一个或多个职业，这些做法已可以很容易地被实施。此外，对如何发展这些能力的理解清楚地表明了经验的类型、持续时间和顺序，而这些经验最有可能发展职业实践所需的知识种类，包括发展这些能力的战略形式。并且在对于如何在实践环境中促进职业知识的学习以及如何最有效地利用这些贡献的问题上，也有了很多了解。包括工作场所学习和工作指导学习的概念都有助于解决到底如何丰富这些经验的一些疑问，然后，拥有了既能作为职业从业人员，又能作为有专门知识的教师，就会产生巨大的潜力。这些教师的能力还可以扩展到如何最好地组织和整合学生在实践环境中的经验，以便所有人都能获得丰富的学习成果。因此，教导、指导和以其他方式协助发展学生能力的人将发挥重要作用，并行使酌处权。总之，组织和颁布学生所需经验的人应具备相关能力，使他们能够有效地开展工作，并拥有做出与职业教育规定的颁布、监测和评价有关的决定所需的酌处权。因此，不仅需要给予教学人员和以其他方式帮助学习者的人酌处权，而且还需要发展他们有效开展这些活动的能力，并以符合需要解决的那种学习目标的方式，与特定的学习者群体一起开展这些活动。也就是说，他们需要充分的准备和实践的能力，以确保这些学习者的学习成果。

此外，人们现已清楚地认识到，学习过程的成功在很大程度上取决于与学习者（例如学生、学徒和工人）的接触，并要找到能满足他们需要的学习方法。因此，有必要通过职业教育的规定，掌握和利用学生的兴趣、意愿和参与学习的基础，进而采取相关措施。最后，如第 6 章所述，这些人不仅是职业教育的对象，他们还将职业任务作为他们的有偿工作，并在这项工作中找到自己的职业方向。他们的学习和发展是职业教育规定的核心，如果不了解他们参与并通过这些规定学习的基础，就无法取得有效的进步。正是这些学习者行使自由裁量权（也许教育会提供给他们越来越多的自由裁量权），使得他们的能力也可以帮助企业通过对他们的重用来确保实现企业想要的结果，从而最终为国家、社会和经济福祉做出贡献。

因此，这里的一个重要信息就是，课程的提供和结果的保证必须要根据对这些问题的了解来决定，以及要给予教授和以其他方式协助个人学习职业知识的人地位和酌处权，以充分发挥职业教育规定的潜力，并根据学习人员的观点、兴趣和意愿来真正理解这些规定。并且形成职业教育供给的强有力的外部声音是不够的，而执行者和学习者的酌处权都需要得到承认和予以落实。

职业教育的有效供给

根据上述情况，我们在本结论章中考虑了如何最好地开展职业教育的问题（即理想的课程）。有人建议，有关职业教育的决策需要得到更多人的建议，而关于内容、目标和过程的关键决定需要由教书的人做出（而不仅仅是那些代表职业教育利益的外部的说话人）。此外，还需要在职业教育作为一个特定领域和部门的课程开发方法中考虑到更详细的关注和要求。除了规定之外，重要的是要了解如何落实工作实践，这就可以在地方一级（即在从事工作的地方）得到最好的理解和支持。此外，除了加强教学人员和在实践环境中提供经验的人的酌处权之外，需要考虑到那些处于学习者地位的人的能力和利益也是至关重要的。简而言之，这里提出的就是关于职业教育如何才能取得最佳进展的规划。本书认为，现在职业教育领域、部门和主办方以及支持职业教育领域的机构的做法（包括它们之间的关系）已经成熟，足以促进酌处权和专业能力的充分发挥。建议应放松严格的官僚控制权，减少社会特权阶层的影响，使职业教育机构和教育工作者能够更大程度地控制职业教育的提供。也就是说，应给予他们一种自由裁量权，使他们能够了解其学生的需要和职业教育方案需要提供的工作场所环境，以便为制定和颁布教育规定采取适当的、有重点的和有针对性的办法。在以这种方式满足学习者的需要的同时，它还可以满足毕业生将来可能工作的企业的需要，也可以发展他们特定职业所需的规范知识，并且这类能力似乎是构成有效提供职业教育的核心。

总体来说，现在这里提出的是"理想的课程"的构成要素，或从学术角度上讲应该发生什么（Glatthorn，1987），包括本书应阐述关于哪些内容的讨论，以及作为这些讨论基础的学术机构的主张是什么。然而，上述所提出的建议不应被看作是无法实现的理想。相反，它建立在对教育方案需要在目的、过程和预期结果方面得到充分了解的基础上。事实上，这里提出的许多建议在职业教育和培训制度中是显而易见的，这些制度的特点可以说已经成熟到足以发挥更多的教育领导作用，并且在一些国家，这种领导能力已经超出了应有的水平。也就是说，这些系统并不是追求控制并减少教师和其他协助学生学习的人的酌处权，而是涉及确定行业和职业级别所需要的要求、这些表现为业绩的要求所发生的环境以及与参加职业教育项目的学生在就业准备和能力基础方面的一致方式。

理想课程的实现途径

正如第七章所述，课程是由一条条经验之路构成的，它让学习者不断提高并进而实现他们的目标。然而，这些路径有着完全不同的目的地和轨迹。有一条途径可以帮助个人决定他们应该从事的特定职业，即选择一种职业并决定如何进行下去；此外还有一些与发展从事选定职业的能力有关的途径，即进入这一职业的途径；以及在工作中维持就业能力的发展道路，即工作生活中关于安全持续发展的途径。然而，这三种路径对于特定的个体来说是不同的，它们以完全不同的方式参与其中。也就是说，他们的个人需要、意愿和意图是促使他们参与职业教育并在职业教育中取得进步的关键。而且当我们考虑到第 4 章中概述的目的范围时，就显然需要各种不同的途径。许多人遵循别人设定的道路，向他们学习，接受他们所拥有的知识，并通过他们自己的工作再加以应用和推进。也有一个线性路径，个人将需要在不同的时间点接触并学习，这就取决于他们自己的意愿和意图。例如，这种线性途径的第一步就是让个体确定他们感兴趣并非常适合的特定职业。

实现职业的途径

第一类途径就包括帮助个人确定哪些职业与其兴趣、能力和期望相匹配，如前所述，选择职业可能是个人做出的最重要的决定之一（Rashdall，1924）。在许多方面，这些决定使个人参与特定的活动过程，在这些活动中，他们将做出重大的个人投资。此外，这一决定还常常伴随着对其教育和工作经验的社会投资。因此，当个人退出或以其他方式未能完成其最初的职业准备，或在完成准备工作后不久离开职业时，就会付出重大的个人和社会代价。并且这条道路也常常是在从学校走向工作的重要过渡时期，以及在年轻人试图以某种方式认同自己的时候而采取的，通常它还会形成一段旷日持久的过程，即确保（即学习）从事这一职业所需要的能力形成的过程（尽管是通过提供教育、工作场所或两者的结合而形成的）。因此，在个人选择自己喜欢的职业之前，重要的是为他们提供途径，帮助他们在充分熟悉的基础上对职业选择做出明智的决定。这种途径可能会使学习者接触到现有的各种职业，并设法确定哪些职业符合他们的需要、能力和准备状态。当然，考虑到潜在职业的情况，向学生提供所有这些职业的直接经验是不可能的。然而可以通过课程教学的方法刻意让学生（也许是在上学期间）考虑到一系列职业，并提供给他们可能选择某一职业的途径。尽管这一过程只是间接地理解了一系列职业、文本和图像，但它仍然能够让学生参与到他们职业考虑和选择的过程中去。

此外，当个人确定了其职业后，持续提供职业经验将是有帮助的，这样他们的决策就可以根据经验和对什么构成该特定职业的理解而得到肯定，而这些经验将包括有效实施工作所需的条件和内容。这一经验似乎很重要，因为许多国家在职业培训和最初从事职业过程中都经历了很高的自然减员率。例如在本书涉及的一项研究中提到，护士专业的学生阐述了他们将来想成为护士的理由，然而这些理由中有许多只是基于理想和关于护士工作构成的潜在错误观念而形成的（这包括为什么这些学生会认为他们非常适合护士工作）。从事护理工作显然是一个合理的考虑，因为许多人认为这是一份可取的、受人尊敬的工作，并且他们会声称自己了解护士的工作是什么，虽然它的价值在这里是没有争议的，但护理工作内部的高自然减员率表明新手对这项工作概念的认识是相当错误的（甚至个人的兴趣和能力与其工作要求都不一致）。尽管一系列情况和社会因素（例如，不愉快的工作条件、欺凌和不匹配）会影响到个人是否仍然从事某一职业，但显然他们自己对职业领域的理解也会发挥重要作用。

因此，职业教育的规定需要能帮助个人就其所偏爱的职业做出合理的选择，使学习者充分了解到其工作的要求及实际进入职业所需要的长期的晋升和就业能力，进而为其所选择的职业做好准备。

发展职业的途径

在确定具有某种特定职业的初步经验后，个人需要参加一项特定的课程，以帮助他们学习将成为一个有效率的、合格的工作人员所需的知识。正是这些能力最有可能让他们有效和充实地参与工作，而这种参与可以使个人产生强烈的职业责任感。因此，当教育机构和实践环境需要产生这些能力和经验时，这些经验就构成了学生能力发展所需的途径。

这一途径很可能需要提供机会让人们了解到具体的职业任务和从事这些任务的程序，以及实践和完善这些程序的方法。此外，有机会去观察这些活动是如何以职业的做法而开展的，以及这些活动如何利用这些总体工作领域，可能有助于开发人们以适应性方式利用这种能力的潜力。也就是说，如果人们对其所要求的业绩需求背景，以及它与工作场所目标的关系都得到理解，那么就有了能使这些信息适应其他情况的依据。尽管当一个人被确认为职业从业者时，这一途径往往就成了终点，但随后都会出现其他途径以供参考，并且其中一些途径会继续呈线性发展，个人将沿着这些途径继续开展工作，以便在更高级别的职业分类中变得更有能力胜任或更受他人的认可（例如，专家工人、高级技术贸易人员或专业人员）。这也是国家从业资格框架中经常提出的一种途径（有时包括需要学习或认证的知识等级），以确保在从事工作时取得进展。然而，在职业领域中提升工作层次可能是并不容易实现的（即护士成为医生或牙科助理成为牙医），而因为难以晋升，这种情况也可能不适合个人在许多条件下工作。同样，并非所有形式的工作都有这样的等级制度，当存在这样的等级制度时，工作发展可能会存在着相当大的障碍。事实上，在一些国家，教育等级制度不允许存在于不同教育部门（即职业教育和高等教育），也不能在资格框架内提出更高的要求（包括替代线性路径的方法）。例如，一些途径会跨越一系列的相关职业领域，使一个人在许多相关领域的技能变得熟练（这就被称为多技能），并且一些个体工作可以应用于各种不同的职业（例如文书工作），不同途径也会导致不同的职业发展轨迹。

此外，许多工人会在他们的职业发展生涯中产生一种想换工作的想法。因此，他们会沿着一条不同的途径前进来帮助他们学习，并且这对他们来说就是新的工作。这一进展可能会使他们参与一个初步的准备计划，或接受已被截断的将成为一名熟练工人的道路。例如，许多职业教育工作者在经历长期的职业生涯发展之后，会通过参加以职业教育为重点的教师教育方案，而走上这样一条道路。然而，这类途径的性质很可能与那些有意寻求改变其工作和就业的人〔以及那些拥有使他们能够实现这一目标的社会资本（例如资格和资源）的人〕和那些非自愿获得新职业的人截然不同。因此，理想的职业教育课程应包括提供一条经验之路，从而构成进入选定职业的途径，然后就是为在某一特定职业范围内所需要的深度广泛经验提供方法，并且还应阐明更高层次的资格和成果。

因此，职业教育需要组织一些提供经验的途径：

· 阐明一系列工作的性质；

· 协助个人确定他们被吸引从事哪些工作，以及为什么；

· 提供这些工作的经验，以便个人能够更多地了解这些工作；

· 培养有效参与一项工作所需的能力；

· 形成关于工作的批判性观点，以促进其适应性和实用性；

· 协助个人对其工作和相关领域形成更广泛的了解；

· 为其提供支持，使其在职业生涯中保持相对有效的能力；

· 协助个人确定选择新工作的途径；

·指导个人向不同工作过渡；

·最后协助其过渡，使其脱离现有工作生活。

这样一套经验并不意味着所有这些都必须由教育机构和教育工作者来建立。相反，一些可以由个人可移动的路径组成（可能一些带有必要的障碍、检查和认证），另一些则可能是自我协商的。在这一框架内，人们将通过个人途径进行谈判，因此他们会：

（1）确定哪些工作对他们有吸引力；

（2）寻求从事这些工作的方法或提供教育支持；

（3）然后在其整个职业生涯发展过程中，他们会争取在从事这些工作中取得进展。

这就是不同程度的准备，个人要选择工作，必须了解直接从事该工作以及如何为其做准备的教育规定，以确保应用他们为之准备的工作种类，然后在这项工作中取得进展和改变，从而使这些途径变得相当个人化（并在许多方面具有独特性）。这在很大程度上构成了个人课程，而这也将会应用于他们的整个工作生活中。

然而，除了为学习者提供经验（即课程）之外，还有关于如何最好地丰富这些经验的考虑，而这些都是职业教育的教学实践。

支持职业教育的教学实践

通过选择和制定适当的方法与战略来丰富学习者学习经验的要求对于教育的有效供给来说是至关重要的。包括职业教育中不同类型学习者的需求和准备程度，他们不同的目标和轨迹以及需要发展一系列知识以有效地进行职业实践（其中有些很难学习）等，这些因素都表明需要在教学上支持和增强学生的经验。值得注意的是，拥有最受尊敬和看似有效的职业教育制度的国家都相当重视教师的素质。例如，在芬兰、瑞士、德国和奥地利，那些在职业教育系统中任教的人除了具有其丰富的内容知识外，还拥有更高水平的教学资格。相反，在一些国家，这些能力的发展被认为是不值得重视的（尤其是在高等教育中）。然而近年来，一些有职业教师教育规定的国家努力提高职业教育教师的地位和资格，澳大利亚和英国就是这种情况。许多其他国家也十分重视职业教育工作者的发展，也许一些国家还没有这样做，但从很大程度上讲，职业教育工作者的发展是必需的。此外，不仅要承认职业教育机构教师的教学内容和能力，而且承认工作场所的贡献和丰富学习知识等都是有必要的。因此在德国就有被认为有能力协助工作场所学徒发展职业知识的 Meister。还值得注意的是，在高地位的职业中，相当多的专家关注并协助发展新手的职业知识，然后支持他们整个工作生活中的进一步发展。也许医学教育就是这方面的一个例子，由于临床实践的需要，它面临着相当大的压力，因此在整个医学教育领域，正在开发为学生提供一系列经验的创新方法，包括在大城市和农村中心、普通医院和医院之间提供经验的模式，以及在医院的标准医学教育模式内提供不同类型的轮换的模式。所以在这一专业领域，人们对如何改善学生的学习经验给予了相当大的关注，并且在其他地方，人们也观察到标准的、统一的模式正是国家所需要的。

同样值得注意的是，在德国的传统教育中，专门针对学科的教学已经发展起来，也就是说已经确定了一套被认为适合和有效地学习特定职业方面的教学方法和技术。职业教师教育的发展在很大程度上是以确保与每个职业领域相一致的教学为前提的。此外，在该国，有一种传统就是特定学科的教学应与特定的教学方法保持一致。因此一些大学集中精力培养商业教育工作者、工程教育工作者以及酒店管理的教育工作者等等。所以有些牢固的传统将学习特定职业（即内容）与具体的学习方法联系在了一起。值得注意的是，小学和中学教育也是如此，特别是在科学教育等专门领域。因此，无论一种特定的学科教育学是需要的还是可能的，在致力于开发职业技能知识的国家，都应该相当重视教学质量和有可能发展实践所需知识的教学策略的种类。所有这些都表明，职业教育工作者在教学中应发挥重要作用，并采取适当的教学方法。此外，许多关于如何发展强大（即适应性）知识的理解表明，尽管学习者在教育和实践环境中的经验是发展这种知识的一个重要组成部分，但它们本身并不是有用的。需要的是更有经验的合作伙伴（即教师和工作场所的同龄人），他们能够得出其意义，并协助学习者与他们所知道的东西建立联系，以及把所学的知识应用于与获取这些知识时不同的工作环境中。这类知识似乎很少可以直接传授，但其发展肯定可以由有能力实现这一目标的个人来推动、指导和支持（Rogoff，1990）。事实上，关于专门知识发展的研究，在强调所需的各种经验的同时，也相当明确地说明了经验丰富的其他人在协助这种学习方面的作用的重要性（Ericsson & Lehmann，1996）。没有必要让学习者参与鲁滨孙漂流记的认识论冒险，去创造已经知道并通过历史和文化已经产生的知识，因为这是一种潜在的无用和无效的学习手段。相反，与了解知识并能够执行个人正在学习的工作程序的伙伴接触，可以提供观察和建模以及密切指导的机会。人类最伟大的天性之一是，我们有能力跨代去传递实践知识，这就消除了每一代人参与此类冒险的需要。相反，每一代人的生存都建立在那些随着时间的推移而发展和利用这些知识的人的知识之上。

然而，学生需要在学习知识的过程中进行自己有意识的认知冒险，而不仅仅是通过说教教学去尝试。相反，学习者需要刻意地、努力地去参与构建这些知识。因此，教学过程需要将学习者定位为意义生成者，并引导他们的意义创造过程，包括考虑到经过实践和完善而逐渐发展起来的知识。因此，必须指导新手的发展，让他们参与逐渐使他们承担更艰巨的学习任务的活动，同时提供经验使他们能够获得通过建模、示范、指导和使用解释策略学习的知识，进而使他们能够获得难以学习的能力。所有这些不仅表明需要为职业教育工作者做好充分的准备，而且他们在职业教育项目本身中也发挥着重要作用。

因此，能否提供可能会发展有效职业知识的经验很可能取决于拥有实现这一目标的特定技能的个人。在某些方面，这些能力是高度专业化的，就像那些支撑着个人正在准备从事的其他职业的能力一样，这些能力不是由行业利益相关者在文档中传递或向下传递的那种能力。相反，这需要在学生学习职业知识和实践的情况和地点了解并制定这些原则。这一建议表明，工作场所的工作人员不仅需要一定的教学准备，而且在大学等可能不要求工作人员进行教学准备的机构工作，也需要这种学习经验。这将使他们能够进一步发展其能力，进而有效地扩大实践环境中的经验，并最大限度地利用教育环境提供的经验。

因此，我们不但有需要给予教授及以其他方式协助职业教育学生学习的人士酌情权，而且我们亦须确保这些人士有能力在教育实习环境中组织和丰富学生学习的经验。这种自由裁量的能力包括能够高质量地制定一些教育目标，并为学生组织和积累经验做出决定，然后通过选择和使用与正在实现的特定教育目的完全一致的教学战略来丰富这些经验。他们所具有的能力要扩大到了解如何通过使用特定课程和教学战略的组合来发展程序能力、处理能力和概念能力。反过来，这可能会产生学生需要具体发展的知识种类，以及有效从事一项职业所需的各种能力。因此这里建议，与其由从事职业教育以外的人管理课程的进程，倒不如大力发展和增强教学人员的能力，并以其他方式协助学生学习以在将来取代自己的位置。

然而，除了提高职业教育工作者的酌处权和组织学习经验的能力，然后通过使用特定的教学方法加强这些经验之外，还需要让学生积极参与并使其具备成为有效学习者的能力，即促进和参与他们的个人认识论。

学生的个人认识论：参与和晋升

在本书的讨论过程中，人们一再强调学习者的地位是至高无上的。也就是说，归根结底，他们是如何处理授予他们的知识，以及他们的这种学习参与的努力程度、意图和发展重点，将决定他们学习内容的丰富性（并且他们就是那些决定同意一项工作成为他们职业的人）。如上文所述，传统往往是由有权势和特权的人对职业的地位和为这些形式的工作进行准备的方式做出决定的。事实上，目前许多职业教育的表现形式都是以实现他人认为是提供这种教育的目标为前提的。然而这些只能是意图，因为是学习者自己选择他们参与和理解的方法，并且这会决定是否能实现其他人的目的。因此，了解学生的需要和准备状态的手段以及与学习者接触的方式成为职业教育供给的一个重要组成部分，这就意味着需要理解学习者的需要和意愿，当教师和其他支持学习者的人组织学习经验时，需要考虑到这些因素。当然，颁布的课程和实施教学的方法将会了解这些需要和准备情况，但更重要的是必须让学习者参与培养他们的代理能力。Ericsson（2006）回顾了三十年来对专业知识发展的研究，得出的结论是最大的贡献也许就是来自于个人本身。实际上，他把学习者从事的刻意练习和努力的排练统称为"刻意练习"，这包括一种个人实践的任务，并且将能高度精通他们所做事情的人区分了出来，将那些不从事这种有意学习活动的人区分开来。也就是说，积极和有意地参与提高其知识的蓄意目标的个人更有可能发展与专家有关的能力。同样，这些能力属性不是仅仅通过教学就能实现的，这在很大程度上取决于学习者的个人认识论。这些认识论超越了个人关于与知识、学习和参与经验相关的价值观的信念，并且他们也将从中学习。更根本的是它们包括个人的了解方式、他们如何理解和构建他们所经历的，以及他们现有的能力和价值观等，所有这些都是他们参与努力学习的关键。

　　个体所拥有的个人认识论是因其能力和意向性形成的，除了最初了解一种职业以及从事这种学习的兴趣和能力（即意愿）之外，个人还需要在整个工作生活中继续学习，以保持其就业能力。因此，学习者需体现其关键作用，以及发展与其他人和手工艺品接触的能力，以便更好地准备最初的学习，然后继续发展职业知识，这是职业教育的核心。最重要的是，现代工作所需要的许多形式的知识是很难学习的。也就是说，它们包括高度发达和相互关联的程序以及相关的理解，其中许多观点越来越难以获得，因为它们部分是象征性的和概念性的。然而这些发展都很难继续，除非个人热衷于实现他们的目标和努力提高其应用能力。职业教育的关键成果之一应当是个人将有能力在整个工作生活中继续管理自己的学习，尽管是在其他工人的陪伴下或在与他们一起学习和转变的过程中。也就是说，对于工人来说，一个重要的学习结果就是要持续积极地监测他们自己的表现，并找出他们可以通过有意识和有重点的学习经验来维持这种水平的方式和方法。

　　因此，由于个人的认识论在职业最初学习中的重要性，然后需要在职业生活中不断发展，职业教育规定必须考虑如何才能最好地帮助个人发展这些能力，成为终身的学习者。重要的是，与其假设个人可以通过日常实践活动很好地发展这些能力，不如在诸如学院、学校和大学等地接受职业教育，使个人有意识地准备管理自己的终身学习，并使他们具备这样做的能力，这可能是有益并适宜的。

　　所以除了需要考虑学习者将行使的酌处权之外，还非常重要的是协助他们发展各种能力，使他们能够开始有效地从事职业，有效地参与实际工作，并发展能力，最终在整个工作生涯中保持技能和就业能力。

职业教育发展前景

最后，通过本书提出，虽然职业教育有时是一个被低估的教育领域，但实际上它是教育发展中不可或缺的一个部分。并且它在人类历史上所产生的贡献更要早于此，在更广泛的人口中产生的影响可能比任何其他形式的教育都要大（尽管主要是在家庭或地方企业中产生的）。然而由于社会特权和文化偏见，以及不同类型的强大精英的活动，这一领域从未真正获得应有的充分合法性。这些观点所产生的后果是，在公众的科学讨论中，职业教育往往被认为是狭隘的、无用的，而且是针对能力和前景低下的个人的。因此，它的全部潜力及其在其他教育领域中的地位比以往可能受到的限制更大。这里有人争辩说，职业教育对于那些将工作称为职业的个人来说是至关重要的，它还有助于个人不仅可以通过工作之外的生活而且通过工作本身实现自己的价值。此外，职业教育对培养人类文化和社会所需的能力做出了其本身能够做出的最大贡献，对于人类物种的连续性和进步以及我们认为对人类生存的期望（即提供住房）来说，都是至关重要的，它丰富了人类生活，提供当代人们所期望的各种不同种类的商品和服务。社会观念和规范虽然经久不衰，但却可以随着时间发展而改变。例如，由于特定的社会和历史运动，不同社会和社区的职业以及职业教育方式仍然是不同的。因此，职业教育完全有可能在社会内部之间发挥其合法和充分的作用，并被视为与其他教育领域一样有价值。然而，这种结果是很难实现的，除非那些组织和从事这一教育领域的人自己以自由裁量权和专业自主权的形式获得其合法性，并具有有效创造、执行和参与经验发展的各种能力。

译后记

本书是澳大利亚职业教育研究专家 Stephen Billett 教授在职业教育"原理"研究方面的代表作。诚如作者在前言中所言，在英语世界中，很难找到一本对职业教育目的、过程、体系和管理等进行系统研究的理论性著作，本书是该领域近四十年来少有的尝试。深刻的哲学思辨、丰富的研究内容以及对相关研究的全面梳理为我们了解西方职业教育理论研究"打开了一扇窗"，为我国职业教育基本理论研究提供了"镜鉴"。

对英文的阅读和理解是人文社会科学研究者的一项基本功，但要把著作的内容忠实地翻译出来却是一项艰辛的工作。本书翻译历时近二十个月，三位译者反复校对，几易其稿，个中滋味实难以言表！是为我国职业教育理论研究做些绵薄之力的"初心"支撑着译者完成了烦琐而艰辛的翻译工作。对外文的翻译是一个主观上对原文进行加工、重现的过程，这里囿于译者的外文水平和对材料的理解能力，书中错误在所难免，恳请同行读者批评、指正。

本书的基本分工为：第一、三、四章由湖南师范大学唐林伟翻译；第五、七、九章由江西科技师范大学欧阳忠明翻译；第二、六、八章由江西科技师范大学李建国翻译。全书最后由唐林伟负责统稿和校对。

同时，本书能够翻译出版还离不开江西科技师范大学查诗晨、湖南大学陈阳，湖南师范大学杨洁文、张荷婷等研究生所做的校对、整理等工作；江西人民出版社饶芬编辑为本书的出版做了大量细致的工作，我们在此对他们的辛勤劳动表示衷心的感谢！

译 者
2018 年 12 月